초등 때 키운 한자 어휘력!
나를 키운다 3

| 저자 소개 |

이재준

• 1950년 출생.
• 교육대학을 졸업하고 20여 년간 초등학교에서 재직하였다.
• 퇴직한 후에 다년간 초등학생들을 위한 한자교실을 운영하였다.

초등 때 키운 한자 어휘력! 나를 키운다 3

발행일   2023년 12월 8일

지은이   이재준
펴낸이   손형국
펴낸곳   (주)북랩
편집인   선일영   편집   윤용민, 배진용, 김부경, 김다빈
디자인   이현수, 김민하, 임진형, 안유경   제작   박기성, 구성우, 이창영, 배상진
마케팅   김회란, 박진관
출판등록   2004. 12. 1(제2012-000051호)
주소   서울특별시 금천구 가산디지털 1로 168, 우림라이온스밸리 B동 B113~114호, C동 B101호
홈페이지   www.book.co.kr
전화번호   (02)2026-5777   팩스   (02)3159-9637

ISBN   979-11-93499-71-9 64710 (종이책)   979-11-93499-72-6 65710 (전자책)
          979-11-93499-67-2 64710 (세트)

(주)북랩 성공출판의 파트너
북랩 홈페이지와 패밀리 사이트에서 다양한 출판 솔루션을 만나 보세요!
홈페이지 book.co.kr   •   **블로그** blog.naver.com/essaybook   •   **출판문의** book@book.co.kr

작가 연락처 문의 ▸ ask.book.co.kr
작가 연락처는 개인정보이므로 북랩에서 알려드릴 수 없습니다.

초등 때 키운
한자 어휘력!
나를 키운다

3

차근차근 꾸준히

머리말

    같은 글을 읽으면서도 어떤 사람은 쉽게 이해하고 어떤 사람은 제대로 이해하지 못합니다. 그런가 하면 누구는 어떤 사실이나 자기의 생각을 간결하고 명확하게 잘 표현하는데 누구는 그렇지 못합니다. 왜 그럴까요? 그것은 사람에 따라 문해력과 어휘 구사력, 즉 어휘력이 있기도 하고 그렇지 못하기 때문입니다.

    우리는 한글이 만들어지기 전에는 한자를 우리 글자처럼 사용하였고 한글이 만들어진 뒤에도 여전히 한자를 사용해 왔습니다. 그래서 우리말의 많은 어휘(낱말들)는 한자로 이루어진 한자어이며, 더욱이 교과 학습의 밑바탕이 되는 중요한 학습 용어는 90퍼센트 이상이 한자어입니다. 그러기에 문해력을 키우고 온전한 학습을 이루어 나가기 위해서는 한자와 함께 한자어를 익혀야 합니다.

    초등학교 고학년에서 중학교로 이어지는 시기는 인지 발달로 추상적, 논리적 사고를 할 수 있기에 교과 학습에서 사용하는 어휘가 크게 늘어나게 되는 때입니다. 그러므로 원활한 학습을 위해서는 어휘력을 키워야 하는데, 이때는 인지 기능이 활발하고 어휘 습득력도 왕성하므로 현재의 학습은 물론 앞날의 더 큰 학업 성취와 성숙한 언어 생활을 위해 어휘력을 키우기에 어느 때보다도 좋은 시기입니다.

    지은이는 오랫동안 학교에서 학생들과 생활하며 한자와 한자어 학습 자료를 만들고 지도하여 많은 성과와 보람이 있었습니다. 학생 지도의 오랜 경험을 바탕으로 그동안 활용하던 자료를 정리하고 보완하여 누구나 스스로 배우고 익히도록 이 책을 엮었습니다.

    쉬운 것만을 찾고 편하게 공부하려 한다면 그 이상의 발전을 기대할 수 없습니다. 마음먹고 차근차근 꾸준히 배우고 익히면 어느덧 한자와 한자어에 대한 이해와 함께 어휘력이 쌓이고 사고력과 학습 능력도 늘어나 뿌듯한 성취감을 느낄 것입니다. 그리고 앞으로 더욱더 많은 한자와 한자어를 쉽게 익힐 수 있는 힘이 갖추어질 것입니다.

2023년 12월 이재준

초등 때 키운
한자 어휘력! 나를 키운다

구성과 특징

* 혼자서 공부할 수 있어요 *

1. 많이 쓰이는 한자 1162자와 그 한자들로 이루어진 한자어를 익힙니다.
   ☞ 기본이 되는 한자 1162자와 이들로 이루어진 한자어를 익히므로 문해력은 물론
   모든 교과 학습과 독서, 논술 등에 바탕이 되는 어휘력과 사고력을 기릅니다.

2. 옛일에서 비롯된 성어와 생활 속에서 이루어진 성어 228개를 익힙니다.
   ☞ 한자성어의 함축된 의미와 그에 담긴 지혜와 교훈을 이해하고 적절한 활용을 익혀
   글을 읽고 이해하는 배경 지식을 쌓고 상황에 알맞은 표현을 구사할 수 있게 합니다.

3. 획과 필순을 익혀 한자의 모양을 파악하고 바르게 쓸 수 있도록 합니다.
   ☞ 한자를 처음 대하면 글자의 모양이 복잡하게 느껴지고 어떻게 써야 할지 모르는데,
   획과 필순을 익히면 글자의 모양을 쉽게 파악할 수 있고 바르게 쓸 수 있습니다.

4. 한자의 바탕이 되는 갑골문을 살펴보며 한자의 이해와 학습을 돕습니다.
   ☞ 처음 글자는 그림의 모습을 하고 있어서 뜻하는 것을 쉽게 알 수 있으며, 이는 모든
   한자의 바탕이 되는 글자로 한자를 배우고 익히는 데에 큰 도움이 됩니다.

5. 앞서 배운 한자가 뒤에 한자를 이해하는 데 도움이 되는 순서로 배웁니다.
   ☞ 즉 '日(날 일)', '月(달 월)', '門(문 문)'과 '耳(귀 이)' 등을 먼저, '明(밝을 명)', '間(사이 간)',
   '聞(들을 문)' 등을 뒤에 배우는 것으로, 한자를 배우고 익히는 데에 효과적입니다.

6. 새 한자를 배우면 앞서 배운 한자와 이루어진 한자어를 익혀 나갑니다.
   ☞ 한자 학습이 한자어 학습으로 이어져 한자어의 뜻과 활용을 효과적으로 익힐 수
   있으며 바로 어휘력이 됩니다. 그리고 이때 한자도 반복 학습이 이루어집니다.

7. 한자어를 이루는 한자의 뜻과 결합 관계로 한자어의 뜻을 알도록 합니다.
   ☞ 한자의 말을 만드는 기능을 이해하게 되어 다른 한자어의 뜻도 유추할 수 있게 됩니다.
   이로써 한자어에 대한 이해력과 적응력이 커지고 우리말 이해의 폭이 넓어집니다.

8. 학습 진행에 따라 알아야 할 것과 참고할 것을 각 권에 적었습니다.
   ☞ 1권 – 한자의 획과 필순. 2권 – 한자의 짜임. 3권 – 한자의 부수. 부수의 변형.
   4권 – 한자어의 짜임. 5권 – 자전 이용법.

– 한 묶음(12 글자) 단위로 **학습 활동**을 엮었습니다. –

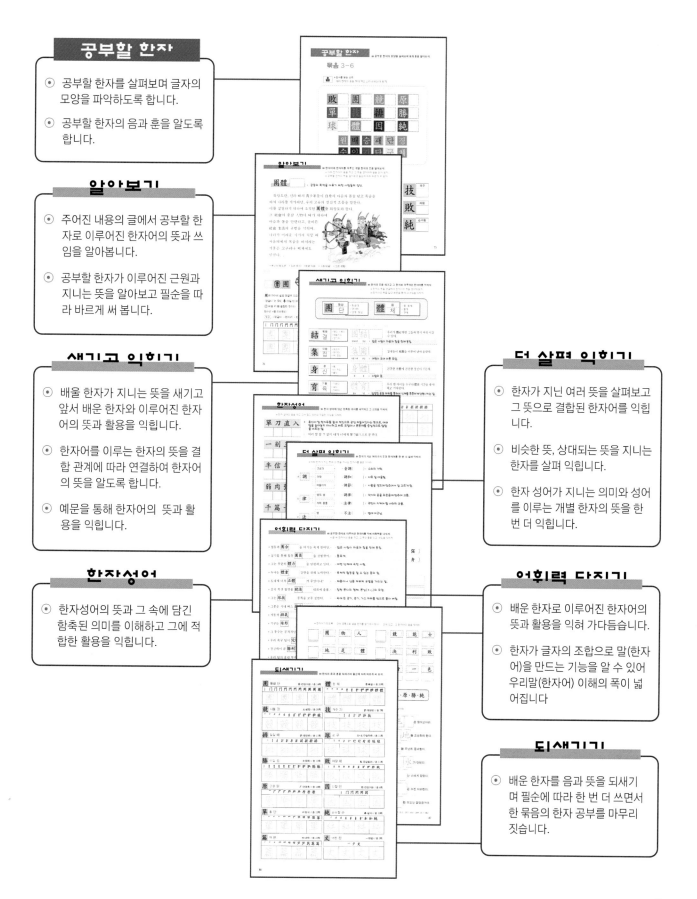

공부할 한자

- ⊙ 공부할 한자를 살펴보며 글자의 모양을 파악하도록 합니다.
- ⊙ 공부할 한자의 음과 훈을 알도록 합니다.

알아보기

- ⊙ 주어진 내용의 글에서 공부할 한자로 이루어진 한자어의 뜻과 쓰임을 알아봅니다.
- ⊙ 공부할 한자가 이루어진 근원과 지니는 뜻을 알아보고 필순을 따라 바르게 써 봅니다.

새기고 익히기

- ⊙ 배울 한자가 지니는 뜻을 새기고 앞서 배운 한자와 이루어진 한자어의 뜻과 활용을 익힙니다.
- ⊙ 한자어를 이루는 한자의 뜻을 결합 관계에 따라 연결하여 한자어의 뜻을 알도록 합니다.
- ⊙ 예문을 통해 한자어의 뜻과 활용을 익힙니다.

한자성어

- ⊙ 한자성어의 뜻과 그 속에 담긴 함축된 의미를 이해하고 그에 적합한 활용을 익힙니다.

더 살펴 익히기

- ⊙ 한자가 지닌 여러 뜻을 살펴보고 그 뜻으로 결합된 한자어를 익힙니다.
- ⊙ 비슷한 뜻, 상대되는 뜻을 지니는 한자를 살펴 익힙니다.
- ⊙ 한자 성어가 지니는 의미와 성어를 이루는 개별 한자의 뜻을 한 번 더 익힙니다.

어휘력 다지기

- ⊙ 배운 한자로 이루어진 한자어의 뜻과 활용을 익혀 가다듬습니다.
- ⊙ 한자가 글자의 조합으로 말(한자어)을 만드는 기능을 알 수 있어 우리말(한자어) 이해의 폭이 넓어집니다

되새기기

- ⊙ 배운 한자를 음과 뜻을 되새기며 필순에 따라 한 번 더 쓰면서 한 묶음의 한자 공부를 마무리 짓습니다.

7

차례

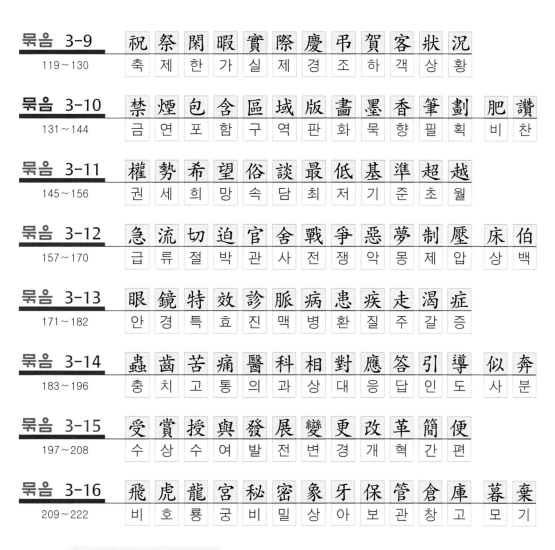

한자의 부수

부수의 뜻을 알면 그것을 부수로 하는 한자의 뜻을 알기 쉽다.

한자는 대부분 둘 이상의 글자가 결합되어 만들어졌는데,
이 결합된 부분들에서 으뜸(기본)이 되는 부분이 그 한자의 부수이다.

부수의 위치

한자 속에서의 부수의 위치는 다음과 같이 나눈다.

변 글자의 왼쪽 부분을 이루는 부수.

亻 (사람인변) ⇨ • 作<지을 작> • 代<대신할 대> • 休<쉴 휴>

木 (나무목) ⇨ • 校<학교 교> • 松<소나무 송> • 材<재목 재>

방 글자의 오른쪽 부분을 이루는 부수.

刂 (선칼도방) ⇨ • 利<이로울 리> • 刻<새길 각> • 判<판단할 판>

攵 (등글월문) ⇨ • 收<거둘 수> • 敎<가르칠 교. • 敗<패할 패>

두, 머리 글자의 윗 부분을 이루는 부수.

宀 (집면) ⇨ • 家<집 가> • 安<편안 안> • 宿<잘 숙>

艹 (초두머리) ⇨ • 萬<일만 만> • 花<꽃 화> • 草<풀 초>

발 글자의 아랫 부분을 이루는 부수

儿 (어진사람인) ⇨ • 先<먼저 선> • 光<빛 광> • 元<으뜸 원>

心 (마음심) ⇨ • 息<쉴 식> • 念<생각 념> • 志<뜻 지>

엄 글자의 위와 왼쪽 부분을 이루는 부수.

广 (집엄) ⇨ • 廣<넓을 광> • 店<가게 점> • 庫<창고 고>

尸 (주검시) ⇨ • 尾<꼬리 미> • 局<판 국> • 屋<집 옥>

받침   글자의 왼쪽과 아래쪽 부분을 이루는 부수.

辶 (책받침) ⇨ ·道〈길 도〉 ·通〈통할 통〉 ·進〈나아갈 진〉

몸   글자의 바깥쪽 부분을 이루는 부수.

囗 (에워쌀위) ⇨ ·國〈나라 국〉 ·回〈돌아올 회〉 ·圓〈둥글 원〉

門 (문문) ⇨ ·間〈사이 간〉 ·開〈열 개〉 ·閑〈한가할 한〉

제부수   日의 부수는 日이다. 이처럼 한 글자가 그대로 부수인 것.

·日〈날일〉 ·月〈달월〉 ·衣〈옷의〉 ·金〈쇠금〉 ·用〈쓸용〉

부수의 변형

제부수 한자가 다른 글자의 부수가 될 때애는 글자의 모양이 바뀌기도 한다.

·人 ┈ 亻 → 代, 他, 件...   ·刀 ┈ 刂 → 利, 別, 刻...
·水 ┈ 氵 → 江, 海, 汚...   ·手 ┈ 扌 → 打, 技, 投...

뜻 부분이 부수

둘 이상의 글자가 합쳐진 형태의 한자는 대부분 뜻부분이 부수이다.

·基〈터 기 → 부수 :土〉 = 其〈기 → 음부분〉＋土〈땅 → 뜻부분〉
·花〈꽃 화 → 부수 :艹〉 = 艹〈풀 → 뜻부분〉＋化〈화 → 음부분〉
·聞〈들을 문 → 부수 :耳〉 = 門〈문 → 음부분〉＋耳〈귀 → 뜻부분〉

부수와 자전

한자 자전에는 한자를 부수로 분류하여 획수로 배열하고 있다.

·力部☞ ②力 ⑤加 ⑤功 ⑥劣 ⑦努 ⑦助 ⑨勉 ⑨勇 ⑪動 ···
·心部☞ ④心 ⑤必 ⑦忌 ⑦忘 ⑦忍 ⑦志 ⑧念 ⑧忠 ⑨急 ···

☆ 사전 : 낱말을 모아서 일정한 순서로 배열하고 각각의 의미와 용법 따위를 해설한 책.
☆ 자전 : 한자를 모아서 일정한 순서로 배열하고 글자 하나하나의 뜻과 음을 풀이한 책.

부수의 변형

제부수 한자가 다른 글자의 부수가 될 때에는 그 모양이 바뀌기도 한다

人 (사람 인) ···▶ 亻 (사람인변)

「人」이 다른 글자의 왼쪽 부분(변)이 될 때에는 모양이 '亻(사람인변)'으로 변한다.
「人」이 부수인 한자는 '사람이 지닌 성질이나 상태' 등을 나타낸다.

- 介〈끼일 개〉
- 令〈하여금 령〉
- 休〈쉴 휴〉
- 信〈믿을 신〉
- 任〈맡길 임〉
- 使〈부릴 사〉
- 代〈대신할 대〉
- 位〈자리 위〉

刀 (칼 도) ···▶ 刂 (선칼도)

「刀」는 다른 글자의 오른쪽 부분(방)이 될 때에는 모양이 '刂(선칼도)'로 변한다.
「刀」가 부수인 한자는 '칼' 또는 '자르다'라는 의미를 나타낸다.

- 分〈나눌 분〉
- 切〈끊을 절〉
- 初〈처음 초〉
- 別〈다를 별〉
- 判〈가를 판〉
- 利〈이로울 리〉
- 劍〈칼 검〉
- 刻〈새길 각〉

心 (마음 심) ···▶ 忄 (심방변)

「心」이 다른 글자의 왼쪽 부분(변)이 될 때에는 모양이 '忄(심방변)'으로 변한다.
「心」이 부수인 한자는 '생각', '감정' 등 '마음의 작용'과 관계있는 뜻을 나타낸다.

- 志〈뜻 지〉
- 念〈생각 념〉
- 思〈생각 사〉
- 快〈쾌할 쾌〉
- 性〈성품 성〉
- 恨〈원한 한〉
- 情〈뜻 정〉
- 怪〈기이할 괴〉

手 (손 수) ···▶ 扌 (재방변)

「手」가 다른 글자의 왼쪽 부분(변)이 될 때에는 모양이 '扌(재방변)'으로 변한다.
「手」가 부수인 한자는 '손의 동작'과 '손을 써서 하는 일' 등을 나타낸다.

- 拜〈절 배〉
- 拳〈주먹 권〉
- 擧〈들 거〉
- 打〈칠 타〉
- 技〈재주 기〉
- 投〈던질 투〉
- 持〈가질 지〉
- 指〈가리킬 지〉

肉 (고기 육) ···▶ 月 (육달월)

「肉」이 다른 글자의 왼쪽 부분(변)이 될 때에는 모양이 '月(육달월)'로 변한다. '月(달 월)'과는 뜻으로 구별해야 한다. '사람의 몸'과 관련된 것, '몸의 각부분의 명칭' 등을 나타낸다.

- 肥〈살찔 비〉
- 育〈기를 육〉
- 背〈등 배〉
- 脈〈맥 맥〉

犬 (개 견) ···▶ 犭 (개사슴록변)

「犬」이 다른 글자의 왼쪽 부분(변)이 될 때에는 모양이 '犭(개사슴록변)'으로 변한다.
「犬」이 부수인 한자는 '개', '개와 비슷한 짐승류', '짐승같은 행위' 등을 나타낸다.

- 狀〈형상 상〉
- 獸〈짐승 수〉
- 犯〈범할 범〉
- 獨〈홀로 독〉

水 (물 수) ┄► 氵 (삼수변)

「水」가 다른 글자의 왼쪽 부분(변)이 될 때에는 모양이 '氵(삼수변)'으로 변한다.
「水」가 부수인 한자는 '강이나 바다' 그리고 '물'과 관련된 뜻을 나타낸다.

- 永 〈길 영〉　　- 泉 〈샘 천〉　　- 江 〈강 강〉　　- 沒 〈빠질 몰〉
- 海 〈바다 해〉　- 流 〈흐를 류〉　- 注 〈물댈 주〉　- 波 〈물결 파〉

火 (불 화) ┄► 灬 (연화발)

「火」가 다른 글자의 아랫부분(발)이 될 때에는 모양이 '灬(연화발)'로 변한다.
「火」가 부수인 한자는 '불', '불에 의한 것' 등을 나타낸다.

- 災 〈재앙 재〉　- 炭 〈숯 탄〉　　- 煙 〈연기 연〉　- 燈 〈등불 등〉
- 爆 〈터질 폭〉　- 無 〈없을 무〉　- 熟 〈익을 숙〉　- 熱 〈더울 열〉

艸 (풀 초) ┄► 艹 (초두머리)

「艸」가 다른 글자의 윗부분(머리)이 될 때에는 모양이 '艹(초두머리)'로 변한다.
「艸」가 부수인 한자는 '풀에 관한 명칭'이나 '풀과 관련된 것' 등을 나타낸다.

- 花 〈꽃 화〉　　- 葉 〈잎 엽〉　　- 草 〈풀 초〉　　- 菌 〈버섯 균〉

辵 (쉬엄쉬엄갈 착) ┄► 辶 (책받침)

「辵」이 다른 글자의 왼쪽과 아랫부분(받침)이 될 때에는 모양이 '辶(책받침)'으로 변한다.
「辵」이 부수인 한자는 '길을 가는 동작', '멀고 가까움' 등의 뜻을 나타낸다.

- 過 〈지날 과〉　- 速 〈빠를 속〉　- 通 〈통할 통〉　- 進 〈나아갈 진〉

攴 (칠 복) ┄► 攵 (등글월문)

「攴」이 부수자로 쓰일 때에는 글자의 모양이 '攵(등글월문)'으로 변한다.
「攴」이 부수인 한자는 '치다', '~을 하게 하다'는 의미를 나타낸다.

- 改 〈고칠 개〉　- 攻 〈칠 공〉　　- 敎 〈가르칠 교〉　- 效 〈본받을 효〉

阜 (언덕 부) ┄► 阝 (좌부변)

「阜」가 다른 글자의 왼쪽 부분(변)이 될 때에는 모양이 '阝(좌부변)'으로 변한다.
「阜」가 부수인 한자는 '언덕', '언덕처럼 만든 것', 언덕같은 지형' 등과 관련이 있다.

- 防 〈막을 방〉　- 限 〈한할 한〉　- 陽 〈볕 양〉　　- 險 〈험할 험〉

邑 (고을 읍) ┄► 阝 (우부방)

「邑」이 다른 글자의 오른쪽 부분(방)이 될 때에는 모양이 '阝(우부방)'으로 변한다.
「邑」이 부수인 한자는 '사람이 사는 지형이나 지명' 등과 관련이 있다.

- 郡 〈고을 군〉　- 部 〈떼 부〉　　- 鄕 〈시골 향〉　- 都 〈도읍 도〉

일러두기

★ 한자는 오랜 세월이 흐르는 동안 글자의 모양이 많이 변화되어 지금의 모습이 되었습니다. 그런데 처음의 글자(갑골문)는 그림의 모습을 하고 있어서 뜻하는 것을 쉽게 이해할 수 있습니다. 이는 모든 한자의 바탕이 되는 글자로 이를 살펴보는 것은 한자를 배우고 익히는 데에 큰 도움이 되며 재미도 있습니다. 갑골문이 없는 것은 그 자리를 비워 놓았습니다.

[갑골문이 있는 한자]　　　　　　[갑골문이 없는 한자]

★ 새로운 한자를 배우는 대로, 앞서 배운 한자와 이루어진 한자어를 익혀나 갑니다. 이때 앞서 배운 한자는 뜻을 다시 새기면서 반복하여 익히게 됩니다. 처음 배우는 한자와 앞서 배운 한자를 바탕색으로 구분하였습니다.

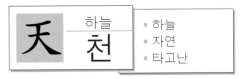

[처음 배우는 한자]

[앞서 배운 한자]

14

■ 공부할 한자의 모양을 살펴보며 음과 훈을 알아보자.

묶음 3-1

음 ■ 한자를 읽는 소리
아래 한자의 음을 찾아 적고 소리내어 읽어 보자.

– 바탕색과 글자색이 같은 것을 찾아 보자 –

훈 ■ 한자의 뜻 새김
한자의 음을 적고 훈과 함께 외어 보자.

規 법	則 법	犯 범할	罪 허물

刑 형벌	罰 벌할	法 법	律 법칙

調 고를	和 화할	美 아름다울	德 덕

알아보기

■ 한자어와 한자어를 이루는 개별 한자의 뜻을 알아보자.
■ 아래 한자어의 음을 적고 그 뜻을 생각하며 글을 읽어 보자.
■ 공부할 한자의 뜻을 알아보고 필순에 따라 바르게 써 보자.

規則 ☐   ▶ 여러 사람이 다 같이 지키기로 작정한 법.

「 교통 질서를 잘 지키려면 교통 規則을 알고 있는 것만으로는
充分하지 않다. 이런 規則을 지키는 것이 몸에 배어 生活化
되어야 한다. '나 하나쯤이야.' 하는 생각이 바로 사고를
불러일으킨다는 것을 마음 속 깊이 새겨야 한다.
마음으로부터 우러나는 자발적인 行動으로
교통 질서를 지켰을 때에 나의
生命이 지켜지는 것은 물론,
명랑하고 自由로운 거리 질서가
이루어질 수 있는 것이다. 」

• 充分(충분) • 生活化(생활화) • 行動(행동) • 生命(생명) • 自由(자유)
* 자발적: 남이 시키거나 요청하지(필요한 어떤 일이나 행동을 청하지) 아니하여도 자기 스스로 나아가 행하는 것.

規는 '씩씩한 남자'를 뜻하는 夫(부)와 '보다', '보이다'는 뜻인 見(견)을 결합한 것이다.   장부로서 따르고 보여야 할 〈규칙과 모범〉을 의미한다.

[새김] ▪법, 규칙 ▪모범, 본보기 ▪한정하다

一	二	夫	夫	封	邦	邦	規	規	規	規
規	規	規	規							
規	規	規	規							

鼎는 '청동솥'을 뜻하는 鼎 ⋯ 鼎(정)과 '칼로 새김'을 뜻하는 刂 ⋯ 刂(도)를 결합한 것이다.   왕조의 상징인 청동솥에 새겨넣은, 후대의 왕들이 본보기로 삼아야 할 옛일의 〈근거와 법칙〉을 의미한다.

[새김] ▪법칙 ▪본받다 ▪곧(즉)

丨	冂	冃	月	目	目	貝	貝	則	則
則	則	則	則						
貝	貝	貝	貝						

새기고 익히기

■ 한자의 뜻을 새기고 그 한자로 이루어진 한자어를 익히자.
■ 한자의 뜻을 연결하여 한자어의 뜻을 생각해 보자.
■ 한자어의 뜻을 알고 예문을 통해 그 쓰임을 익히자.

規 법 규	■ 법 ■ 규칙 ■ 모범, 본보기 ■ 한정하다	則 법 칙	■ 법 ■ 본받다 ■ 곧(즉)

– 흐리게 나타난 한자어 위에 겹쳐서 쓰고 음을 적어라 –

定 정할 정	■ 정하다 ■ 정해지다 ■ 안정시키다	規定 □ 규칙으로　정함	▷ 대회 規定에 따라 금지 약물을 복용한 그 선수는 탈락하였다. ▶ 규칙으로 정함, 또는 그 정하여 놓은 것.

約 맺을 약	■ 맺다 ■ 약속하다 ■ 줄이다	規約 □ 규칙　맺어놓은	▷ 그것은 우리 모임의 規約에 어긋난다. ▶ 조직체 안에서, 서로 지키도록 협의하여 정해 놓은 규칙.

校 학교 교	■ 학교 ■ 부대 ■ 울타리	校則 □ 학교의　규칙	▷ 校則에 따라서 교복을 착용해야 한다. ▶ 학생이 지켜야 할 학교의 규칙.

通 통할 통	■ 통하다 ■ 오가다 ■ 전하다	通則 □ 두루 통하는　규칙	▷ 어린이, 환자. 노인 등 약자를 우선 배려하는 것은 우리 사회의 通則이다. ▶ 일반에게 공통으로 적용되는 규칙.

한 글자 더

刑 형벌 형	■ 형벌 ■ 형벌하다 ■ 다스리다

☆ 법의 조리를 세워 죄인을 다스려 벌함.

一 二 于 开 开 刑
刑 刑 刑 刑
刑 刑 刑 刑

重 무거울 중	■ 무겁다 ■ 무게 ■ 중하다 ■ 겹치다	重刑 □ 무거운　형벌	▷ 그는 죄질이 나빠 重刑에 처해졌다. ▶ 아주 무거운 형벌.

事 일 사	■ 일 ■ 사건 ■ 사고 ■ 관직	刑事 □ 형벌하는　사건(일)	▷ 절도나 강도 등은 刑事 사건이다. ▷ 刑事들이 사건 용의자를 연행하였다. ▶ 형법의 적용을 받는 사건. 범죄 수사를 직무로 하는 사복 경찰.

알아보기

■ 한자어와 한자어를 이루는 개별 한자의 뜻을 알아보자.
■ 아래 한자어의 음을 적고 그 뜻을 생각하며 글을 읽어 보자.
■ 공부할 한자의 뜻을 알아보고 필순에 따라 바르게 써 보자.

犯罪 ☐

▶ 죄를 범함. 또, 범함 죄.

「 요즈음 우리 社會를 보면, 生命 경시의 풍조가 점차 만연되어 가고 있는 듯하여 염려하지 않을 수 없다. 남을 해치려는 의도와 계획을 가지고 행해진 犯罪 의 경우는 말할 것도 없고, 대수롭지 않은 理由로 사람을 죽이고 스스로 목숨을 끊기도 하는 사례를 신문이나 방송을 통해 어렵지 않게 대하게 된다. 더욱이 우려되는 사항은 靑少年 犯罪 나 자살이 증가하고 있다는 사실이다. 」

• 社會(사회) • 生命(생명) • 理由(이유) • 靑少年(청소년).   * 사례: 어떤 일이 전에 실제로 일어난 예.
* 만연: 식물의 줄기가 널리 뻗는다는 뜻으로, 전염병이나 나쁜 현상이 널리 퍼짐을 비유적으로 이르는 말.

犭은 '개나 짐승'를 뜻하는 犭와 사람이 몸을 움츠린 모습인 巳을 결합한 것이다.   개나 짐승이 사람에게 달려들어 〈범함〉을 의미한다.

[새김] ▪ 범하다 ▪ 어기다 ▪ 범죄

＼ 丿 犭 犭 犯 犯			
犯	犯	犯	犯
犯	犯	犯	犯

罪는 '그물'을 뜻하는 网(망)＝罒과 '어긋나다'는 뜻인 非(비)를 결합한 것이다.   어긋난 행동으로 법의 그물에 걸리는 〈죄〉를 의미한다.

[새김] ▪ 허물 ▪ 죄 ▪ 죄짓다

＼ 冂 罒 罒 罒 罪 罪 罪 罪 罪 罪 罪			
罪	罪	罪	罪
罪	罪	罪	罪

새기고 익히기

■ 한자의 뜻을 새기고 그 한자로 이루어진 한자어를 익히자.

- 한자의 뜻을 연결하여 한자어의 뜻을 생각해 보자.
- 한자어의 뜻을 알고 예문을 통해 그 쓰임을 익히자.

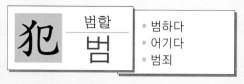
犯 범할 범
- 범하다
- 어기다
- 범죄

罪 허물 죄
- 허물
- 죄
- 죄짓다

– 흐리게 나타난 한자어 위에 겹쳐서 쓰고 음을 적어라 –

主 주인 주
- 주인 · 자신
- 우두머리
- 주되다

主犯 [　　]
주되는　범인

▷ 알고보니 그 사건의 主犯은 따로 있었다.
▷ 과음과 과식이 성인병의 主犯이라 한다.
▶ 정범, 어떤 일에 대하여 좋지 아니한 결과를 만드는 주된 원인.

防 막을 방
- 막다
- 방어하다
- 둑

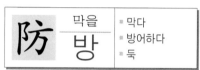
防犯 [　　]
막음　범죄를

▷ 범죄 발생을 줄이기 위한 효과적인 防犯 대책을 세워야 한다.
▶ 범죄가 생기지 않도록 미리 막음.

有 있을 유
- 있다
- 존재하다
- 가지고 있다

有罪 [　　]
있음　죄가

▷ 재판 결과는 그의 有罪로 판결이 났다.
▶ 잘못이나 죄가 있음.

質 바탕 질
- 바탕, 본질
- 따져 묻다
- 볼모

罪質 [　　]
죄의　본질

▷ 罪質도 나쁘지만 반성하는 기색도 없다.
▶ 범죄의 성질.

한 글자 더

罰 벌할 벌
- 벌하다
- 벌주다
- 벌

☆ 잘못을 엄격하게 꾸짖음.

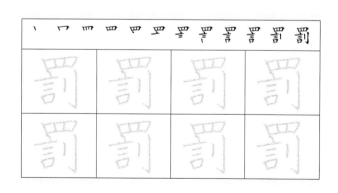
`丶 冂 罒 罒 罒 罬 罰 罰 罰 罰 罰`

刑 형벌 형
- 형벌
- 형벌하다
- 다스리다

刑罰 [　　]
다스림　벌하여

▷ 죄지은 자는 법에 따라 刑罰을 받는다.
▶ 범죄에 대해 범죄자에게 제재를 가함, 또는 그 제재.

金 쇠 금
- 쇠, 쇠붙이
- 금 · 돈
- 귀하다

罰金 [　　]
벌로 내는　돈

▷ 모임에 늦은 사람은 罰金을 내도록 하자.
▶ 규칙을 위반했을 때에 벌로 내게 하는 돈.

19

알아보기

■ 한자어와 한자어를 이루는 개별 한자의 뜻을 알아보자.
■ 아래 한자어의 음을 적고 그 뜻을 생각하며 글을 읽어 보자.
■ 공부할 한자의 뜻을 알아보고 필순에 따라 바르게 써 보자.

法律 □

▶ 국가의 강제력을 수반하는 사회 규범.
국가 및 공공 기관이 제정한 법률, 명령, 규칙, 조례 따위이다.

「 民主 國家는 法律에 따라 나라를 다스리기 때문에
법치 國家라고 부른다. 이러한 法律을 주로 만드는
곳이 국회이다. 그래서 국회를 입법 기관이라
부른다. 法律을 국회에서 만드는 理由는,
국회가 바로 國民의 의사를 반영하는 國民의
代表 기관이기 때문이다. 따라서, 국회에서
만든 法律에 따라 나라를 다스리는 것은
곧 國民의 의사에 따라 나라를
다스리는 것이라 할 수 있다. 」

• 民主(민주) • 國家(국가) • 理由(이유) • 國民(국민) • 代表(대표)
* 법치: 법률에 의하여 나라를 다스림. 또는 그런 정치. * 의사: 무엇을 하고자 하는 생각.

🌊🌊法 은 '전설 속의 짐승인 해태(🌊)가 정직하지 못한 사
람을 뿔로 들이받아 쫓아내었는데(🌊 → 去) 그것은 물
의 흐름처럼(🌊 → 氵) 공평하였다'는 것을 나타낸다.
죄를 가리는 〈법〉을 의미한다.

[새김] ■ 법 ■ 방법 ■ 불교의 진리

`	`	氵	氵	汁	浐	法	法
法	法	法	法				
法	法	法	法				

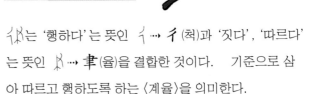

彳律 는 '행하다'는 뜻인 彳 → 彳(척)과 '짓다', '따르다'
는 뜻인 ⺕ → 聿(율)을 결합한 것이다.   기준으로 삼
아 따르고 행하도록 하는 〈계율〉을 의미한다.

[새김] ■ 법칙, 계율 ■ 가락 ■ 정도

`	⺉	彳	彳	彳	律	律	律	律
律	律	律	律					
律	律	律	律					

새기고 익히기

■ 한자의 뜻을 새기고 그 한자로 이루어진 한자어를 익히자.
■ 한자의 뜻을 연결하여 한자어의 뜻을 생각해 보자.
■ 한자어의 뜻을 알고 예문을 통해 그 쓰임을 익히자.

法 법 — 법
■ 법
■ 방법
■ 불교의 진리

律 법칙 — 률
■ 법칙 ■ 계율
■ 가락
■ 정도

− 흐리게 나타난 한자어 위에 겹쳐서 쓰고 음을 적어라 −

令 하여금 — 령
■ 하여금
■ 법
■ 명령

법률과　명령 ▷ 법률과 명령을 아울러 이르는 말.

▷ 국회에서 제도를 개혁하기 위한 새로운 法令을 제정하였다.

院 집 — 원
■ 집
■ 담
■ 관청

법을 행사하는　관청 ▷ 사법권을 행사하는 관청.

▷ 法院에서 그 사건에 대한 판결을 내렸다.

規 법칙 — 규
■ 법, 규칙
■ 모범, 본보기
■ 한정하다

본보기　계율의 ▷ 행동의 준칙이 되는 본보기. 질서나 제도를 좇아 다스림.

▷ 군대에서는 엄격한 規律을 따라야 한다.

音 소리 — 음
■ 소리 ■ 음악
■ 소식
■ 그늘

음악의　가락 ▷ 소리와 음악의 가락.

▷ 라디오에서 아름다운 音律의 노래가 흘러 나왔다.

한 글자 더

德 덕 — 덕
■ 덕, 은덕
■ 덕을 베풀다
■ 크다

☆ 공정하고 포용성 있는 마음, 품성, 성행.

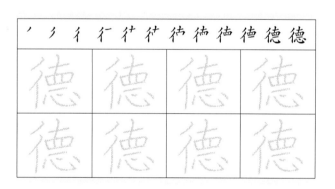

道 길 — 도
■ 길 ■ 도리
■ 행하다
■ 기예

도리와　덕 ▷ 인간으로서 마땅히 지켜야 할 도리 및 그에 준한 행위.

▷ 공중 道德은 즐겁고 명랑한 사회 생활을 위해서 우리 모두 잘 지켜야 한다.

功 공 — 공
■ 공, 공로
■ 일
■ 힘쓴 보람

공로와　은덕 ▷ 착한 일을 하여 쌓은 업적과 어진 덕.

▷ 근로자의 권익 보호에 힘쓴 그의 功德은 널리 알려져 있다.

■ 한자어와 한자어를 이루는 개별 한자의 뜻을 알아보자.
■ 아래 한자어의 음을 적고 그 뜻을 생각하며 글을 읽어 보자.
■ 공부할 한자의 뜻을 알아보고 필순에 따라 바르게 써 보자.

調和 [ ] ▶ 이것 저것을 서로 잘 어울리게 함.

「 예절은 그 정신과 형식으로 구분하여 생각할 수 있습니다. 다른 사람을 존중하는 마음이 정신이며, 이를 表現하는 방법이 형식이라고 할 수 있겠지요. 우리가 버스 안에서 서 있는 사람의 物件을 받아 주고, 몸이 불편한 사람이 타면 자리를 양보합니다. 이러한 行動은 모두 그 형식은 다르지만, 다른 사람을 존중하고 사랑하는 마음에서 우러나온 것입니다. 이와 같이 정신과 형식이 調和를 이룰 때에 비로소 예절바른 行動이 나타날 수 있습니다. 」

• 表現(표현) • 物件(물건) • 行動(행동).
* 정신: 마음의 자세나 태도. * 형식: 사물이 외부로 나타나 보이는 모양. * 존중: 높이어 귀중하게 대함.

 調

調는 '말하다', '묻다'는 뜻인 言(언)과 '두루', '주밀하다'는 뜻인 周(주)를 결합한 것이다. 두루두루 묻고 살펴서 〈고르게 조절함〉을 의미한다.

[새김] ▪고르다 ▪가락 ▪조절하다 ▪조사하다

ˊ	ˋ	言	言	言	訁	訶	訶	調	調	調	調
調	調	調	調								
調	調	調	調								

 和

龢는 대나무 관을 엮어 만든 악기의 모습인 龠와 '화하다'는 뜻인 禾(화)를 결합한 것이다. 나중에 龠가 口로 바뀌었다. 여러 개의 관이 어울려 온화한 소리가 나는 데서, 〈화합하고 온화함〉을 의미한다.

[새김] ▪화하다 ▪화합하다 ▪온화하다

ˊ	ˋ	千	禾	禾	和	和	和
和	和	和	和				
和	和	和	和				

새기고 익히기

■ 한자의 뜻을 새기고 그 한자로 이루어진 한자어를 익히자.
■ 한자의 뜻을 연결하여 한자어의 뜻을 생각해 보자.
■ 한자어의 뜻을 알고 예문을 통해 그 쓰임을 익히자.

| 調 | 고를
조 | ■ 고르다 ■ 가락
■ 조절하다
■ 조사하다 | 和 | 화할
화 | ■ 화하다
■ 화합하다
■ 온화하다 |

– 흐리게 나타난 한자어 위에 겹쳐서 쓰고 음을 적어라 –

| 節 | 마디
절 | ■ 마디 ■ 절개
■ 철, 절기
■ 절제하다 | 調節 | | ▷ 운동과 식사량 調節로 체중 관리를 한다. |
| | | | 고르게　절제함 | ▶ 균형에 맞게 바로잡음, 또는 적당하게 맞추어 나감, |

| 律 | 법칙
률 | ■ 법칙 ■ 계율
■ 가락
■ 정도 | 調律 | | ▷ 그 문제에 대한 너와 나의 의견 調律이 필요하다. |
| | | | 조절함　정도를 | ▶ 어떤 대상에 알맞거나 마땅하도록 조절함, |

| 平 | 평평할
평 | ■ 평평하다
■ 편안하다
■ 고르다 ■ 보통 | 平和 | | ▷ 세계 平和를 위협하는 일들이 가끔씩 일어난다. |
| | | | 편안하고　화합함 | ▶ 평온하고 화목함, 전쟁, 분쟁 또는 일체의 갈등이 없이 평온함, |

| 溫 | 따뜻할
온 | ■ 따뜻하다
■ 온화하다
■ 온도 | 溫和 | | ▷ 오늘은 날씨가 매우 溫和하구나. |
| | | | 따뜻하고　화하다 | ▶ 날씨가 맑고 따뜻하다, 성격, 태도 따위가 온순하고 부드럽다, |

한 글자 더

| 美 | 아름다울
미 | ■ 아름답다
■ 좋다
■ 맛이 좋다 |

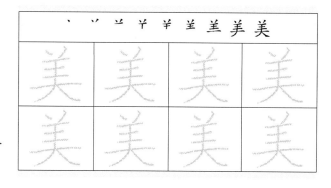

`丶 丷 苎 苇 半 羊 美 美 美`

☆ 눈과 귀와 입에 즐거움과 만족을 줄 만하다.

| 德 | 덕
덕 | ■ 덕, 은덕
■ 덕을 베풀다
■ 크다 | 美德 | | ▷ 그가 어려운 형편의 소년 소녀 가장들에게 베푼 美德이 세상에 알려졌다. |
| | | | 아름다운　덕행 | ▶ 아름답고 갸륵한 덕행, |

| 男 | 사내
남 | ■ 사내
■ 남자
■ 아들 | 美男 | | ▷ 美男이라는 소리 들으니 조금 쑥스럽네. |
| | | | 아름다운　사내 | ▶ 얼굴이 잘생긴 사내, |

23

어휘력 다지기

■ 우리는 교통 法規[　　] 를 잘 지켜야 해. ・　　・ 정식으로 된 규정이나 규범, 규정에 맞는 정상적인 상태.

■ 고의적인 反則[　　] 에 관중들이 야유를. ・　　・ 법칙이나 규정, 규칙 따위를 어김.

■ 뉴스 속보로 定規[　　] 프로그램 중단. ・　　・ 일반 국민의 권리와 의무에 관계있는 법 규범.

■ 뉴턴이 만유인력 法則[　　] 을 발견했어. ・　　・ 범죄인(범죄를 저지른 사람).

■ 그는 犯行[　　] 을 강력히 부인하였다. ・　　・ 반드시 따라야만 하는 규범.

■ 그 사건의 犯人[　　] 이 검거되었다. ・　　・ 범죄 행위를 함, 또는 그 행위.

■ 지난날의 罪過[　　] 를 뉘우치고 있어요. ・　　・ 무거운 죄.

■ 무기징역에 해당하는 重罪[　　] 라 생각해. ・　　・ 죄가 될만한 허물.

■ 그는 刑期[　　] 를 마치고 석방되었다. ・　　・ 하늘이 내리는 큰 벌.

■ 은인을 배반하면 天罰[　　] 을 받는다. ・　　・ 형벌의 집행 기간.

■ 그는 몸집이 좀 肥大[　　] 한 편이었어. ・　　・ 경작지에 뿌리는 영양 물질.

■ 화학 肥料[　　] 보다는 유기질 비료를. ・　　・ 사용하는 방법.

■ 合法[　　] 적인 절차를 밟아서 처리해라. ・　　・ 몸에 살이 쪄서 크고 뚱뚱함.

■ 제품의 用法[　　] 을 알고 바르게 사용. ・　　・ 법령이나 규범에 적합함.

■ 음악에 맞추어 律動[　　] 을 하는 아이들. ・　　・ 어떤 부분을 특별히 강하게 주장하거나 두드러지게 함.

■ 안전사고 예방을 누누이 強調[　　] 했다. ・　　・ 일정한 규칙을 따라 주기적으로 움직임.

■ 그의 작품은 色調[　　] 가 아름다워요. ・　　・ 화목하게 어울림.

■ 가족의 和合[　　] 이 무엇보다도 중요해. ・　　・ 얼굴에 드러나는 온화하고 환한 빛.

■ 그의 얼굴에 환한 和色[　　] 이 돌았어. ・　　・ 빛깔의 조화.

■ 그에 대한 不美[　　] 스러운 소문이 돌아. ・　　・ 아름다운 풍속, 아름다운 기풍.

■ 상부상조의 美風[　　] 을 이어가고 있다. ・　　・ 아름답지 못하고 추잡함.

·법규·반칙·정규·법칙·범행·범인·죄과·중죄·형기·천벌·비대·비료·합법·용법·율동·강조·색조·화합·화색·불미·미풍

■ 한자어가 되도록 □ 안에 공통으로 넣을 한자를 보기에서 찾아 □ 안에 쓰고 , 그 한자어의 뜻을 생각하며 음을 적어라.

□ ⇨	□則	法□	□律

□ ⇨	□人	共□	防□

□ ⇨	重□	死□	□事

□ ⇨	□令	合□	方□

□ ⇨	□節	强□	□律

□ ⇨	道□	□分	功□

보기

德 · 則 · 律 · 恭 · 和 · 法 · 罪 · 罰 · 犯 · 美 · 調 · 刑 · 規

■ 아래의 뜻을 지닌 한자어가 되도록 위의 보기에서 알맞은 한자를 찾아 □ 안에 써 넣어라.

▶ 공손하지 아니함.

▷ 그의 말투와 태도가 不□ 하다.

▶ 모임의 규칙.

▷ 우리들 모임도 會□ 을 만들자.

▶ 남의 지배나 구속을 받지 아니하고 자기 스스로의 원칙에 따라 어떤 일을 하는 일, 또는 자기 스스로 자신을 통제하여 절제하는 일.

▷ 용돈 관리는 너의 自□ 에 맡기겠다.

▶ 죄를 지은 사람.

▷ 나를 함부로 □人 취급하지 마라.

▶ 무겁게 벌함, 또는 무거운 형벌.

▷ 유괴범은 重□ 로 다스려야 한다.

▶ 전쟁, 분쟁 또는 일체의 갈등이 없이 평온함, 또는 그런 상태.

▷ 국민들은 남북의 平□ 를 원한다.

▶ 아름답지 못하고 추잡함.

▷ 그런 不□ 스런 행동은 삼가하여라.

· 규칙. 법규. 규율 · 범인. 공범. 방범 · 중형. 사형. 형사 · 법령. 합법. 방법 · 조절. 강조. 조율 · 도덕. 덕분. 공덕 / · 불공 · 회칙 · 자율 · 죄인 · 중벌 · 평화 · 불미

25

■ 한자의 음과 훈을 되새기며 필순에 따라 바르게 써 보자.

規 법 규	見(볼견) / 총 11획
一 二 丰 夫 却 扣 扣 捫 捫 捫 規 規	
規 規 規 規	

則 법칙 칙	刂(선칼도방) / 총 9획
丨 冂 冂 月 目 目 貝 貝 則 則	
則 則 則 則	

犯 범할 범	犭(개사슴록변) / 총 5획
丿 丿 犭 犭 犯	
犯 犯 犯 犯	

罪 허물 죄	罒(그물망머리) / 총 13획
丶 冂 罒 罒 罒 罪 罪 罪 罪 罪 罪	
罪 罪 罪 罪	

刑 형벌 형	刂(선칼도방) / 총 6획
一 二 干 开 开 刑	
刑 刑 刑 刑	

罰 벌할 벌	罒(그물망머리) / 총 14획
丶 冂 罒 罒 罒 罒 罰 罰 罰 罰 罰 罰	
罰 罰 罰 罰	

法 법 법	氵(삼수변) / 총 8획
丶 丶 氵 氵 汁 汢 法 法	
法 法 法 法	

律 법칙 률.율	彳(두인변) / 총 9획
丿 丿 彳 彳 彳 律 律 律 律	
律 律 律 律	

調 고를 조	言(말씀언) / 총 15획
丶 亠 言 言 言 言 訂 訶 訶 調 調 調	
調 調 調 調	

和 화할 화	口(입구) / 총 8획
一 二 千 禾 禾 和 和 和	
和 和 和 和	

美 아름다울 미	羊(양양) / 총 9획
丶 丷 丷 兰 关 羊 羊 美 美	
美 美 美 美	

德 덕 덕	彳(두인변) / 총 15획
丿 丿 彳 彳 彳 彳 徍 徖 徖 德 德 德	
德 德 德 德	

恭 공손할 공	忄(마음심밑) / 총 10획
一 十 十 芇 芇 共 恭 恭 恭 恭	
恭 恭 恭 恭	

貪 탐낼 탐	貝(조개패) / 총 11획
丿 人 人 今 今 貪 貪 貪 貪 貪 貪	
貪 貪 貪 貪	

■ 공부할 한자의 모양을 살펴보며 음과 훈을 알아보자,

묶음 3-2

음 ■ 한자를 읽는 소리
아래 한자의 음을 찾아 적고 소리내어 읽어 보자.

– 바탕색과 글자색이 같은 것을 찾아 보자 –

敗	團	競	原
單	技	排	勝
球	體	因	純

원 배 승 패 단 경
순 인 기 단 구 체

훈 ■ 한자의 뜻 새김
한자의 음을 적고 훈과 함께 외어 보자.

團 둥글	體 몸	競 다툴	技 재주
排 밀칠	球 공	勝 이길	敗 패할
原 근원	因 인할	單 홀	純 순수할

알아보기

■ 한자어와 한자어를 이루는 개별 한자의 뜻을 알아보자.
■ 아래 한자어의 음을 적고 그 뜻을 생각하며 글을 읽어 보자.
■ 공부할 한자의 뜻을 알아보고 필순에 따라 바르게 써 보자.

團體 [   ] ▶ 공동의 목적을 이루기 위한 사람들의 집단.

「 화랑도란, 신라 때의 靑少年들이 自身의 마음과 몸을 닦고 목숨을
바쳐 나라를 지키려던, 우리 고유의 정신적 흐름을 말한다.
이를 실천하기 위하여 조직된 團體를 화랑도라 한다.
그 社會의 중심 人物이 되기 위하여
마음과 몸을 단련하고, 올바른
社會 生活의 규범을 익히며,
나라가 어려운 시기에 처할 때
싸움터에서 목숨을 바치려는
기풍은 고구려나 백제에도
있었다. 」

• 靑少年(청소년) • 自身(자신) • 社會(사회) • 人物(인물) • 生活(생활).   * 고유: 본래부터 가지고 있는 특유한 것.
* 단련: 몸과 마음을 굳세게 함. * 기풍: 어떤 집단이나 지역 사람들의 공통적인 기질(바탕을 이루는 성질).

團은 자아낸 실을 둥글게 모으는 가락으로 '모으다',
'둥글다'는 뜻인 專(모일 단)과 '에워싸다'는 뜻인
□(에울 위)를 결합한 것이다.   실을 감아 모은 〈둥근
덩어리〉를 의미한다.

[새김] ▪ 둥글다 ▪ 덩어리 ▪ 단체, 모임

體는 '몸 속의 뼈대'를 뜻하는 骨(골)과 '살지다(살이
많고 튼실하다)'는 뜻인 豊(풍)을 결합한 것이다.
뼈대에 살이 붙어 형체를 이루는 〈몸체〉를 의미한다.

[새김] ▪ 몸, 몸체 ▪ 물체 ▪ 형체

丨	冂	冂	冃	同	回	同	圓	團	團	團
專		團		團		團	
團		團		團		團	

冂	冃	冎	丹	骨	骨	骨	體	體	體	體	體
體		體		體		體	
體		體		體		體	

새기고 익히기

■ 한자의 뜻을 새기고 그 한자로 이루어진 한자어를 익히자.
■ 한자의 뜻을 연결하여 한자어의 뜻을 생각해 보자.
■ 한자어의 뜻을 알고 예문을 통해 그 쓰임을 익히자.

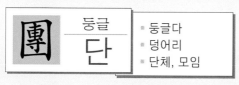
團 둥글 단 ■ 둥글다 ■ 덩어리 ■ 단체, 모임

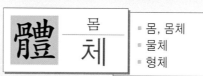
體 몸 체 ■ 몸, 몸체 ■ 물체 ■ 형체

– 흐리게 나타난 한자어 위에 겹쳐서 쓰고 음을 적어라 –

結 맺을 결 ■ 맺다 ■ 묶다 ■ 매듭짓다 ■ 엉기다

團結 [   ]
덩어리로   엉김   ▷ 우리가 團結하면 그들과 맞서 싸워 이길 수 있다.
▶ 많은 사람이 마음과 힘을 한데 뭉침.

集 모을 집 ■ 모으다 ■ 모이다 ■ 떼, 모임

集團 [   ]
떼를 이룬   모임   ▷ 철새들이 集團을 이루어 날아 올랐다.
▶ 여럿이 모여 이룬 모임.

身 몸 신 ■ 몸 ■ 나, 자신 ■ 출신

身體 [   ]
몸   몸   ▷ 건강한 身體에 건전한 정신이 깃든다.
▶ 사람의 몸.

育 기를 육 ■ 기르다 ■ 낳다 ■ 자라다

體育 [   ]
몸을   기름   ▷ 우리 반 아이들 누구나 體育 시간을 좋아하고 기다린다.
▶ 일정한 운동 따위를 통하여 신체를 튼튼하게 단련시키는 일.

한 글자 더

排 밀칠 배 ■ 밀치다 ■ 밀어내다 ■ 물리치다

一 扌 扌 打 打 打 扫 挑 排 排
排 排 排 排
排 排 排 排

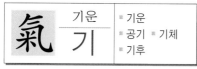
氣 기운 기 ■ 기운 ■ 공기 ■ 기체 ■ 기후

排氣 [   ]
밀어냄   기체를   ▷ 자동차 排氣 가스가 공기 오염의 주범.
▶ 속에 든 공기, 가스, 증기 따위를 밖으로 뽑아 버림.

他 다를 타 ■ 다르다 ■ 딴, 다른 ■ 남

排他 [   ]
배척함   남을   ▷ 지나친 排他는 사회관계를 파괴한다.
▶ 남을 배척(따돌리거나 거부하여 밀어 내침)함.

29

알아보기

■ 한자어와 한자어를 이루는 개별 한자의 뜻을 알아보자.
■ 아래 한자어의 음을 적고 그 뜻을 생각하며 글을 읽어 보자.
■ 공부할 한자의 뜻을 알아보고 필순에 따라 바르게 써 보자.

競技 [　　] ▶ 서로 재주를 비교하여 낮고 못함을 겨룸,

「 "競技는 다른 사람과 경쟁하는 것이기도 하지만, 자기 自身과의
싸움이기도 하단다. 마라톤 競技에서는 꼴지로 결승선에 들어온
선수에게도 1等을 한 선수에 못지않게 격려의 박수를
쳐주는 것은 왜 그럴까?"

"다른 사람들에게 뒤떨어지고
지쳐서 그만 두고 싶지만,
그것을 이겨 내고 끝까지
해낸 것을 重要하게
생각해서겠지요?" 」

• 自身(자신) • 等(등) • 重要(중요).
* 경쟁: 같은 목적에 대하여 이기거나 앞서려고 서로 겨룸. * 격려: 용기(씩씩하고 굳센 기운)나 의욕이 솟아나도록 북돋워 줌.

羽羽는 '입으로 내는 소리'를 뜻하는 무 ⋯ 音(음)의 줄인
모양인 平과 '사람'을 뜻하는 人 ⋯ 儿(어진 사람인)을
결합한 것으로 두 사람이 식식거리며 앞다투는 모습이다.
서로 〈승부를 겨룸〉을 의미한다.

[새김] ■ 다투다 ■ 겨루다 ■ 나아가다

二 亠 프 音 音 音 音 音 音 音 音 競
競	競	競	競
競	競	競	競

技는 '손', '솜씨'를 뜻하는 手(수)=才와 '팔과 다리'
를 뜻하는 支(지)를 결합한 것이다.   손발을 써서 해내
는 〈재주와 솜씨〉를 의미한다.

[새김] ■ 재주, 솜씨 ■ 기술 ■ 기능

一 十 才 扌 扛 扗 技
技	技	技	技
技	技	技	技

새기고 익히기

■ 한자의 뜻을 새기고 그 한자로 이루어진 한자어를 익히자.
■ 한자의 뜻을 연결하여 한자어의 뜻을 생각해 보자.
■ 한자어의 뜻을 알고 예문을 통해 그 쓰임을 익히자.

競 다툴 경	■ 다투다 ■ 겨루다 ■ 나아가다	技 재주 기	■ 재주, 솜씨 ■ 기술 ■ 기능

- 흐리게 나타난 한자어 위에 겹쳐서 쓰고 음을 적어라 -

馬 말 마	■ 말 ■ 큰 것의 비유

競馬 [   ]
겨룸   말을 타고 ▶ 일정한 거리를 말을 타고 달려 빠르기를 겨루는 경기.

▷ 競馬를 도박으로 하는 사람들이 문제다.

合 합할 합	■ 합하다 ■ 모으다 ■ 맞다

競合 [   ]
겨룸   맞서 ▶ 서로 맞서 겨룸.

▷ 올림픽 유치를 두고 두 도시가 치열하게 競合을 벌이고 있다.

能 능할 능	■ 능하다 ■ ~할 수 있다 ■ 재능

技能 [   ]
기술상의   재능 ▶ 작업을 정확하고 손쉽게 해 주는 기술상의 재능.

▷ 그의 남다른 자동차 수리 技能은 많은 경험과 성실함에 의한 것이다.

長 길 장	■ 길다 ■ 어른 ■ 우두머리 ■ 자라다 ■ 낫다

長技 [   ]
더 나은   재주 ▶ 가장 잘하는 재주.

▷ 그 배구 선수의 長技는 강력한 서브이다.

한 글자 더

球 공 구	■ 공 ■ 둥근물체 ■ 둥글다

☆ 공같이 둥근 옥.

一 亅 王 王 王 玨 玨 玞 球 球 球

球 球 球 球
球 球 球 球

排 밀칠 배	■ 밀치다 ■ 밀어내다 ■ 물리치다

排球 [   ]
밀쳐냄   공을 ▶ 손으로 공을 패스하여 상대편 코트로 넘겨 보내는 구기 경기.

▷ 결승전에 진출한 우리나라 排球 팀은 상대 팀 장신의 벽을 넘을 수 있을까?

地 땅 지	■ 땅 ■ 곳, 장소 ■ 자리

地球 [   ]
땅덩이   공처럼 둥근 ▶ 태양에서 세 번째로 가까운 행성, 우리 인류가 살고 있는 천체.

▷ 우리가 사는 地球는 점점 더 더워지고 있다.

31

■ 한자어와 한자어를 이루는 개별 한자의 뜻을 알아보자.
■ 아래 한자어의 음을 적고 그 뜻을 생각하며 글을 읽어 보자.
■ 공부할 한자의 뜻을 알아보고 필순에 따라 바르게 써 보자.

勝敗 ⬜ ▶ 이김과 짐, 승부.

「 競技가 거의 끝날 무렵이었습니다. 마침 상대편에서 찬 공이 승원이 쪽으로 굴러 왔습니다. 승원이는 있는 힘을 다해 공을 찼습니다. 그런데 마음과는 달리, 공은 고작 몇 발짝 앞에 떨어지고 말았습니다. 그 사이에 상대편이 재빠르게 쫓아와서 공을 찼습니다. 공은 눈 깜짝할 사이에 골문 안으로 들어갔습니다.

　"야 골인이다!"

　상대편에서 함성이 일어났습니다. 競技의 勝敗 가 決定지어지는 순간이었습니다. 」

• 競技(경기)　• 決定(결정)
* 고작: 아무리 좋고 크게 평가하려 하여도 별것 아님.　* 함성: 여러 사람이 함께 외치거나 지르는 소리.

勝은 '임금이 자기를 일컫는 말'인 朕(짐)과 '힘을 다하다'는 뜻인 力(력)을 결합한 것이다.　자신의 있는 힘을 다하여 승부에서 〈이김〉을 의미한다.

새김 ▪ 이기다 ▪ 낫다 ▪ 뛰어난 것

丿	刀	月	月	月´	月`	月゛	朕	朕	朕	勝	勝
勝		勝		勝		勝					
勝		勝		勝		勝					

𢦏는 청동솥(鼎)을 쳐서(攴) 깨는 모습이다. 청동솥은 황제가 하늘에 제를 지낼 때 사용하는 제기로 왕조의 상징이다.　청동솥이 깨지는 것은 왕조가 〈패하여 무너짐〉을 의미한다.

새김 ▪ 패하다, 지다 ▪ 실패하다 ▪ 무너지다

丨	冂	冂	月	目	貝	貝	貯	貯	敗	敗
敗		敗		敗		敗				
敗		敗		敗		敗				

새기고 익히기

■ 한자의 뜻을 새기고 그 한자로 이루어진 한자어를 익히자.
  ■ 한자의 뜻을 연결하여 한자어의 뜻을 생각해 보자.
  ■ 한자어의 뜻을 알고 예문을 통해 그 쓰임을 익히자.

 勝 이길 승 ■ 이기다 ■ 낫다 ■ 뛰어난 것

 敗 패할 패 ■ 패하다, 지다 ■ 실패하다 ■ 무너지다

― 흐리게 나타난 한자어 위에 겹쳐서 쓰고 음을 적어라 ―

 決 결단할 결 ■ 결단하다 ■ 결정하다 ■ 터지다

 決 勝 □
결정함   뛰어남을 ▶ 운동 경기 따위에서, 마지막 승자를 결정함.

▷ 決勝에서 아깝게 패해 준우승에 그쳤다.

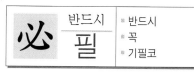 必 반드시 필 ■ 반드시 ■ 꼭 ■ 기필코

 必 勝 □
반드시   이김 ▶ 반드시 이김.

▷ 必勝을 바라는 응원의 함성이 울려퍼졌다.

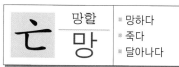 亡 망할 망 ■ 망하다 ■ 죽다 ■ 달아나다

 敗 亡 □
패하여   망함 ▶ 싸움에 져서 망함.

▷ 독립투사들이 바라는 것은 오로지 일본의 敗亡과 대한민국의 독립이었다.

 失 잃을 실 ■ 잃다 ■ 놓지다 ■ 잘못하다

 失 敗 □
잘못하여   무너뜨림 ▶ 일을 잘못하여 뜻한 대로 되지 아니하거나 그르침.

▷ 失敗의 원인을 찾아 대책을 세워라.

한 글자 더

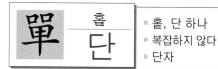 單 홀 단 ■ 홀, 단 하나 ■ 복잡하지 않다 ■ 단자

☆ 짝을 이루지 않거나 겹으로 되지 아니한 것.
  오랑캐 이름 <선>.

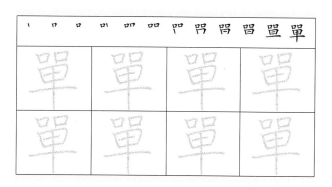
| 丶 | 一 | 口 | 口 | 吅 | 吅 | 咒 | 罒 | 罒 | 胃 | 單 | 單 |

 語 말씀 어 ■ 말씀, 말 ■ 말하다

 單 語 □
낱(홀)   말 ▶ 문법상의 뜻 기능을 가지는 언어의 최소 단위.

▷ 單語의 뜻을 알아야 문장을 제대로 이해할 수 있다.

名 이름 명 ■ 이름 ■ 이름나다 ■ 평판

 名 單 □
이름을 적은   단자 ▶ 어떤 일에 관련된 사람들의 이름을 적은 표.

▷ 합격자 名單에 오빠의 이름이 들어 있어!

알아보기

原因 〔　　〕 ▶ 어떤 사물이나 상태를 변화시키거나 일으키게 하는 근본이 되는 일이나 사건.

「'아니땐 굴뚝에 연기 날까?'
아궁이에 불을 때지도 않았는데 굴뚝에서 연기가
날 까닭이 있겠습니까? 반드시 불을 땠기 때문에
연기가 났다는 말입니다. 곧, 이 속담은
原因이 있어야만 結果가
생긴다는 뜻입니다.」

• 結果(결과).　　＊아궁이: 방이나 솥 따위에 불을 때기 위하여 만든 구멍. ＊까닭: 일이 생기게 된 원인이나 조건.

原는 바위 언덕(厂)에서 물이 흘러나오는(泉) 모습이
다.　물줄기가 흘러나오는 〈근원〉을 의미한다.

因은 사람(大)이 깔아 놓은 자리(□) 위에 누운 모습이
다.　누울 수 있는 자리가 있기에 누운 것처럼 어떤 일
이 생길 수 있는 〈원인이나 조건〉을 의미한다.

새김 ▪근원 ▪원래 ▪벌판, 들판

새김 ▪인하다(말미암다) ▪까닭 ▪원인

一 厂 厂 厂 后 后 盾 原 原 原

原	原	原	原
原	原	原	原

丨 冂 冂 冈 因 因

因	因	因	因
因	因	因	因

새기고 익히기

■ 한자의 뜻을 새기고 그 한자로 이루어진 한자어를 익히자.
■ 한자의 뜻을 연결하여 한자어의 뜻을 생각해 보자.
■ 한자어의 뜻을 알고 예문을 통해 그 쓰임을 익히자.

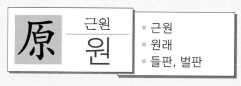

原 근원 원
■ 근원
■ 원래
■ 들판, 벌판

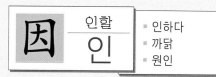

因 인할 인
■ 인하다
■ 까닭
■ 원인

- 흐리게 나타난 한자어 위에 겹쳐서 쓰고 음을 적어라 -

來 올 래
■ 오다
■ 돌아오다
■ 부터

原來
근원 부터 ▶ 본디,

▷ 우리의 계획은 原來대로 진행할 것이다.

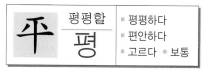

平 평평할 평
■ 평평하다
■ 편안하다
■ 고르다 ■ 보통

平原
평평한 들판 ▶ 평평한 들판,

▷ 고개를 넘자 드넓은 平原이 그의 눈앞에 펼쳐졌다.

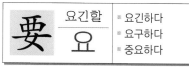

要 요긴할 요
■ 요긴하다
■ 요구하다
■ 중요하다

要因
중요한 까닭 ▶ 사물이나 사건이 성립되는 까닭, 또는 조건이 되는 요소,

▷ 계속되는 더위가 전력 사용량이 증가하는 要因이었다.

敗 패할 패
■ 패하다, 지다
■ 실패하다
■ 무너지다

敗因
패한 원인 ▶ 싸움에서 지거나 일에 실패한 원인,

▷ 주전 선수의 부상이 이번 시합의 결정적 敗因이었다.

한 글자 더

純 순수할 순
■ 순수하다
■ 꾸밈 없다
■ 오로지

☆ 누에고치에서 풀이어 나온 명주실 그대로의 꾸밈 없는 순수함.

乚 幺 幺 幺 幺 糸 紅 紅 純
純	純	純	純
純	純	純	純

單 홀 단
■ 홀, 단 하나
■ 복잡하지 않다

單純
복잡하지 않고 섞이지 않음 ▶ 복잡하지 않고 간단함,

▷ 이렇게 單純한 문제도 풀지 못한단 말이냐?

金 쇠 금
■ 쇠, 쇠붙이
■ 금 ■ 돈
■ 귀하다

純金
순수한 금 ▶ 다른 금속이 섞이지 않은 순수한 금,

▷ 이 금목걸이는 純金이냐?

35

한자성어

■ 한자 성어에 담긴 함축된 의미를 파악하고 그 쓰임을 익히자.

■ 한자 성어의 음을 적고 그에 담긴 의미와 적절한 쓰임을 익혀라.

單 刀 直 入

▶ 혼자서 칼 한자루를 들고 적진으로 곧장 쳐들어간다는 뜻으로, 여러 말을 늘어놓지 아니하고 바로 요점이나 본문제를 중심적으로 말함을 이르는 말.

▷ 여러 말 할 것 없이 내가 너에게 單刀直入으로 묻겠다.

一 刻 三 秋

▶ 매우 짧은 시간이 삼 년 같다는 뜻으로, 몹시 기다려지거나 지루한 느낌을 이르는 말.

▷ 그들은 조난당한 가족의 구조 소식을 一刻三秋로 애타게 기다리고 있었다.

半 信 半 疑

▶ 얼마쯤 믿으면서도 한편으로는 의심함.

▷ 그는 나의 말을 半信半疑하는 눈치였다.

弱 肉 強 食

▶ 약한 자가 강한 자에게 먹힌다는 뜻으로, 약한 자를 희생시켜서 번영하거나, 약한 자가 강한 자에게 끝내는 멸망됨을 이르는 말.

▷ 야생의 세계는 弱肉強食의 법칙이 지배하는 세상이다.

千 篇 一 律

▶ 여럿이 개별적 특성이 없이 모두 엇비슷한 현상을 비유적으로 이르는 말.

▷ 요즘은 너도 나도 유행을 따르다보니, 거리에 나가보면 젊은이들의 옷차림이 千篇一律이다.

氣 高 萬 丈

▶ 펄펄 뛸 만큼 대단히 성이 남.
일이 뜻대로 잘될 때, 우쭐하여 뽐내는 기세가 대단함.

▷ 오빠는 한자를 좀 안다고 우쭐대는 모습이 氣高萬丈이었다.

篇 — 책 / 편
- 책
- 완결된 시문
- 시문을 세는 말

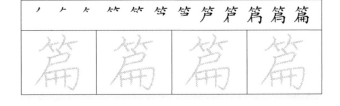

丈 — 어른 / 장
- 어른
- 장인, 장모
- 길이의 단위

· 단도직입 · 일각삼추 · 반신반의 · 약육강식 · 천편일률 · 기고만장

36

■ 한자가 지닌 여러가지 뜻과 한자어를 한 번 더 살펴 익히자.

▪ 아래 한자가 지닌 뜻과 그 뜻을 지니는 한자어를 줄로 이어라.

■ 調
- 고르다
- 가락
- 어울리다

• 音調(   ) ▸ 소리의 가락.
• 調和(   ) ▸ 서로 잘 어울림.
• 調節(   ) ▸ 사물을 정도에 맞추어서 잘 고르게 함.

■ 律
- 법칙, 법
- 가락, 음률

• 調律(   ) ▸ 악기의 음을 표준음에 맞추어 고름.
• 法律(   ) ▸ 국민이 지켜야 할 나라의 규율.

■ 法
- 법
- 방법

• 不法(   ) ▸ 법에 어긋남.
• 用法(   ) ▸ 사용하는 방법.

■ 原
- 근원
- 들판

• 平原(   ) ▸ 평평한 들판.
• 原因(   ) ▸ 어떤 일의 근본이 되는 까닭.

■ [敗]와 상대되는 뜻을 지닌 한자에 ○표 하여라.   ⇨ [失 · 罪 · 勝 · 強]

■ [體]과 비슷한 뜻을 지닌 한자에 ○표 하여라.   ⇨ [手 · 足 · 首 · 身]

▪ 아래의 뜻을 지닌 한자성어가 되도록 ( ) 안에 한자를 써 넣고 완성된 성어의 독음을 적어라.

뜻	성어	독음
▸ 마음이나 뜻이 서로 맞음.	( )氣投合	
▸ <u>지나친</u> 공손은 오히려 예의에 벗어남.	( )恭非禮	
▸ 맺은 사람이 <u>풀어야</u> 한다는 뜻으로, 자기가 저지른 일은 자기가 해결하여야 함을 이르는 말.	結者( )之	
▸ 제 몸에 벌어지는 <u>일</u>을 모를 만큼 정신을 잃은 상태. 사람으로서의 예절을 차릴 줄 모름.	人( )不省	
▸ 작은 것을 탐하다가 큰 것을 <u>잃음</u>.	小貪大( )	
▸ 먼저 예의를 배우고 <u>나중</u>에 학문을 배우라는 뜻으로, 예의가 우선임을 이르는 말.	先禮( )學	

· 음조. 조화. 조절 · 조율. 법률 · 불법. 용법 · 평원. 원인 / 意 · 過 · 解 · 事 · 失 · 後

어휘력 다지기

■ 협동과 團合 ☐ 을 다지는 축제 한마당. ● · 많은 사람이 마음과 힘을 한데 뭉침.

■ 실기를 통해 합창 團員 ☐ 을 선발했어. ● · 몸무게.

■ 그는 꾸준히 體力 ☐ 을 단련하고 있다. ● · 어떤 단체에 속한 사람.

■ 누나는 體重 ☐ 감량을 위해 노력한다. ● · 육체적 활동을 할 수 있는 몸의 힘.

■ 도대체 너의 正體 ☐ 가 무엇이냐? ● · 제품이나 상품 따위의 우열을 가리는 일.

■ 전국 학생 발명품 競進 ☐ 대회에 출품. ● · 참된 본디의 형체. 본심(本心)의 모양.

■ 그는 球技 ☐ 종목을 고루 잘한다. ● · 속에 든 공기, 증기, 가스 따위를 밖으로 뽑아 버림.

■ 그분은 시내 버스 技士 ☐ 로 일하신다. ● · 공을 사용하는 운동 경기. 야구, 축구, 배구 따위.

■ 자동차 排氣 ☐ 가스가 공기 오염원. ● · 운전기사(운전사를 높여 이르는 말).

■ 지구는 球形 ☐ 이다. ● · 야구나 볼링 따위에서, 공을 던짐. 또는 그 공.

■ 그 투수는 공격적인 投球 ☐ 를 한다. ● · 완전하게 또는 여유 있게 이김. 또는 그런 승리.

■ 우리 축구 팀이 完勝 ☐ 을 거두었다. ● · 공같이 둥근 형태.

■ 정신력이 곧 勝利 ☐ 의 원동력이야. ● · 싸움에서 지거나 실패한 원인.

■ 훈련 부족이 우리 팀의 敗因 ☐ 이었어. ● · 겨루어서 짐.

■ 그는 쓰라린 敗北 ☐ 를 맛보았다. ● · 겨루어서 이김.

■ 고구마를 주 原料 ☐ 로 만든 과자야. ● · 불이 난 원인.

■ 전기의 原理 ☐ 를 발견한 에디슨. ● · 죽게 된 원인.

■ 누전이 火因 ☐ 으로 밝혀졌다. ● · 어떤 물건을 만드는 데 들어가는 재료.

■ 그의 死因 ☐ 은 심장마비였다네. ● · 사물의 근본이 되는 이치.

■ 우리는 單獨 ☐ 주택에 살고 있어. ● · 순수하지 아니함. 딴 속셈이 있어 참되지 못함.

■ 너에게 不純 ☐ 한 마음은 없었겠지? ● · 단 한 사람, 단 하나.

· 단합 · 단원 · 체력 · 체중 · 정체 · 경진 · 구기 · 기사 · 배기 · 구형 · 투구 · 완승 · 승리 · 패인 · 패배 · 원료 · 원리 · 화인 · 사인 · 단독 · 불순

■ 한자어가 되도록 □ 안에 공통으로 넣을 한자를 보기에서 찾아 □ 안에 쓰고 , 그 한자어의 뜻을 생각하며 음을 적어라.

		團□	物□	人□

		競□	□能	□士

		地□	足□	□體

		決□	□利	□敗

		□因	□來	□本

		□身	□一	□色

■ 아래의 뜻을 지닌 한자어가 되도록 위의 보기에서 알맞은 한자를 찾아 □ 안에 써 넣어라.

▶ 자전(한자를 모아서 일정한 순서로 늘어놓고 글자 하나하나의 뜻과 음을 풀이한 책, 옥편).

▷ 모르는 한자는 玉□ 을 찾아보아라.

▶ 주택, 공장, 작물 재배지 따위가 집단을 이루고 있는 일정 구역.

▷ 그곳에 관광 □地 를 조성하려 한다.

▶ 일정한 규칙 아래 기량과 기술을 겨룸, 또는 그런 일.

▷ 예선 □技 를 무난히 통과했다.

▶ 안에 있거나 고여 있는 물을 밖으로 퍼내거나 다른 곳으로 내보냄.

▷ 하수구가 막혀 □水 가 안된다.

▶ 성공과 실패를 아울러 이르는 말.

▷ 이번 일의 成□ 는 너에게 달렸다.

▶ 불이 난 원인.

▷ 그 건물의 火□ 은 누전 이라한다.

▶ 딴 속셈이 있어 참되지 못함.

▷ 그에게 不□ 한 의도는 없었을거야.

· 단체. 물체. 인체 · 경기. 기능. 기사 · 지구. 족구. 구체 · 결승. 승리. 승패 · 원인. 원래. 원본 · 단신. 단일. 단색 / · 옥편 · 단지 · 경기 · 배수 · 성패 · 화인 · 불순

■ 한자의 음과 훈을 되새기며 필순에 따라 바르게 써 보자.

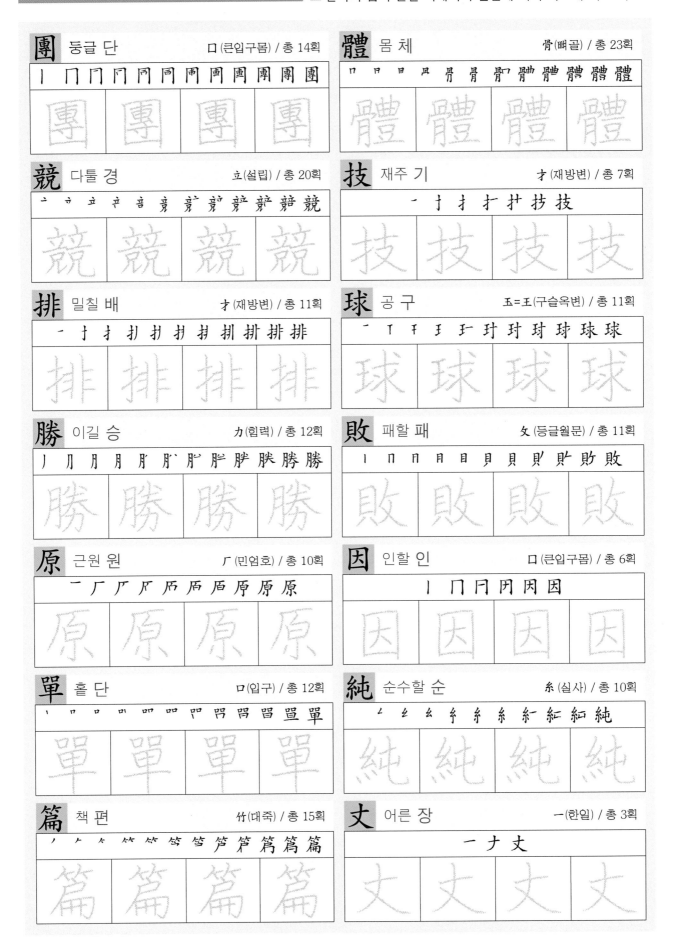

團 둥글 단	口(큰입구몸) / 총 14획
丨 冂 冂 冂 冋 同 同 圊 圍 團 團 團 團 團	

體 몸 체	骨(뼈골) / 총 23획
冂 冊 冊 昭 骨 骨 骨 體 體 體 體 體	

競 다툴 경	立(설립) / 총 20획
亠 产 立 产 音 竞 竞 竞 竞 竞 競 競	

技 재주 기	扌(재방변) / 총 7획
一 十 扌 扌 扗 抟 技	

排 밀칠 배	扌(재방변) / 총 11획
一 十 扌 扌 扌 扗 扗 扗 拝 排 排	

球 공 구	玉=王(구슬옥변) / 총 11획
一 二 千 王 王 玙 玙 玙 球 球 球	

勝 이길 승	力(힘력) / 총 12획
丿 几 月 月 月 肝 肝 胖 胖 胅 勝 勝	

敗 패할 패	攵(등글월문) / 총 11획
丨 冂 冂 月 目 貝 貝 財 貯 敗 敗	

原 근원 원	厂(민엄호) / 총 10획
一 厂 厂 厂 尿 原 原 原 原 原	

因 인할 인	口(큰입구몸) / 총 6획
丨 冂 冂 因 因 因	

單 홑 단	口(입구) / 총 12획
丨 冂 冂 口 吅 吅 吅 吅 單 單	

純 순수할 순	糸(실사) / 총 10획
乙 幺 幺 幺 糸 糸 糸 紅 紅 純	

篇 책 편	竹(대죽) / 총 15획
丿 广 竺 竺 竺 笁 笁 笁 笁 篇 篇	

丈 어른 장	一(한일) / 총 3획
一 ナ 丈	

40

묶음 3-3

음 ■ 한자를 읽는 소리
아래 한자의 음을 찾아 적고 소리내어 읽어 보자.

훈 ■ 한자의 뜻 새김
한자의 음을 적고 훈과 함께 외어 보자.

炭	숯	鑛	쇳돌	採	캘	取	가질
危	위태할	機	틀	災	재앙	難	어려울
救	구원할	援	도울	貧	가난할	困	곤할

알아보기

■ 한자어와 한자어를 이루는 개별 한자의 뜻을 알아보자.
■ 아래 한자어의 음을 적고 그 뜻을 생각하며 글을 읽어 보자.
■ 공부할 한자의 뜻을 알아보고 필순에 따라 바르게 써 보자.

炭鑛 [ ] ▶ 석탄을 캐내는 광산.

「 "사고가 났대요! 사고!"
우리 가족은 정신없이 炭鑛으로 달려갔습니다. 갱 入口엔 많은 사람들이
모여 발을 동동 구르고 있었습니다. 갱을 지탱하는 갱목이 굴 위쪽의 흙과
바위의 무게를 지탱하지 못해 부러지면서
갱이 무너져 내렸다고 하였습니다.
우리 아버지와 다른 아저씨들 몇 분이
그 속에 갇혀 버렸습니다. 다행이
사람들이 재빨리 구조 作業을 펴서
얼마 후에 아버지와 다른 아저씨들이
모두 갱 밖으로 나올 수 있었습니다. 」

• 入口(입구) • 作業(작업). * 지탱: 오래 버티거나 배겨 냄.
* 다행: 뜻밖에 일이 잘되어 운이 좋음. * 구조: 재난 따위를 당하여 어려운 처지에 빠진 사람을 구하여 줌.

炭은 숯 굽는 가마(⌒) 속에 쌓아 놓은 숯 만들 나무
(屮)를 불(火)에 굽는 모습이다.   숯가마에서 나무를
구워 만든 〈숯〉을 의미한다.

[새김] ▪숯 ▪석탄 ▪탄소(화학 원소의 하나)

鑛은 '쇠'를 뜻하는 金(금)과 '구덩이'를 뜻하는 壙
(광)을 줄인 廣(광)을 결합한 것이다.   구덩이에서 캐
내는 쇠붙이의 성분이 들어 있는 돌인 〈광석〉을 의미한
다.

[새김] ▪쇳돌 ▪광석

＇	⺯	屮	屮	屵	屵	炭	炭	炭
炭		炭		炭		炭		
炭		炭		炭		炭		

⺈	⺈	牟	金	釒	釒	釒	釒	鏞	鏞	鑛
鑛		鑛		鑛		鑛				
鑛		鑛		鑛		鑛				

■ 한자의 뜻을 새기고 그 한자로 이루어진 한자어를 익히자.
■ 한자의 뜻을 연결하여 한자어의 뜻을 생각해 보자.
■ 한자어의 뜻을 알고 예문을 통해 그 쓰임을 익히자.

炭	숯 탄	■ 숯 ■ 석탄 ■ 탄소

鑛	쇳돌 광	■ 쇳돌 ■ 광석

- 흐리게 나타난 한자어 위에 겹쳐서 쓰고 음을 적어라 -

石	돌 석	■ 돌 ■ 굳다 ■ 섬(10말)

石炭 [　]　▷ 石炭 생산량은 점점 줄어들고 있다.
돌　숯　▶ 석탄.

素	본디 소	■ 본디, 바탕 ■ 질박하다 ■ 희다 ■ 평소

炭素 [　]　▷ 지구 온난화를 막기 위해 炭素 배출량을 줄여야 한다.
탄소인　원소　▶ 비금속 원소의 하나로 숯, 석탄 금강석 따위로 산출된다.

物	만물 물	■ 만물 ■ 물건 ■ 사물

鑛物 [　]　▷ 지하에는 많은 鑛物이 매장되어 있다.
광석으로 얻는　물질　▶ 천연으로 나며 질이 고르고 화학적 조성이 일정한 물질.

夫	지아비 부	■ 지아비 ■ 사내 ■ 일꾼

鑛夫 [　]　▷ 鑛夫들은 광물을 채취하기 위해 지하 깊은 곳까지 들어가서 작업한다.
광석을 캐는　일꾼　▶ 광산에서 광물을 캐는 일을 직업으로 하는 사람.

한 글자 더

危	위태할 위	■ 위태하다 ■ 두려워하다 ■ 높다

☆ 마음을 놓을 수 없이 불안하다.

` ´ ^ ^ 产 卢 危			
危	危	危	危
危	危	危	危

安	편안 안	■ 편안 ■ 편안하다 ■ 안존하다

安危 [　]　▷ 나 하나의 安危만 생각하여 다른 사람들을 어려움에 빠뜨릴 수는 없다.
편안함과　위태함　▶ 편안함과 위태함.

重	무거울 중	■ 무겁다 ■ 무게 ■ 중하다 ■ 겹치다

危重 [　]　▷ 그는 연로하신 모친이 危重하다는 소식을 듣자 급히 고향으로 달려갔다.
위태롭고　중함　▶ 병세가 위험할 정도로 중하다. 사태가 매우 위태롭고 중하다.

알아보기

■ 한자어와 한자어를 이루는 개별 한자의 뜻을 알아보자.
■ 아래 한자어의 음을 적고 그 뜻을 생각하며 글을 읽어 보자.
■ 공부할 한자의 뜻을 알아보고 필순에 따라 바르게 써 보자.

採取 [　　] ▶ 풀, 나무, 광석 따위를 찾아 베거나 캐거나 하여 얻어 냄, 캐내다.

「 1969年 7月 21日, 아폴로 우주선은 그 착륙선 독수리호에 두 우주
비행사를 태우고 달 표면의 '고요의 바다'에 사뿐히 내려 앉았다.
달에 내린 두 우주 비행사는, 여러 가지 관측 기계를 설치하고
달 암석을 採取 하여 무사히 地球에 돌아왔다.
이리하여, 45억 年이라는 오랜
세월, 신비에 싸여 있던 비밀은
벗겨지기 시작하였다. 이 일이
있은 후에 사람들은 더욱 우주
탐험에 自信을 가지게 되었다. 」

• 年(년) • 地球(지구) • 自信(자신)
* 관측: 육안(맨눈)이나 기계로 자연 현상 특히 천체나 기상의 상태, 추이, 변화 따위를 관찰하여 측정하는 일.

℥는 손(爪)으로 나무에 달린 열매(✿)를 따는 모습이
다. 나중에 다시 '손'을 뜻하는 扌를 결합하였다
나무의 열매나 뿌리를 〈따거나 캐냄〉을 의미한다.

[새김] ▪ 캐다 ▪ 취하다 ▪ 고르다

一	十	十	扌	扌	扩	扩	扩	抙	採	採

採	採	採	採
採	採	採	採

℥는 손(⺈)으로 귀(⻏)를 잡아 떼는 모습이다. 옛날에
전쟁에서 이기면 전공의 증거물로 상대편 군사의 귀를
떼어 가져왔다고 한다. 고르거나 떼어서 〈가짐〉을 의
미한다.

[새김] ▪ 가지다 ▪ 취하다 ▪ 받아들이다

一	丆	丆	匸	匸	耳	耳	取	取

取	取	取	取
取	取	取	取

새기고 익히기

■ 한자의 뜻을 새기고 그 한자로 이루어진 한자어를 익히자.
■ 한자의 뜻을 연결하여 한자어의 뜻을 생각해 보자.
■ 한자어의 뜻을 알고 예문을 통해 그 쓰임을 익히자.

採 캘 채	■ 캐다 ■ 취하다 ■ 고르다	取 가질 취	■ 가지다 ■ 취하다 ■ 받아들이다

– 흐리게 나타난 한자어 위에 겹쳐서 쓰고 음을 적어라 –

集 모을 집	■ 모으다 ■ 모이다 ■ 떼 · 모임

採集 [　　]
취하여　모음 ▶ 널리 찾아서 얻거나 캐거나 잡아 모으는 일.

▷ 그는 나비를 採集하여 표본을 만들었다.

用 쓸 용	■ 쓰다 ■ 부리다 ■ 효용 · 작용

採用 [　　]
골라서　씀 ▶ 사람을 골라서 씀. 어떤 의견 등을 고르거나 받아들여서 씀.

▷ 그 회사에서 신입 사원 採用 공고를 냈다.
▷ 새로운 판매 방식의 採用은 성공적이다.

消 사라질 소	■ 사라지다 ■ 삭이다 ■ 소멸시키다

取消 [　　]
취하였던 것을　없애 버림 ▶ 발표한 의사를 거두어들이거나 예정된 일을 없애 버림.

▷ 태풍 소식에 항공권 예약을 取消하였다.

材 재목 재	■ 재목 ■ 재료 ■ 자질

取材 [　　]
취하여 얻음　재료를 ▶ 작품이나 기사에 필요한 재료나 제재를 조사하여 얻음.

▷ 그 사건에 대한 取材 경쟁이 뜨겁다.

한 글자 더

機 틀 기	■ 틀, 기계장치 ■ 때 ■ 기회

☆ 어떤 일의 기회.
일의 가장 중요한 고동.

一 十 才 才 栏 栏 栏 榉 樸 機 機 機

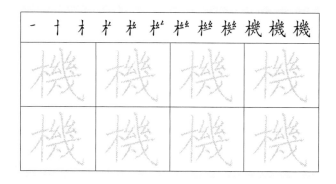

危 위태할 위	■ 위태하다 ■ 두려워하다 ■ 높다

危機 [　　]
위태한　때 ▶ 위험한 고비나 시기.

▷ 다행이도 그는 危機를 넘겼다.

能 능할 능	■ 능하다 ■ ~할 수 있다 ■ 재능

機能 [　　]
기계장치　~할 수 있는 ▶ 하는 구실이나 작용.

▷ 요즘 휴대폰에는 다양한 機能이 있다.

알아보기

■ 한자어와 한자어를 이루는 개별 한자의 뜻을 알아보자.
■ 아래 한자어의 음을 적고 그 뜻을 생각하며 글을 읽어 보자.
■ 공부할 한자의 뜻을 알아보고 필순에 따라 바르게 써 보자.

災難 [ ]

▶ 뜻밖에 당하는 불행한 일.

「 우리는 간혹 뜻하지 않은 災難을 당하여 어려움을 겪을 때가 있다. 여름에는 갑자기 내린 큰비로 집과 재산을 잃어버리기도 하며, 큰 火災로 生命과 재산을 잃는 사람도 생긴다. 國家에서는 평소에 여러 가지 시설을 마련하여 事前에 이러한 일이 생기지 않도록 힘쓴다. 萬一의 경우 災難이 닥쳤을 때에는, 災難을 당한 사람들에게 여러 가지로 도움을 주기도 한다. 」

• 火災(화재) • 生命(생명) • 國家(국가) • 事前(사전) • 萬一(만일): 혹시 있을지도 모르는 뜻밖의 경우.
＊간혹: 어쩌다가 한 번씩. 어쩌다가 띄엄띄엄. ＊평소: 특별한 일이 없는 보통 때.

⌂는 집(∩)에 불이 난(ᴗ) 모습이다. 물이 크게 불어서 홍수가 난 모습인 ≋도 있다. 災는 이 둘을 결합한 것이다. 화재나 홍수와 같은 뜻밖의 〈재해〉를 의미한다.

[새김] ▪ 재앙 ▪ 재해 ▪ 재난

ㅣ	ㅆ	ㅆ	ㅆ	ㅆ	災

災	災	災	災
災	災	災	災

難은 '진흙'을 뜻하는 菫 ⋯ 菫(근)과 '새'를 뜻하는 隹 ⋯ 佳(추)를 결합한 것이다. 새가 진흙탕에서 겪는 〈어려운 사정〉을 의미한다.

[새김] ▪ 어렵다 ▪ 어려운 사정 ▪ 나무라다

一	艹	艹	苎	荳	菓	菓	菓	菓	難	難

難	難	難	難
難	難	難	難

■ 한자의 뜻을 새기고 그 한자로 이루어진 한자어를 익히자.
■ 한자의 뜻을 연결하여 한자어의 뜻을 생각해 보자.
■ 한자어의 뜻을 알고 예문을 통해 그 쓰임을 익히자.

| 災 재앙 재 | ■ 재앙 ■ 재해 ■ 재난 | 難 어려울 난 | ■ 어렵다 ■ 어려운 사정 ■ 나무라다 |

– 흐리게 나타난 한자어 위에 겹쳐서 쓰고 음을 적어라 –

| 害 해할 해 | ■ 해하다 ■ 해롭다 ■ 손해 ■ 해 | 災 害 | ▷ 세계 곳곳에서 기후 변화와 관련된 災害가 발생하고 있다. |

재앙으로 인한　해 ▶ 재앙으로 말미암아 받는 피해.

| 火 불 화 | ■ 불 ■ 타다 ■ 급하다 | 火 災 | ▷ 날씨가 추워지면 火災 예방에 더욱 힘써야 한다. |

불이 나는　재앙 ▶ 불이 나는 재앙, 또는 불로 인한 재난.

| 局 판 국 | ■ 판(판국) ■ 국(관청) | 難 局 | ▷ 우리가 당면한 지금의 이 어려운 難局을 슬기롭게 헤쳐 나가자. |

어려운　판국 ▶ 일을 하기 어려운 사정이나 국면.

| 關 관계할 관 | ■ 관계하다 ■ 관문 ■ 빗장 ■ 매듭 | 難 關 | ▷ 그의 연구는 뜻하지 않은 難關에 부딪쳤다. |

어려운　관문 ▶ 일을 하여 나가면서 부딪치는 어려운 고비.

한 글자 더

| 貧 가난할 빈 | ■ 가난하다 ■ 모자라다 ■ 빈궁하다 |

ノ 八 分 分 分 分 分 谷 谷 谷 谷 貧 貧
貧	貧	貧	貧
貧	貧	貧	貧

| 富 부유할 부 | ■ 부유하다 ■ 가멸다 ■ 부자 | 貧 富 | ▷ 우리 사회의 시급한 과제는 貧富의 차를 줄이는 일이다. |

가난함과　부유함 ▶ 가난함과 부유함, 가난한 사람과 부유한 사람을 아울러 이름.

| 弱 약할 약 | ■ 약하다 ■ 어리다 ■ 수가 모자라다 | 貧 弱 | ▷ 장애인을 위한 시설이 아직도 貧弱하다. |

모자라고　약함 ▶ 가난하고 힘이 없음, 형태나 내용이 충실하지 못함.

알아보기

■ 한자어와 한자어를 이루는 개별 한자의 뜻을 알아보자.
■ 아래 한자어의 음을 적고 그 뜻을 생각하며 글을 읽어 보자.
■ 공부할 한자의 뜻을 알아보고 필순에 따라 바르게 써 보자.

救援 [ ]

▶ 곤란을 면하도록 도와 줌, 도와 건져 줌.

「 늘 노자가 不足한 그는, 어느 때에는 돌 위에서 쉬고, 어느 때에는
나무 밑에서 밤을 지새우기도 했다. 찌는 듯한 삼복 더위에 가파른
산을 오르기도 했고, 살을 에는 듯한 눈보라 속에서 넓은 벌판을
헤매기도 했다. 때로는 끼니를 굶고 길에
쓰러졌다가, 지나가던 사람의
救援으로 살아난 적도 있었다.
이렇게 십여 년이 흘러갔다.
그동안 그는 조선 八道를
돌고, 백두산을 오른 것이
여러 차례였다.

• 不足(부족) • 八道(팔도).   * 노자: 먼 길을 떠나 오가는 데 드는 비용.

救는 짐승이 축 늘어진 모습으로 '책망하다'는 뜻인
求→求(구)와 '치다', '때리다'는 뜻인 攴→攴
(복)=攵을 결합한 것이다.   덤벼드는 짐승을 물리쳐
(책망하여) 어려움에서 〈구원함〉을 의미한다.

[새김] ▪ 구원하다 ▪ 구제하다 ▪ 돕다

一	十	寸	才	求	求	求	求	救	救
救		救		救		救			
救		救		救		救			

援은 '손'을 뜻하는 手(수)=扌와 '끌다'는 뜻인 爰
(원)을 결합한 것이다.   손을 내밀어 끌어 잡아 〈도와줌〉
을 의미한다.

[새김] ▪ 돕다 ▪ 구원하다 ▪ 끌어 잡다

一	十	扌	扩	护	护	护	护	援	援
援		援		援		援			
援		援		援		援			

48

새기고 익히기

■ 한자의 뜻을 새기고 그 한자로 이루어진 한자어를 익히자.
■ 한자의 뜻을 연결하여 한자어의 뜻을 생각해 보자.
■ 한자어의 뜻을 알고 예문을 통해 그 쓰임을 익히자.

救	구원할 구	▪ 구원하다 ▪ 구제하다 ▪ 돕다

援	도울 원	▪ 돕다 ▪ 구원하다 ▪ 끌어 잡다

– 흐리게 나타난 한자어 위에 겹쳐서 쓰고 음을 적어라 –

助	도울 조	▪ 돕다 ▪ 도움 ▪ 거들다

救助 ☐ ▷ 폭우로 고립되었던 피서객들이 모두 救助되었다.

구원함　도와서 ▶ 재난 따위를 당하여 어려운 처지에 빠진 사람을 구하여 줌.

命	목숨 명	▪ 목숨 ▪ 명 ▪ 운명 ▪ 표적

救命 ☐ ▷ 여객선에 비치된 救命 조끼 사용법을 알고 있느냐?

구원함　목숨을 ▶ 사람의 목숨을 구함.

後	뒤 후	▪ 뒤 ▪ 나중 ▪ 늦다 ▪ 뒤떨어지다

後援 ☐ ▷ 뜻있는 이들의 경제적 後援이 자선단체의 활동에 큰 힘이 되었다.

뒤에서　도와 줌 ▶ 뒤에서 도와줌.

支	지탱할 지	▪ 지탱하다 ▪ 갈리다 ▪ 치르다 ▪ 가지 ▪ 팔과 다리

支援 ☐ ▷ 시민들은 인권 보호 단체의 활동에 물심 양면으로 支援을 아끼지 않았다.

지탱하게　도와 줌 ▶ 지지하여 도와줌, 원조함.

한 글자 더

困	곤할 곤	▪ 곤하다 ▪ 난처하다 ▪ 살기 어렵다

☆ 나른하다. 고달프다.
　겪기 어려운 일. 난처한 일.

丨 冂 冃 用 困 困 困

困	困	困	困
困	困	困	困

貧	가난할 빈	▪ 가난하다 ▪ 모자라다 ▪ 빈궁하다

貧困 ☐ ▷ 아직도 많은 사람들이 貧困에 시달린다.
▷ 화재의 貧困으로 대화가 재미없었다.

가난하여　살기 어려움 ▶ 가난하여 살기 어려움, 충실하지 못하거나 모자라서 텅 빔.

難	어려울 난	▪ 어렵다 ▪ 어려운 사정 ▪ 나무라다

困難 ☐ ▷ 그의 실수가 나를 困難에 빠뜨렸다.

난처하고　어려움 ▶ 사정이 몹시 딱하고 어려움, 또는 그런 일.

49

어휘력 다지기

■ 나는 지금 長篇 [ ] 소설을 읽고 있어. · · 석탄을 캐는 일.

■ 이 영화는 전편과 後篇 [ ] 이 있다. · · 두 편으로 나뉘어 있는 책이나 영화 따위의 뒤쪽 편.

■ 採炭 [ ] 작업을 하러 가는 광부들. · · 내용이 길고 복잡한 소설이나 시가 따위를 이르는 말.

■ 炭質 [ ] 이 좋아 화력이 좋은 석탄. · · 금을 캐내는 광산.

■ 철광석을 채굴하고 있는 鑛山 [ ] 이다. · · 숯, 석탄, 무연탄 따위의 품질이나 성질.

■ 이 金鑛 [ ] 에서는 지금도 금을 캐낸다. · · 광물을 캐내는 곳.

■ 혈액 검사를 위해 採血 [ ] 을 하였어. · · 강이나 저수지에서 필요한 물을 끌어옴.

■ 건축용 석재를 採石 [ ] 하고 있는 곳. · · 위험과 재해를 아울러 이르는 말.

■ 큰 가뭄으로 取水 [ ] 량이 줄어들었다. · · 병의 진단이나 수혈 따위를 위하여 피를 뽑는 일.

■ 그가 危害 [ ] 를 가한 적은 없었다. · · 돌산이나 바위에서 석재로 쓸 돌을 캐거나 떠냄.

■ 결정적인 機會 [ ] 를 잡았다고 생각해. · · 좋은 기회.

■ 그렇게 결심한 動機 [ ] 가 무었이냐? · · 어떤 일을 하는 데 적절한 시기나 경우. 겨를이나 짬.

■ 이런 好機 [ ] 를 절대 놓지지 말아라. · · 어떤 일이나 행동을 일으키게 하는 계기.

■ 홍수로 여러 마을이 水災 [ ] 를 당했다. · · 뜻을 이해하기 어렵다. 풀거나 해결하기 어렵다.

■ 만약을 대비해 防災 [ ] 훈련을 한다네. · · 꺼리거나 어려워하는 기색. 비난하려는 낯빛.

■ 이 문제는 정말 難解 [ ] 하구나. · · 장마나 홍수로 인한 재난.

■ 그는 나의 부탁에 難色 [ ] 을 표하였어. · · 폭풍, 홍수, 지진, 화재 따위의 재해를 막는 일.

■ 물웅덩이에 빠진 아이를 救出 [ ] 했다. · · 물품이나 돈 따위로 도와줌.

■ 재난 극복을 위한 自救 [ ] 의 노력을. · · 위험한 상태에서 구하여 냄.

■ 북한에 쌀과 의약품을 援助 [ ] 하였다. · · 스스로 구원함.

■ 그들은 貧民 [ ] 구제 사업을 하고 있다. · · 가난한 백성.

· 장편 · 후편 · 채탄 · 탄질 · 광산 · 금광 · 채혈 · 채석 · 취수 · 위해 · 기회 · 동기 · 호기 · 수재 · 방재 · 난해 · 난색 · 구출 · 자구 · 원조 · 빈민

■ 한자어가 되도록 □ 안에 공통으로 넣을 한자를 보기에서 찾아 □ 안에 쓰고 , 그 한자어의 뜻을 생각하며 음을 적어라.

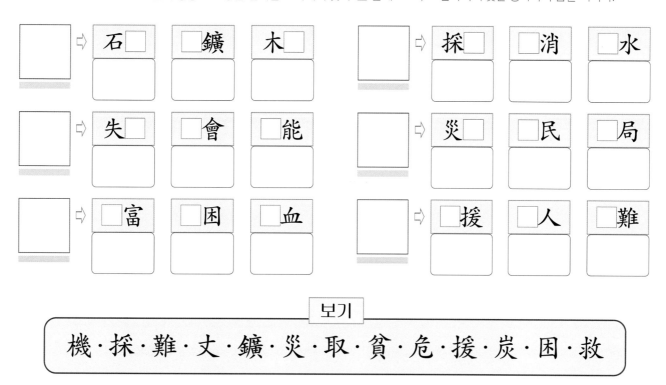

보기

機 · 採 · 難 · 丈 · 鑛 · 災 · 取 · 貧 · 危 · 援 · 炭 · 困 · 救

■ 아래의 뜻을 지닌 한자어가 되도록 위의 보기에서 알맞은 한자를 찾아 □ 안에 써 넣어라.

▶ 아내의 어머니를 이르는 말.

▷ 그는 장인 [母] 를 모시고 산다.

▶ 금을 캐내는 광산.

▷ 그곳에는 큰 [金] 이 있었다.

▶ 석탄을 캐내는 일.

▷ 아직도 [炭] 을 하고 있는 탄광이야.

▶ 위험한 고비나 시기.

▷ 이번 [機] 를 잘 넘겨야만 한다네.

▶ 사람에 의하여서 일어나는 재난을 천재에 상대하여 이르는 말.

▷ 그 재난은 [人] 로 판명되었다.

▶ 어려움이나 위험에 빠진 사람을 구하여 줌.

▷ 그들은 급히 [救] 요청을 하였다.

▶ 가난하여 살기 어려움.

▷ 경제적 [貧] 에서 벗어나야 한다.

· 석탄. 탄광. 목탄 · 채취. 취소. 취수 · 실기. 기회. 기능 · 재난. 난민. 난국 · 빈부. 빈곤. 빈혈 · 구원. 구인. 구난 / · 장모 · 금광 · 채탄 · 위기 · 인재 · 구원 · 빈곤

51

■ 한자의 음과 훈을 되새기며 필순에 따라 바르게 써 보자.

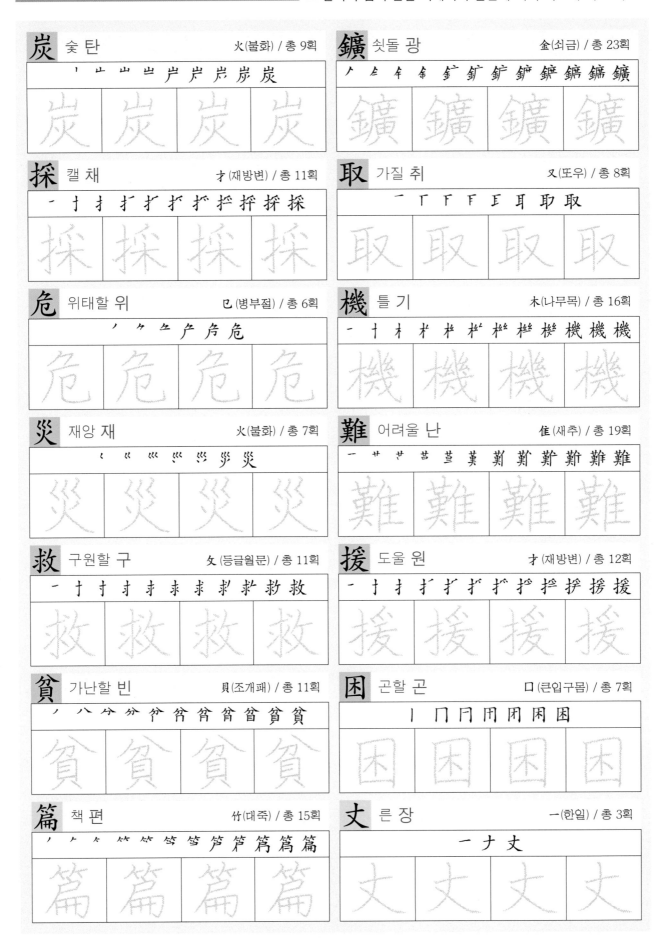

炭 숯 탄　　　火(불화) / 총 9획
丶 屮 屮 屵 屵 屵 炭 炭 炭

鑛 쇳돌 광　　　金(쇠금) / 총 23획
丿 仁 仁 仁 釒 釒 釘 鈩 鉐 鉽 鑛 鑛 鑛

採 캘 채　　　扌(재방변) / 총 11획
一 十 扌 扌 扩 扩 扩 拧 捊 採 採

取 가질 취　　　又(또우) / 총 8획
一 「 F F E 耳 取 取

危 위태할 위　　　㔾(병부절) / 총 6획
丿 ケ 乍 产 危 危

機 틀 기　　　木(나무목) / 총 16획
一 十 才 木 杉 枠 柊 棧 棧 機 機 機

災 재앙 재　　　火(불화) / 총 7획
丶 丷 巛 巛 巛 災 災

難 어려울 난　　　佳(새추) / 총 19획
一 廿 廿 甘 莫 莫 蓳 蓳 難 難 難

救 구원할 구　　　攵(등글월문) / 총 11획
一 十 寸 寸 求 求 求 求 救 救 救

援 도울 원　　　扌(재방변) / 총 12획
一 十 扌 扌 扩 扩 扩 护 护 拚 援 援

貧 가난할 빈　　　貝(조개패) / 총 11획
丿 八 分 分 分 谷 谷 貧 貧 貧 貧

困 곤할 곤　　　囗(큰입구몸) / 총 7획
丨 冂 冂 用 冈 困 困

篇 책 편　　　竹(대죽) / 총 15획
丿 ノ 𥫗 𥫗 笁 笁 笁 笁 竿 笁 笁 篇 篇 篇

丈 른 장　　　一(한일) / 총 3획
一 ナ 丈

52

공부할 한자

■ 공부할 한자의 모양을 살펴보며 음과 훈을 알아보자,

묶음 3-4

음 ■ 한자를 읽는 소리
아래 한자의 음을 찾아 적고 소리내어 읽어 보자.

－ 바탕색과 글자색이 같은 것을 찾아 보자 －

훈 ■ 한자의 뜻 새김
한자의 음을 적고 훈과 함께 외어 보자.

藝	재주	術	꾀	無	없을	限	한할
歷	지날	史	사기	神	귀신	聖	성스러울
使	부릴	徒	무리	粉	가루	彩	채색

알아보기

■ 한자어와 한자어를 이루는 개별 한자의 뜻을 알아보자.
■ 아래 한자어의 음을 적고 그 뜻을 생각하며 글을 읽어 보자.
■ 공부할 한자의 뜻을 알아보고 필순에 따라 바르게 써 보자.

藝術 ☐ ▶ 특별한 재료, 기교 양식 따위로 감상의 대상이 되는 아름다움을 표현하려는 인간의 활동.

「 보람되고 가치있는 生活은 各自가 지닌 생각에 따라

차이가 있다. 어떤 사람은 새로운 발명을 하는 일이라고

할 것이고, 어떤 사람은 아름다운 藝術 作品을 창작하여

사람들에게 감동을 주는 일이라고

할 것이며, 또 어떤 사람은

運動 종목에서 신기록을

내는 일이라고 할 것이다. 」

• 生活(생활) • 各自(각자) • 作品(작품) • 運動(운동).   * 창작: 예술 작품을 독창적으로 지어냄. 또는 그 예술 작품.
* 감동: 크게 느끼어 마음이 움직임.   * 종목: 여러 가지 종류에 따라 나눈 항목.   * 신기록: 기존의 기록보다. 뛰어난 새로운 기록.

埶는 사람이 두 손으로 어린 나무를 심는 모습이다.
초목을 심어 가꾸는 〈기예〉를 의미한다.

[새김] ▪재주 ▪기예 ▪심다

丶	十	艹	扩	埶	蓺	茣	薪	薪	藝	藝	藝
藝		藝		藝		藝					
藝		藝		藝		藝					

術은 '삽주'를 뜻하는 朮(출)과 '행하다'는 뜻인 行
(행)을 결합한 것이다.   나쁜 기운을 없애 오래 살게 한
다하여 설날에 삽주로 만든 도소를 술에 타 마시던 일처
럼, 어떤 일을 도모하는 〈방책〉을 의미한다.

[새김] ▪재주 ▪방법, 수단 ▪기예

丶	彳	千	千	朮	彴	徉	徉	術	術	術
術		術		術		術				
術		術		術		術				

새기고 익히기

■ 한자의 뜻을 새기고 그 한자로 이루어진 한자어를 익히자.
■ 한자의 뜻을 연결하여 한자어의 뜻을 생각해 보자.
■ 한자어의 뜻을 알고 예문을 통해 그 쓰임을 익히자.

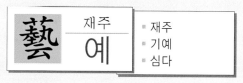
藝 재주 예
■ 재주
■ 기예
■ 심다

術 꾀 술
■ 재주
■ 방법, 수단
■ 기예

― 흐리게 나타난 한자어 위에 겹쳐서 쓰고 음을 적어라 ―

能 능할 능
■ 능하다
■ ~할 수 있다
■ 재능

藝能

▷ 나는 수학, 과학 보다는 미술이나 음악 같은 藝能 과목을 더 좋아한다.

기예와   재능   ▶ 연극, 영화, 음악 미술 따위의 예술과 관련된 능력을 통틀어 이르는 말.

文 글월 문
■ 글월, 문장
■ 글자
■ 학문·문학

文藝

▷ 우리들의 文藝 작품들을 모아서 책으로 엮으려 한다.

문학과   예술(기예)   ▶ 문학과 예술을 아울러 이르는 말.

美 아름다울 미
■ 아름답다
■ 좋다
■ 맛이 좋다

美術

▷ 나는 현대 美術 작품에 많은 흥미와 관심이 있다.

미적 표현의   예술(기예)   ▶ 공간 및 시각의 미를 표현하는 예술.

技 재주 기
■ 재주, 솜씨
■ 재간
■ 기술, 기능

技術

▷ 우리나라 자동차 생산 技術은 많은발전을 이루었다.

재주와   수단   ▶ 자연의 사물을 인간 생활에 유용하도록 가공하는 수단.

한 글자 더

歷 지날 력
■ 지나다
■ 겪다
■ 분명하다

☆ 지나가다. 공간을 거쳐 가다.
   시간을 치러 넘기다.

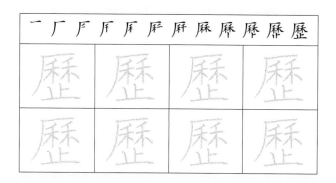

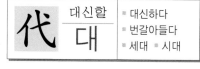
代 대신할 대
■ 대신하다
■ 번갈아들다
■ 세대·시대

歷代

▷ 이번 선거는 歷代의 어느 때 보다 투표율이 높았다.

겪어 온   번갈아듦   ▶ 대대로 이어 내려온 여러 대, 또는 그 동안.

來 올 래
■ 오다
■ 돌아오다
■ 부터

來歷

▷ 할아버지께서 우리 집안의 來歷을 말씀해 주셨다.

온   겪어 지내   ▶ 지금까지 지내온 경로나 경력.

알아보기

■ 한자어와 한자어를 이루는 개별 한자의 뜻을 알아보자.
■ 아래 한자어의 음을 적고 그 뜻을 생각하며 글을 읽어 보자.
■ 공부할 한자의 뜻을 알아보고 필순에 따라 바르게 써 보자.

無限 ▶ 크기, 넓이, 시간 등에 한이 없음.

「 시냇물과 강이 오염되는 것만을 걱정해 온 우리에게 바다가 죽어가는
광경은 더욱 큰 공포를 주었다. 바다도 썩을 수 있고, 죽을 수 있다는 것을
우리는 잊고 있었다. 어머니도 병들수 있다는 것을 깨닫지 못한 채,
계속 어머니를 힘들게 한 철없는 不孝 자식처럼 우리는 어리석었다.
어머니의 無限한 사랑과 인내를
믿고 마음껏 심술을 부리다가
어느 날 어머니가 쓰러졌을 때
自身의 잘못을 깨닫듯이, 우리는
신음하는 검은 바다 앞에서
바다의 所重함을 비로소 깨달았다. 」

• 不孝(불효) • 自身(자신) • 所重(소중).
* 공포: 두렵고 무서움. * 인내: 괴로움이나 어려움을 참고 견딤. * 신음: 고통이나 괴로움으로 고생하며 허덕임.

𣠽는 '무성하다'는 뜻인 𣠽⋯ 𣎴(무)와 '잃다', '없어
지다'는 뜻인 ㄴ⋯ 亡(망)을 결합한 것이다. 나중에 亡
이 '불'을 뜻하는 ⺣(연화발)로 바뀌었다. 모두 없어
지고 〈아무것도 없음〉을 의미한다.

[새김] ■ 없다 ■ 아니하다 ■ 공허하다

𨸏는 '언덕'을 뜻하는 𨸏⋯ 阝와 '그치다'. '멈추다'
는 뜻인 艮⋯ 艮(간)으로 이루어졌다. 언덕으로 막혀
서 〈더이상 나아가지 못함〉을 의미한다.

[새김] ■ 한하다 ■ 한정하다 ■ 끝 ■ 한계

ノ	ト	二	仁	仨	無	無	無	無	無	無
無		無		無		無				
無		無		無		無				

ｇ	ｇ	阝	阝ｱ	阝ｱ	阝ｱ	限	限	限
限		限		限		限		
限		限		限		限		

56

새기고 익히기

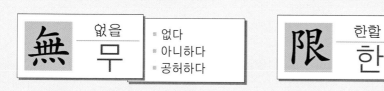

■ 한자의 뜻을 새기고 그 한자로 이루어진 한자어를 익히자.

　■ 한자의 뜻을 연결하여 한자어의 뜻을 생각해 보자.

　■ 한자어의 뜻을 알고 예문을 통해 그 쓰임을 익히자.

| 無 | 없을
무 | ■ 없다
■ 아니하다
■ 공허하다 |

| 限 | 한할
한 | ■ 한하다
■ 한정하다
■ 끝　■ 한계 |

– 흐리게 나타난 한자어 위에 겹쳐서 쓰고 음을 적어라 –

| 料 | 헤아릴
료 | ■ 헤아리다
■ 삯　값
■ 거리(재료) |

　▷ 어린이날을 맞이하여 고궁이나 공원 등을 無料로 개방한다.

없음　　삯이　▶ 요금이 없음, 급료가 없음,

| 難 | 어려울
난 | ■ 어렵다
■ 어려운사정
■ 나무라다 |

　▷ 목표 달성이 無難할 것으로 생각된다.

없다　　어려움이　▶ 별 어려움이 없다, 이렇다 할 단점이나 흠잡을 만한 것이 없다,

| 期 | 기약할
기 | ■ 기약하다
■ 때, 시기
■ 기간 |

　▷ 세금 납부 期限은 이 달 말일까지야.

시기　　한정한　▶ 미리 정하여 놓은 시기, 어느 때까지를 기약함,

| 定 | 정할
정 | ■ 정하다
■ 정해지다
■ 안정시키다 |

　▷ 이 상품은 반값으로 할인하여 100개를 限定 판매 한다.

한하여　　정함　▶ 수량이나 범위 따위를 제한하여 정함, 또는 그런 한도,

한 글자 더

| 史 | 사기
사 | ■ 사기
■ 역사, 기록
■ 사관 |

☆ 기록된 문서.

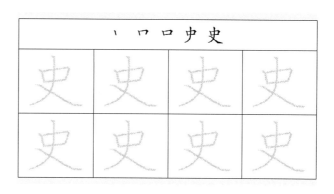

| 歷 | 지낼
력 | ■ 지내다
■ 격다
■ 분명하다 |

　▷ 우리나라는 반만년 歷史를 가지고 있다.

겪어 지내온　기록　▶ 인류 사회의 변천과 흥망의 과정, 또는 그 기록,

| 國 | 나라
국 | ■ 나라, 국가
■ 세상, 세계 |

　▷ 청소년들이 우리 민족의 역사를 바르게 알기 위해서 國史 공부는 꼭 필요하다.

나라의　　역사　▶ 나라의 역사,

알아보기

■ 한자어와 한자어를 이루는 개별 한자의 뜻을 알아보자.
■ 아래 한자어의 음을 적고 그 뜻을 생각하며 글을 읽어 보자.
■ 공부할 한자의 뜻을 알아보고 필순에 따라 바르게 써 보자.

神聖 [　　] ▶ 신령스럽고 거룩함.

「 백두산은 우리 나라에서 가장 높은 산이다. 백두산 꼭대기에는
천지가 있는데 '천지'란 하늘의 연못이라는 뜻이다. 멀고 먼
옛날, 하느님의 아들이 이 산에 내려와서 단군을 낳았는데,
단군이 우리 나라의 첫 임금이 되셨다고 한다. 이와 같이,
우리나라 사람들은 옛날부터 백두산이 우리 나라를
代表하는 거룩하고 神聖한 산이라고 생각하여 왔다.
그래서, 애국가에도
'백두산'이라는
말이 들어 있다. 」

• 代表(대표).　　＊거룩하다: 뜻(지니는 가치나 중요성)이 매우 높고 위대하다(뛰어나고 훌륭하다).

祁은 번갯불의 모습인 ⚡ 과 제단의 모습으로 '나타내
보이다'는 뜻인 示를 결합한 것이다. 옛 사람들은 천둥,
번개같은 하늘의 현상은 신이 보여주는 것이라 생각하
였다. 〈신〉을 의미한다.

[새김] ▪귀신 ▪신령 ▪정신 ▪신묘하다

一	二	亍	亍	示	示	衦	衵	衵	神

神	神	神	神
神	神	神	神

𦔮은 세상의 소리(口)를 거다란 귀로 기기울여(耳)
들음을 나타낸다.　세상의 소리에 귀를 기울여 지혜를
깨우치고 덕을 쌓은 〈거룩한 사람〉을 의미한다.

[새김] ▪성스럽다 ▪성인 ▪거룩하다

一	厂	F	王	耳	耳	耵	耵	聖	聖	聖	聖

聖	聖	聖	聖
聖	聖	聖	聖

새기고 익히기

■ 한자의 뜻을 새기고 그 한자로 이루어진 한자어를 익히자.
■ 한자의 뜻을 연결하여 한자어의 뜻을 생각해 보자.
■ 한자어의 뜻을 알고 예문을 통해 그 쓰임을 익히자.

| 神 귀신 신 | ■ 귀신 ■ 신령
■ 정신
■ 신묘하다 | 聖 성스러울 성 | ■ 성스럽다
■ 성인
■ 거룩하다 |

– 흐리게 나타난 한자어 위에 겹쳐서 쓰고 음을 적어라 –

| 通 통할 통 | ■ 통하다
■ 오가다
■ 전하다 | 神通 [　]
_{신묘하게　통하다} | ▷ 어린 아이가 그 어려운 문제를 척척 풀다니 참 神通하기도 하다.
▶ 신기할 정도로 묘하다, 신묘하게 아는 것이 깊고 통달하다. |

| 失 잃을 실 | ■ 잃다
■ 놓지다
■ 잘못하다 | 失神 [　]
_{잃음　정신을} | ▷ 어머니는 어린 아들의 사고 소식을 듣자 失神하고 말았다.
▶ 병이나 충격 따위로 정신을 잃음. |

| 者 놈 자 | ■ 놈
■ 사람
■ 것 | 聖者 [　]
_{거룩한　사람} | ▷ 평생을 아프리카 원주민들의 질병 치료에 헌신한 슈바이처 박사를 聖者라 부른다.
▶ 성인(지혜와 덕이 매우 뛰어나 길이 우러러 본받을 만한 사람). |

| 地 땅 지 | ■ 땅
■ 곳, 장소
■ 자리 | 聖地 [　]
_{성스러운　장소} | ▷ 그 곳은 聖地를 순례하는 사람들이 항상 찾는 곳이다.
▶ 특정 종교에서 신성시하는 장소, 종교적인 유적이 있는 곳. |

한 글자 더

| 粉 가루 분 | ■ 가루
■ 희다
■ 분을 바르다 |

☆ 옛 날에는 쌀가루를 얼굴을 단장하는 분으로 사용했다고 한다.

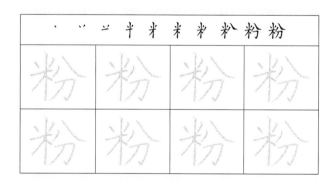

| 乳 젖 유 | ■ 젖
■ 젖을 먹이다
■ 기르다 | 粉乳 [　]
_{가루　젖(우유)} | ▷ 아기 엄마는 따뜻한 물에 粉乳를 타서 아기에게 먹였다.
▶ 우유 속의 수분을 증발시키고 농축하여 가루로 만든 것. |

| 末 끝 말 | ■ 끝, 마지막
■ 하찮은
■ 가루 | 粉末 [　]
_{가루　가루} | ▷ 요즘 시중에는 간편하게 끓여 먹을 수 있는 粉末 수프가 다양하게 나와 있다.
▶ 가루(보드라울 정도로 잘게 부수거나 갈아서 만든 것). |

알아보기

■ 한자어와 한자어를 이루는 개별 한자의 뜻을 알아보자.
■ 아래 한자어의 음을 적고 그 뜻을 생각하며 글을 읽어 보자.
■ 공부할 한자의 뜻을 알아보고 필순에 따라 바르게 써 보자.

使徒 [　　　] ▶ 거룩한 일을 위하여 헌신하는 사람.

「 올림픽은 세계인의 平和의 축제라 불려진다.
그리스인들의 平和의 축제였다고 할 수 있는
古代 올림픽을 부활시킨 근대 올림픽의 기본
정신은 세계 平和이다. 피부색이 다르고 사상과
종교가 다르고 言語와 풍습도 다르지만, 각국의
선수들은 세계 平和를 이루기 위한 **使徒** 로서
한자리에 모여 힘과 기량을 겨룬다. 이들이
벌이는 스포츠 競技는 올림픽 본래의
정신인 和合과 친선을 실현하기 위한
인류의 큰 잔치인 것이다. 」

• 平和(평화) • 古代(고대) • 言語(언어) • 競技(경기) • 和合(화합). ＊부활: 쇠퇴하거나 폐지한 것이 다시 성하게 됨.
쇠퇴: 기세나 상태가 쇠하여 전보다 못하여 감. # 폐지: 실시하여 오던 제도나 법규, 일 따위를 그만두거나 없앰.

使는 '사람'을 뜻하는 亻(인)과 '벼슬아치'를 뜻하는
吏(리)를 결합한 것이다. 사람에게 벼슬을 맡기어
〈부림〉을 의미한다.

[새김] ▪ 부리다 ▪ 하여금 ▪ 사신

ノ	イ	亻	仁	佇	佁	使	使
使	使	使	使
使	使	使	使

徒는 '가다'는 뜻인 彳…彳(척)과 '종(하인)', '걷다'
는 뜻인 走…走(주)를 결합한 것이다. 뒤를 따르며
〈걷는 무리〉를 의미한다.

[새김] ▪ 무리 ▪ 걸어다니다 ▪ 맨손

ノ	ス	彳	彳	往	往	往	徔	徒	徒
徒	徒	徒	徒
徒	徒	徒	徒

새기고 익히기

■ 한자의 뜻을 새기고 그 한자로 이루어진 한자어를 익히자.
■ 한자의 뜻을 연결하여 한자어의 뜻을 생각해 보자.
■ 한자어의 뜻을 알고 예문을 통해 그 쓰임을 익히자.

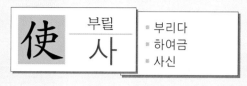

| 使 | 부릴 사 | ■ 부리다 ■ 하여금 ■ 사신 |

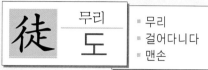

| 徒 | 무리 도 | ■ 무리 ■ 걸어다니다 ■ 맨손 |

– 흐리게 나타난 한자어 위에 겹쳐서 쓰고 음을 적어라 –

| 用 | 쓸 용 | ■ 쓰다 ■ 부리다 ■ 효용 ■ 작용 |

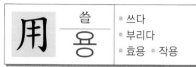

使用

부리어   씀 ▶ 일정한 목적이나 기능에 맞게 씀.

▷ 물건을 오래 쓰려면 使用 방법을 잘 알고 그에 맞게 써야 한다.

| 命 | 목숨 명 | ■ 목숨 ■ 명 ■ 운명 ■ 표적 |

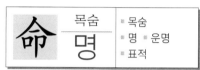

使命

부리는   명 ▶ 맡겨진 임무, 사신이나 사절이 받은 명령.

▷ 우리 국군은 국토 방위의 使命을 다하기 위해 밤낮을 가리지 않는다.

| 信 | 믿을 신 | ■ 믿다 ■ 통신 ■ 소식 |

信徒

믿는   무리 ▶ 어떤 일정한 종교를 믿는 사람.

▷ 그의 어머니는 독실한 기독교 信徒이다.

| 暴 | 사나울 폭 | ■ 사납다 ■ 쬐다 ■ 드러나다 |

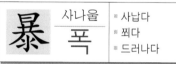

暴徒

사나운   무리 ▶ 폭동을 일으키거나 폭동에 가담한 사람의 무리.

▷ 경찰은 지난밤에 소동을 일으킨 暴徒들을 모두 검거하였다.

한 글자 더

| 彩 | 채색 채 | ■ 채색 ■ 고운 빛깔 ■ 빛 |

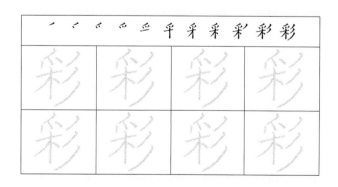

| 色 | 빛 색 | ■ 빛, 빛깔 ■ 낯빛 ■ 미색 ■ 꿰매다 |

色彩

빛깔   빛깔 ▶ 빛깔, 사물을 대하는 태도에서 드러나는 경향이나 성질.

▷ 그의 그림은 色彩가 몹시 강렬하다.
▷ 그 단체는 종교적인 色彩가 농후하다.

| 多 | 많을 다 | ■ 많다 ■ 여러 ■ 불어나다 |

多彩

여러 가지   빛깔 ▶ 여러가지 색채나 형태, 종류 따위가 어울리어 호화스러움.

▷ 추석을 맞아 체육, 문화 행사가 多彩롭게 펼쳐졌다.

61

한자성어

■ 한자 성어에 담긴 함축된 의미를 파악하고 그 쓰임을 익히자.

■ 한자 성어의 음을 적고 그에 담긴 의미와 적절한 쓰임을 익혀라.

有	口	無	言

▶ 입은 있어도 말은 없다는 뜻으로, 변명할 말이 없거나 변명을 못함을 이르는 말.

▷ 모두 내 잘못이니 네가 뭐라고 한들 나는 有口無言이다.

難	兄	難	弟

▶ 누구를 형이라 하고 누구를 아우라 하기 어렵다는 뜻으로, 두 사물이 비슷하여 낫고 못함을 정하기 어려움을 이르는 말.

▷ 결승전에 올라온 두 선수의 실력은 정말 難兄難弟이다.

粉	骨	碎	身

▶ 뼈를 가루로 만들고 몸을 부순다는 뜻으로, 정성으로 노력함을 이르는 말. 또는 그렇게 하여 뼈가 가루가 되고 몸이 부서짐.

▷ 어떻게 해서든지 성공해야겠다는 생각에 粉骨碎身 모든 노력을 다 하였다.

無	用	之	物

▶ 쓸모없는 물건이나 사람.

▷ 이 컴퓨터는 처음 샀을 때는 최신형이었지만 이제는 성능이 뒤떨어지는 구형이 되어 無用之物이 되었다.

危	機	一	髮

▶ 여유가 조금도 없이 몹시 절박한 순간.

▷ 전동차가 역으로 들어오는 危機一髮의 순간에 그는 선로에 뛰어들어 떨어진 승객을 구출하였다.

孤	立	無	援

▶ 고립되어 구원을 받을 데가 없음.

▷ 산속에서 길을 잃은 나는 날이 어두워지면서 더욱 孤立無援의 신세가 되었다.

髮	터럭 발

■ 터럭
■ 머리털

ㅣ ㄱ ㄷ ㅌ ㅌ 長 髟 髟 髣 髮 髮

髮　髮　髮　髮

孤	외로울 고

■ 외롭다
■ 떨어지다, 멀다
■ 고아

ㄱ ㄱ ㄱ ㄱ 扩 亦 孤 孤

孤　孤　孤　孤

· 유구무언 · 난형난제 · 분골쇄신 · 무용지물 · 위기일발 · 고립무원

더 살펴 익히기

■ 아래 한자가 지닌 뜻과 그 뜻을 지니는 한자어를 줄로 이어라.

機
- 틀, 기계 · 器機( ) ▶ 기구, 기계 따위를 통틀어 이르는 말.
- 때, 기회 · 好機( ) ▶ 좋은 기회.

神
- 귀신, 신령 · 失神( ) ▶ 병이나 충격 따위로 정신을 잃음.
- 정신 · 山神( ) ▶ 산신령(산을 지키고 다스리는 신).

徒
- 무리 · 徒步( ) ▶ 탈것을 타지 않고 걸어감.
- 걸어다니다 · 暴徒( ) ▶ 폭동을 일으키거나 폭동에 가담한 사람의 무리.

採
- 따다, 캐다 · 採集( ) ▶ 널리 찾아서 얻거나 캐거나 잡아 모으는 일.
- 고르다 · 採用( ) ▶ 사람을 골라서 씀.

■ [貧]과 상대되는 뜻을 지닌 한자에 ○표 하여라. ⇨ [有 · 福 · 富 · 充]

■ [無]와 상대되는 뜻을 지닌 한자에 ○표 하여라. ⇨ [生 · 有 · 物 · 用]

■ [援]과 비슷한 뜻을 지닌 한자에 ○표 하여라. ⇨ [約 · 求 · 助 · 調]

■ 아래의 뜻을 지닌 한자성어가 되도록 ( ) 안에 한자를 써 넣고 완성된 성어의 독음을 적어라.

▶ 약한 자가 강한 자에게 먹힌다는 뜻으로, 약한 자를 희생시켜서 번영하거나, 약한 자가 강한 자에게 끝내는 멸망됨을 이르는 말. ⇨ 弱肉( )食

▶ 혼자서 칼 한자루를 들고 적진으로 곧장 쳐들어 간다는 뜻으로, 여러 말을 늘어놓지 아니하고 바로 요점이나 본문제를 중심적으로 말함을 이르는 말. ⇨ 單( )直入

▶ 얼마쯤 믿으면서도 한편으로는 의심함. ⇨ 半( )半疑

▶ 하루가 삼 년 같다는 뜻으로, 몹시 애태우며 기다림을 이르는 말. ⇨ 一日三( )

▶ 펄펄 뛸 만큼 대단히 성이 남.
일이 뜻대로 잘될 때, 우쭐하여 뽐내는 기세가 대단함. ⇨ ( )高萬丈

▶ 여럿의 개별적 특성이 없이 모두 엇비슷한 현상을 비유적으로 이르는 말. ⇨ ( )篇一律

·기기.호기·실신.산신·도보.폭도·채집.채용 / 强·刀·信·秋·氣·千

어휘력 다지기

■ 전통 工藝 [ ] 기법의 작품전시회 관람. • • 물건을 만드는 기술에 관한 재주.

■ 그는 보통 사람들보다 話術 [ ] 이 좋다. • • 싸움이나 경기에서 한 번도 지지 아니함.

■ 우리 팀은 無敗 [ ] 의 행진을 이어갔어. • • 있음과 없음.

■ 그 일이 無事 [ ] 히 끝나기를 바란다. • • 말재주(말을 잘하는 슬기와 능력).

■ 제품의 이상 有無 [ ] 를 살펴보아라. • • 아무런 일이 없음. 아무 탈 없이 편안함.

■ 이 일은 너와는 無關 [ ] 한 일이야. • • 급료가 없음.

■ 그는 無給 [ ] 으로 그 일을 하고 있어. • • 관계나 상관이 없음.

■ 정해진 時限 [ ] 을 반드시 지켜주세요. • • 학교를 다닌 경력.

■ 인간의 수명은 有限 [ ] 한 것이야. • • 과거의 경력.

■ 그 회사는 學歷 [ ] 을 따지지 않는다. • • 일정한 동안의 끝을 정한 기간이나 시각.

■ 그의 前歷 [ ] 을 결코 무시할 수 없다. • • 수, 양, 공간, 시간 따위에 일정한 한도나 한계가 있음.

■ 그가 대회 史上 [ ] 최연소 우승자야. • • 역사가(역사를 전문으로 연구하는 사람).

■ 史家 [ ] 들이 유물의 연대를 밝혔냈어. • • 역사상(역사에 나타나 있는 바).

■ 행운의 女神 [ ] 은 우리 편이었다네. • • 신비스러운 이야기.

■ 단군 神話 [ ] 에 나오는 곰과 호랑이. • • 지혜와 덕이 뛰어나 길이 우러러 본받을 만한 사람.

■ 올림픽 聖火 [ ] 가 성하게 타올랐다. • • 여성인 신.

■ 옛 聖人 [ ] 들의 가르침을 따르도록 해. • • 신에게 제사를 지낼 때에 밝히는 성스러운 불.

■ 勞使 [ ] 는 임금 협상을 시작하였다. • • 금가루, 금빛이 나는 가루.

■ 법당에 金粉 [ ] 을 입힌 불상이 있었다. • • 노동자와 사용자를 아울러 이르는 말.

■ 이 작품은 色彩 [ ] 의 조화가 아름답다. • • 아름답고 찬란한 빛. 정기 있는 밝은 빛.

■ 누런 光彩 [ ] 가 번쩍이는 금팔찌였다. • • 빛깔.

· 공예 · 화술 · 무패 · 무사 · 유무 · 무관 · 무급 · 시한 · 유한 · 학력 · 전력 · 사상 · 사가 · 여신 · 신화 · 성화 · 성인 · 노사 · 금분 · 색채 · 광채

| □ ⇨ | 藝□ | 技□ | 手□ | | □ ⇨ | □害 | □料 | □人 |

| □ ⇨ | 歷□ | 國□ | □上 | | □ ⇨ | 神□ | □地 | □人 |

| □ ⇨ | □用 | 天□ | □命 | | □ ⇨ | □乳 | □碎 | □末 |

보기

徒 · 術 · 使 · 髮 · 無 · 歷 · 聖 · 藝 · 限 · 粉 · 史 · 神 · 彩

■ 아래의 뜻을 지닌 한자어가 되도록 위의 보기에서 알맞은 한자를 찾아 □ 안에 써 넣어라.

▶ 하얗게 센 머리털.

▷ 그는 | 白 | □ | 의 팔십 노인이다.

▶ 연극, 영화, 음악, 미술 따위의 예술과 관련된 능력을 통틀어 이르는 말.

▷ 나는 | □ | 能 | 과목을 더 좋아한다.

▶ 수, 양, 시간, 공간 따위에 일정한 한도나 한계가 있음.

▷ 땅속에서 캐내는 자원은 | 有 | □ | 하다.

▶ 여러 직위를 두루 거쳐 지냄.

▷ 그분은 주요 관직을 | □ | 任 | 하였다.

▶ 사물을 느끼고 생각하며 판단하는 능력, 또는 그런 작용.

▷ | 精 | □ | 을 가다듬고 잘 생각해 보아라.

▶ 탈것을 타지 않고 걸어감.

▷ 학교는 | □ | 步 | 로 10분 거리에 있다.

▶ 물감을 물에 풀어서 그림을 그리는 법.

▷ 스케치 한 뒤에 | 水 | □ | 로 채색하여라.

· 예술. 기술. 수술 · 무해. 무료. 무인 · 역사. 국사. 사상 · 신성. 성지. 성인 · 사용. 천사. 사명 · 분유. 분쇄. 분말 / · 백발 · 예능 · 유한 · 역임 · 정신 · 도보 · 수채

■ 한자의 음과 훈을 되새기며 필순에 따라 바르게 써 보자.

藝	재주 예	艹(초두머리) / 총 19획

丶 艹 艹 芖 茓 茲 蓺 蓺 藝 藝 藝 藝

術	재주 술	行(다닐행) / 총 11획

丿 彳 彳 彳 彳 袻 術 術 術 術 術

無	없을 무	灬(연화발) / 총 12획

丿 亻 仁 仁 缶 無 無 無 無 無 無 無

限	한할 한	阝(좌부변) / 총 9획

丶 阝 阝 阝 阞 阞 阻 限 限

歷	지날 력.역	止(그칠지) / 총 16획

一 厂 厈 厈 屒 屒 厤 厤 厤 厤 歷 歷

史	사기 사	口(입구) / 총 5획

丶 口 口 史 史

神	귀신 신	礻(보일시) / 총 10획

一 二 亍 礻 礻 礻 祀 祀 神 神

聖	성스러울 성	耳(귀이) / 총 13획

一 厂 Г 耳 耳 耶 耶 耶 聖 聖 聖

使	부릴 사	亻(사람인변) / 총 8획

丿 亻 亻 仁 仨 侲 使 使

徒	무리 도	彳(두인변) / 총 10획

丿 彳 彳 彳 彳 袢 袢 袢 徒 徒

紛	가루 분	米(쌀미) / 총 10획

丶 丶 丷 半 米 米 米 粉 粉 粉

彩	채색 채	彡(터럭삼) / 총 11획

丶 丶 亠 Ѡ 平 采 采 彩 彩 彩 彩

髮	터럭 발	髟(터럭발) / 총 15획

丨 厂 臣 臣 县 县 髟 髟 髣 髮 髮

孤	외로울 고	子(아들자) / 총 8획

一 了 子 孑 孤 孤 孤 孤

■ 공부할 한자의 모양을 살펴보며 음과 훈을 알아보자,

묶음 3-5

음 ■ 한자를 읽는 소리
아래 한자의 음을 찾아 적고 소리내어 읽어 보자.

- 바탕색과 글자색이 같은 것을 찾아 보자 -

頭	面	配	達
態	雙	電	假
復	往	燈	度

전 쌍 도 태 왕 배
면 등 두 복 가 달

훈 ■ 한자의 뜻 새김
한자의 음을 적고 훈과 함께 외어 보자.

雙 쌍	頭 머리	電 번개	燈 등
假 거짓	面 낯	往 갈	復 회복할
配 나눌	達 통달할	態 모습	度 법도

雙頭 [　　] ▶ 나란이 붙어 있는 두 개의 머리, 두 마리.

「 "위대하신 바다세계의 지배자… 트라이톤 전하를 소개 합니다."

"빵빠라- 빰"

"와- 트라이톤 전하 만세!"

관중들은 大王이 채 무대로 나서기도 전에 환호를 터뜨렸다.

人魚들은 물론이고 다른 모든

動物들이 그를 존경하고 있었다.

나팔고기들의 팡파르 속에 大王은

무대 오른쪽 높은 동굴에서

두 마리의 돌고래가 끄는

雙頭 馬車를 타고 나타났다. 」

• 大王(대왕) • 人魚(인어) • 動物(동물) • 馬車(마차).

* 환호: 기뻐서 큰 소리로 부르짖음. * 존경: 남의 인격(사람으로서의 품격), 사상, 행위 따위를 받들어 공경함.

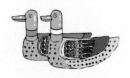

雙 은 '오른손', '돕다' 는 뜻인 ㅅ…又(우)와 '새 한 쌍' 을 뜻하는 雔(수)를 결합한 것이다.   서로 짝이 되는 〈한쌍〉을 의미한다.

[새김] ▪쌍 ▪두, 둘 ▪짝이 되다

イ	ヤ	作	隹	隹	隹	隹	雔	雔	雔	雙	雙
雙		雙		雙		雙					
雙		雙		雙		雙					

頭 는 사람의 머리 모양과 닮은 청동기인 豆(두)와 '머리' 를 뜻하는 頁(혈)을 결합한 것이다.   사람 몸의 꼭대기에 있는 〈머리〉를 의미한다.

[새김] ▪머리 ▪맨 앞 ▪우두머리 ▪근처

ー	ㄢ	戸	弖	豆	豆	豇	頭	頭	頭	頭	頭
頭		頭		頭		頭					
頭		頭		頭		頭					

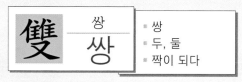

새기고 익히기

■ 한자의 뜻을 새기고 그 한자로 이루어진 한자어를 익히자.
■ 한자의 뜻을 연결하여 한자어의 뜻을 생각해 보자.
■ 한자어의 뜻을 알고 예문을 통해 그 쓰임을 익히자.

雙	쌍	■ 쌍
	쌍	■ 두, 둘
		■ 짝이 되다

頭	머리	■ 머리 ■ 맨 앞
	두	■ 우두머리
		■ 근처

– 흐리게 나타난 한자어 위에 겹쳐서 쓰고 음을 적어라 –

手	손	■ 손
	수	■ 솜씨 ■ 수단
		■ 사람

雙手 ▷ 그가 우리와 같이 가겠다면 雙手를 들어 환영하겠다.

(짝이 되는)두 　손 ▶ 왼쪽과 오른쪽의 두 손.

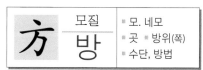

方	모질	■ 모. 네모
	방	■ 곳 ■ 방위(쪽)
		■ 수단, 방법

雙方 ▷ 그 문제는 雙方의 이해와 협조로 잘 해결되었다.

(짝이 되는)두 　쪽 ▶ 이쪽과 저쪽 또는 이편과 저편을 아울러 이르는 말.

念	생각	■ 생각
	념	■ 생각하다
		■ 마음에 두다

念頭 ▷ 그의 말에는 별다른 뜻이 없으니 念頭에 두지 말아라.

생각 　머리 속의 ▶ 머리 속의 생각, 마음속.

角	뿔	■ 뿔
	각	■ 모, 모서리
		■ 각도

頭角 ▷ 그는 인공 지능 연구에서 남다른 頭角을 나타내었다.

머리의 　뿔 ▶ 머리의 뿔을 말하는데, 뛰어난 학식이나 재능을 비유적으로 이르는 말.

한 글자 더

假	거짓	■ 거짓 ■ 가짜
	가	■ 임시적
		■ 빌리다

☆ 정식이 아닌. 거짓으로 된.
　남의 것을 도로 주기로 하고 쓰다.

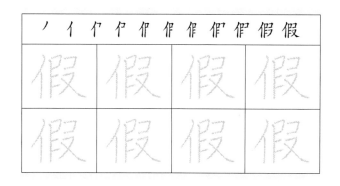

說	말씀	■ 말씀
	설	■ 이야기하다
		■ 학설

假說 ▷ 그는 자기가 내세운 假說을 검증하려고 실험을 계속하였다.

임시적인 　학설 ▶ 어떤 사실을 설명하기 위하여 설정한 가정.

定	정할	■ 정하다
	정	■ 정해지다
		■ 안정시키다

假定 ▷ 최악의 상황을 假定하고 대책을 세우자.

임시로 　정함 ▶ 사실이 아니거나 또는 분명하지 않은 것을 임시로 인정함.

알아보기

■ 한자어와 한자어를 이루는 개별 한자의 뜻을 알아보자.
■ 아래 한자어의 음을 적고 그 뜻을 생각하며 글을 읽어 보자.
■ 공부할 한자의 뜻을 알아보고 필순에 따라 바르게 써 보자.

電燈 [　　　] ▸ 전기를 이용한 등불.

「 옛날에는 밤이면 침침한 등잔불 아래에서 책을 읽거나
바느질 등을 하느라 불편한 점이 많았으나, 요즈음에는
電氣로 불을 밝히는 [電燈]이 있어서
밤에도 아무 불편 없이 여러 가지
일을 할 수 있게 되었습니다.
電氣는 어둠을 밝게 해 주는 外에,
여러 가지에 利用되어 우리
生活을 편리 하게 해 줍니다. 」

• 電氣(전기) • 利用(이용) • 外(외) • 生活(생활).　＊침침하다: 빛이 약하여 어두컴컴하다.

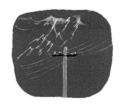

𩂣은 '비'를 뜻하는 ⻗…▸ 雨(우)와 번개불의 모습인
⻗…▸ 臼…▸ 申(신)을 결합한 것이다.　구름 사이에서
공중 전기의 방전이 일어나 번쩍이는 〈번개〉를 의미한
다.

[새김] ▪번개 ▪전기, 전류 ▪전신

燈은 '불'을 뜻하는 火(화)와 '올리다'는 뜻인 登(등)
을 결합한 것이다.　불을 밝히기 위해 올려놓은 〈등불〉
을 의미한다.

[새김] ▪등 ▪등불

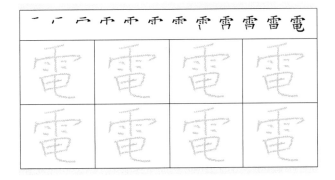

一 一 一 一 一 一 一 一 一 一 一 一 一 電

丶 丶 丶 火 火 火 火 火 火 火 火 燈 燈 燈

새기고 익히기

■ 한자의 뜻을 새기고 그 한자로 이루어진 한자어를 익히자.
■ 한자의 뜻을 연결하여 한자어의 뜻을 생각해 보자.
■ 한자어의 뜻을 알고 예문을 통해 그 쓰임을 익히자.

電	번개 전	■ 번개 ■ 전기, 전류 ■ 전신		燈	등 등	■ 등 ■ 등불

－ 흐리게 나타난 한자어 위에 겹쳐서 쓰고 음을 적어라 －

充	채울 충	■ 채우다 ■ 차다 ■ 갖추다

充電 [　]
채움　전기를　▷ 축전지나 축전기에 전기 에너지를 축적하는 일.

▷ 휴대폰 배터리에 充電하고 있다.

波	물결 파	■ 물결 ■ 파동 ■ 흐름

電波 [　]
전자기　파동　▷ 도체 중의 전류가 진동함으로써 방사되는 전자기파.

▷ 우리 선수들의 우승 소식은 電波를 타고 전국 각지로 전해졌다.

石	돌 석	■ 돌 ■ 굳다 ■ 섬(10말)

石燈 [　]
돌로 만든　등　▷ 돌로 만든 등.

▷ 산사에 밤이 찾아오자 법당 앞 石燈에 불이 밝혔졌다.

消	사라질 소	■ 사라지다 ■ 삭이다 ■ 소멸시키다

消燈 [　]
끔(소멸시킴)　등불을　▷ 등불을 끔.

▷ 밤이 늦었으니 消燈하고 잠자리에 들도록 하여라.

한 글자 더

面	낯 면	■ 낯, 얼굴 ■ 면, 표면 ■ 쪽

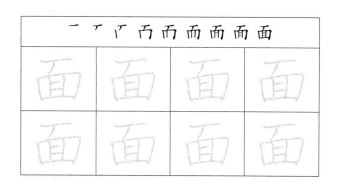

一 ㄒ ㄏ ㄕ 而 而 面 面 面

☆ 옛글자 은 얼굴 안에 눈 을 그려넣을 모양이다.

假	거짓 가	■ 거짓 ■ 가짜 ■ 임시적 ■ 빌리다

假面 [　]
거짓으로 꾸민　낯　▷ 탈.

▷ 동생이 假面을 쓰고 갑자기 나타나 나는 깜짝 놀랐다.

後	뒤 후	■ 뒤 ■ 나중 ■ 늦다 ■ 뒤떨어지다

後面 [　]
뒤쪽의　면　▷ 향하고 있는 방향의 반대되는 쪽의 면.

▷ 그가 안내된 곳은 건물 後面에 있는 작은 연못이었다.

알아보기

■ 한자어와 한자어를 이루는 개별 한자의 뜻을 알아보자.
■ 아래 한자어의 음을 적고 그 뜻을 생각하며 글을 읽어 보자.
■ 공부할 한자의 뜻을 알아보고 필순에 따라 바르게 써 보자.

往復 [　　] ▶ 갔다가 돌아옴.

「 1969年 7月 21日, 아폴로 11호 우주선을 타고 간 두 우주인들이
달 表面에 내려 암석을 채취하여 無事히 地球에 돌아왔다. 새로운
세계를 개척하려는 인류의 노력은 그 후에도 계속되었다.
1981年 4月 15日, 우주 往復 선
컬럼비아호가 두 우주인을 태우고
우주 정류장을 설치할 계획으로
地球의 궤도를 36바퀴나 돌고
돌아오는 우주 왕복 비행에
成功함으로써 우주 여행의 꿈은
눈앞에 다가오게 되었다. 」

• 表面(표면) • 無事(무사) • 地球(지구) • 成功(성공).
* 채취: 풀, 나무, 광석 따위를 찾아 베거나 캐거나 하여 얻어 냄. * 개척: 새로운 영역, 운명, 진로 따위를 처음으로 열어 나감.

𢔅 은 발(止)이 오고가고 하는 곳으로(工) 감을 나타낸
다. 나중에 彳(조금걸을 척)을 결합하였다. 오고가고
하는 곳에 〈감〉을 의미한다.

[새김] ▪ 가다 ▪ 지나간 때의 ▪ 이따금

′	′	彳	彳	彳	行	行	往	往
往		往		往		往		
往		往		往		往		

𤰔 는 불 피울 때 바람을 불어넣는 기구인 풀무의 모습
이다. 풀무로 바람을 불어 넣을 때 바람주머니를 누르
면 바람이 나가 오므라들고 놓으면 다시 공기가 차 제모
습으로 돌아오는 데서, 〈회복함〉을 의미한다.

[새김] ▪ 회복하다 ▪ 되풀이하다 ▪ 다시(부)

′	′	彳	彳	彳	彳	復	復	復	復	復	復
復		復		復		復					
復		復		復		復					

■ 한자의 뜻을 새기고 그 한자로 이루어진 한자어를 익히자.
  ■ 한자의 뜻을 연결하여 한자어의 뜻을 생각해 보자.
  ■ 한자어의 뜻을 알고 예문을 통해 그 쓰임을 익히자.

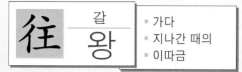 

| 往 갈 왕 | ■ 가다
 ■ 지나간 때의
 ■ 이따금 | 復 회복할 복 | ■ 회복하다
 ■ 되풀이하다
 ■ 다시(부) |

– 흐리게 나타난 한자어 위에 겹쳐서 쓰고 음을 적어라 –

| 來 올 래 | ■ 오다
 ■ 돌아오다
 ■ 부터 |

가고 　 옴 ▶ 가고 오고 함.

▷ 이곳은 교통의 요지라서 사람과 자동차의 往來가 빈번하다.

| 年 해 년 | ■ 해, 1년
 ■ 나이
 ■ 때, 시대 |

지나간 때의 　 해 ▶ 지나간 해.

▷ 그는 그래뵈도 往年에 잘 나갔었다.

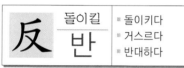

| 反 돌이킬 반 | ■ 돌이키다
 ■ 거스르다
 ■ 반대하다 |

돌이켜 　 되풀이함 ▶ 같은 일을 되풀이함.

▷ 똑같은 실수를 反復하다니, 도대체 너는 생각이 있느냐?

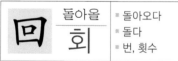

| 回 돌아올 회 | ■ 돌아오다
 ■ 돌다
 ■ 번, 횟수 |

돌아옴 　 되돌려 ▶ 원래의 상태로 돌이키거나 원래의 상태를 되찾음.

▷ 잠을 자는 것은 심신의 피로 回復에 좋다.

한 글자 더

| 態 모습 태 | ■ 모습, 모양
 ■ 상태
 ■ 몸가짐(태도) |

☆ 겉으로 나타난 생김새, 형상, 차림새 형편.

㇐ ㇀ ㇒ 育 育 育 能 能 能 能 態 態
態 態 態 態
態 態 態 態

| 事 일 사 | ■ 일
 ■ 사건 · 사고
 ■ 관직 |

일의 　 상태 ▶ 일이 되어 가는 형편이나 상황, 또는 벌어진 일의 상태.

▷ 앞으로는 이런 불행한 事態가 발생하지 않도록 미리 대비해야 합니다.

| 動 움직일 동 | ■ 움직이다
 ■ 옮기다
 ■ 일어나다 |

움직이는 　 모습 ▶ 움직이거나 변하는 모습.

▷ 박 형사는 벽에 몸을 숨기고 범인의 動態를 살피고 있었다.

알아보기

■ 한자어와 한자어를 이루는 개별 한자의 뜻을 알아보자.

■ 아래 한자어의 음을 적고 그 뜻을 생각하며 글을 읽어 보자.

■ 공부할 한자의 뜻을 알아보고 필순에 따라 바르게 써 보자.

配達 [　　] ▶ 물건을 가져다가 몫몫으로 나누어 돌림.

「 짐이나 상품 따위를 요구하는 場所까지 직접 配達해 주는 일이

택배이다. 전에는 우편물이나 아침저녁으로 발행되는 신문, 또는

자장면이나 통닭 같은 음식을 配達해 주는 일이

택배의 대부분이었으나 요즈음은

인터넷이나 홈쇼핑 등으로

物件을 주문 할 때, 그리고

내가 物件을 다른 사람에게

보낼 때에도 택배를 利用한다. 」

• 場所(장소) • 物件(물건) • 利用(이용).

* 택배: 우편물이나 짐, 상품 따위를 요구하는 장소까지 직접 배달해 주는 일. * 발행: 출판물이나 인쇄물을 찍어서 세상에 펴냄.

配는 사람(⺈…己)이 술항아리(⾣…酉)를 앞에 두고 꿇어앉은 모습이다. 혼례를 올리는 신랑 신부가 부부로서의 짝을 이루며 술을 나눔을 뜻하는 것으로, 〈짝〉, 〈나눔〉을 의미한다.

[새김] ■ 나누다 ■ 짝, 딸리다 ■ 귀양 보내다

一	厂	丆	襾	襾	西	酉	酉	酉	酌	配
配	配	配	配

配	配	配	配

達은 '새끼 양'을 뜻하는 ⽺…幸(달)과 '가다'는 뜻인 ⻌…辵(착)=辶을 결합한 것이다. 갓 태어난 새끼 양이 바로 몸을 일으켜서 젖을 찾아 어미의 품에 〈도달함〉를 의미한다.

[새김] ■ 통달하다 ■ 통하다 ■ 이르다(도달하다)

一	十	土	士	去	去	幸	幸	達	達	達
達	達	達	達

達	達	達	達

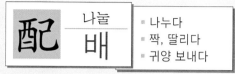

새기고 익히기

■ 한자의 뜻을 새기고 그 한자로 이루어진 한자어를 익히자.
■ 한자의 뜻을 연결하여 한자어의 뜻을 생각해 보자.
■ 한자어의 뜻을 알고 예문을 통해 그 쓰임을 익히자.

| 配 나눌 배 | ■ 나누다
■ 짝, 딸리다
■ 귀양 보내다 | 達 통달할 달 | ■ 통달하다
■ 통하다
■ 이르다(도달) |

― 흐리게 나타난 한자어 위에 겹쳐서 쓰고 음을 적어라 ―

| 給 줄 급 | ■ 주다
■ 공급하다
■ 급여 | 配給 [ ]
나누어   줌 ▶ 나누어 줌. | ▷ 수재민에게 구호 식량과 생필품 등을 配給하였다. |

| 列 벌릴 렬 | ■ 벌이다
■ 줄짓다
■ 가르다 | 配列 [ ]
니누어   벌여 놓음 ▶ 일정한 차례나 간격에 따라 벌여 놓음. | ▷ 옥외 행사장에는 참석자들이 앉을 의자가 配列되어 있었다. |

| 傳 전할 전 | ■ 전하다
■ 옮기다
■ 알리다 ■ 전기 | 傳達 [ ]
전하여   이르게 함 ▶ 지시, 명령, 물품 따위를 다른 사람에게 전하여 이르게 함. | ▷ 이 물건을 앞 사람에게 傳達하여라. |

| 成 이룰 성 | ■ 이루다
■ 갖추어지다
■ 성숙하다 | 達成 [ ]
도달하여   이룸 ▶ 목적한 것을 이룸. | ▷ 목표 達成을 위해 꾸준히 노력하고 있다. |

한 글자 더

| 度 법도 도 | ■ 법도
■ 정도
■ 모습, 모양 |

☆ 정해진 규정.
기준으로 삼아 따르다.

` 一 广 广 户 户 庐 庐 度
度 度 度 度
度 度 度 度

| 速 빠를 속 | ■ 빠르다
■ 빨리하다
■ 빨리 | 速度 [ ]
빠른   정도 ▶ 물체가 나아가거나 일이 진행되는 빠르기. | ▷ 학교 주변에서는 안전을 위해 자동차의 速度를 줄여서 서서히 운행해야 한다. |

| 態 모습 태 | ■ 모습, 모양
■ 상태
■ 몸가짐(태도) | 態度 [ ]
몸가짐의   모양 ▶ 몸의 동작이나 몸을 가누는 모양새. | ▷ 그 가게의 주인은 손님을 대하는 態度가 언제나 친절하고 부드러웠다. |

75

어휘력 다지기

■ 오늘 날씨는 참으로 변화 **無雙** 하네. • • 마주 대하여 입으로 하는 말.

■ 은혜에 보답할 것을 **念頭** 에 두어라. • • 서로 견줄 만한 것이 없을 정도로 뛰어나거나 심함.

■ 나는 그와 **口頭** 로 계약을 하였다. • • 생각의 시초, 마음속.

■ 그분은 우리나라 연극계의 **巨頭** 야. • • 축전지나 축전기에 전기에너지를 축적하는 일.

■ 그와는 가끔 **電話** 통화를 해왔어. • • 영향력이 크며 주요한 자리에 있는 사람.

■ 휴대폰 배터리를 **充電** 해야겠구나. • • 전화기를 이용하여 말을 주고 받음. 전화기.

■ 그 이름은 본명이 아닌 **假名** 이란다. • • 마주치기를 꺼리어 피하거나 얼굴을 돌림.

■ 그들은 서로 **外面** 하고 지나갔다네. • • 실제의 자기 이름이 아닌 이름.

■ **初面** 이었지만 분위기는 좋았어. • • 길바닥(길의 바닥 표면).

■ 눈이 얼어붙어 **路面** 이 미끄러웠다. • • 남을 대하기에 떳떳한 도리나 얼굴.

■ 이거 참, 내 **體面** 이 말이 아니구나. • • 처음으로 대하는 얼굴, 또는 처음 만나는 처지.

■ 그 **裏面** 에는 어떤 사정이 있었겠지. • • 오고 감. 서로 사귀어 오고 가고 함.

■ 그와는 한동안 **來往** 가 뜸했었어. • • 뒷면. 겉으로 나타나거나 눈에 보이지 않는 부분.

■ 경복궁 **復元** 사업을 모두 마쳤다. • • 군대나 단체 같은 데서 식사를 나누어 줌.

■ 제대하면 바로 **復學** 할 예정이다. • • 두 가지 이상의 색이 서로 잘 어울리도록 배치함.

■ 식판을 들고 **配食** 순서를 기다렸다. • • 원래대로 회복함.

■ 이 옷은 디자인과 **配色** 이 멋있구나. • • 휴학을 하고 있던 학생이 다시 학교에 복귀함.

■ 그는 연령 **未達** 로 참여할 수 없어. • • 자금이나 물자 따위를 대어 줌.

■ 부품 **調達** 이 어려워 수리가 늦어져. • • 사물의 생김새나 모양.

■ 저런 특이한 **形態** 의 자전거도 있네. • • 어떤 한도에 이르거나 미치지 못함.

■ 환경에 따라 동식물의 **生態** 가 변해. • • 생물이 살아가는 모양이나 상태.

·무쌍·염두·구두·거두·전화·충전·가명·외면·초면·노면·체면·표면·내왕·복원·복학·배식·배색·미달·조달·형태·생태

76

■ 한자어가 되도록 □ 안에 공통으로 넣을 한자를 보기에서 찾아 □ 안에 쓰고, 그 한자어의 뜻을 생각하며 음을 적어라.

□ ⇒	電□	消□	石□

□ ⇒	□手	□方	□頭

□ ⇒	假□	正□	表□

□ ⇒	□復	□來	□年

□ ⇒	□食	宅□	分□

□ ⇒	角□	强□	速□

보기

復·態·頭·孤·面·雙·往·燈·電·配·達·假·度

■ 아래의 뜻을 지닌 한자어가 되도록 위의 보기에서 알맞은 한자를 찾아 □ 안에 써 넣어라.

▶ 패거리의 우두머리,

▷ 너희들 중에 누가 □目 이냐?

▶ 전류에 의한 동력, 전기력의 준말,

▷ 여름에는 □力 소비량이 늘어난다.

▶ 머리털이나 이와 유사한 것으로 머리 모양을 만들어 쓰는 것,

▷ 그의 머리는 □髮 이라고 한다.

▶ 빼앗긴 주권을 도로 찾음,

▷ 조국 光□ 을 위해 목숨을 바쳤다.

▶ 어떤 원인으로 어느 곳에서 다른 곳으로 가는 길이 막히거나 끊어지거나 하여 그곳을 벗어날 수 없는 상태가 되는 것,

▷ 그는 폭설로 길이 막혀 □立 되었다.

▶ 빨리 배달함, 또는 그런 것,

▷ 그 물건을 바로 速□ 로 보내다오.

▶ 어떤 일이나 상황 따위를 대하는 마음 가짐, 또는 그 마음가짐이 드러난 자세,

▷ 진지한 度□ 로 실습에 임해라.

· 전등. 소등. 석등 · 쌍수. 쌍방. 쌍두 · 가면. 정면. 표면 · 왕복. 왕래. 왕년 · 배식. 택배. 분배 · 각도. 강도. 속도 / · 두목 · 전력 · 가발 · 광복 · 고립 · 속달 · 태도

■ 한자의 음과 훈을 되새기며 필순에 따라 바르게 써 보자.

雙	쌍 쌍	佳(새추) / 총 18획

ノ 亻 亻亠 佳 佳 侳 儺 隹隹 儺 雙 雙

雙　雙　雙　雙

電	번개 전	雨(비우) / 총 13획

一 厂 厂 示 示 雨 雨 雨 雷 雷 雷 雷 電

電　電　電　電

假	거짓 가	亻(사람인변) / 총 11획

ノ 亻 亻 伊 伊 俨 俨 假 假 假

假　假　假　假

往	갈 왕	彳(두인변) / 총 8획

ノ ク 彳 彳 彳 行 往 往

往　往　往　往

配	나눌 배	酉(닭유) / 총 10획

一 冂 冂 丙 丙 西 酉 酉 酉 配

配　配　配　配

態	모습 태	心(마음심) / 총 14획

ノ ム 仁 台 育 育 能 能 能 能 態

態　態　態　態

髮	터럭 발	髟(터럭발) / 총 15획

ノ 厂 厂 FE 토 토 長 髟 髟 髟 髮 髮

髮　髮　髮　髮

頭	머리 두	頁(머리혈) / 총 16획

一 下 戸 豆 豆 豆 豇 頭 頭 頭 頭 頭

頭　頭　頭　頭

燈	등	火(불화) / 총 16획

丶 丷 火 火 火' 火' 炒 炒 烙 烙 燈 燈

燈　燈　燈　燈

面	낯 면	面(낯면) / 총 9획

一 丆 丆 丙 而 而 面 面

面　面　面　面

復	돌아올 복.부	彳(두인변) / 총 12획

ノ ク 彳 彳 彳' 彳' 復 復 復 復 復

復　復　復　復

達	통달할 달	辶(책받침) / 총 13획

一 十 土 去 去 去 幸 幸 幸 達 達

達　達　達　達

度	정도 도	广(엄호) / 총 9획

丶 亠 广 广 产 庠 序 庹 度

度　度　度　度

孤	외로울 고	子(아들자) / 총 8획

フ 了 子 子 孑 孤 孤 孤

孤　孤　孤　孤

78

■ 공부할 한자의 모양을 살펴보며 음과 훈을 알아보자,

묶음 3-6

음 ■ 한자를 읽는 소리
아래 한자의 음을 찾아 적고 소리내어 읽어 보자.

‐ 바탕색과 글자색이 같은 것을 찾아 보자 ‐

街 　　層 　　高 　　板

産 　　看 　　財 　　境

仲 　　商 　　界 　　介

판　재　경　중　간　고

개　계　층　산　가　상

훈 ■ 한자의 뜻 새김
한자의 음을 적고 훈과 함께 외어 보자.

高 높을	層 층	商 장사	街 거리
看 볼	板 널빤지	財 재물	産 낳을
仲 버금	介 낄	境 지경	界 지경

79

알아보기

■ 한자어와 한자어를 이루는 개별 한자의 뜻을 알아보자.
■ 아래 한자어의 음을 적고 그 뜻을 생각하며 글을 읽어 보자.
■ 공부할 한자의 뜻을 알아보고 필순에 따라 바르게 써 보자.

高層 [　　　] ▶ 상공의 높은 곳. 건물의 높은 층.

「 밖에서 소란스러운 소리가 들려 잠이 깼다. 시계를 보니, 새벽 한 時였다. 동생과 언니가 뛰어나가기에 나도 얼른 옷을 입고 나가 보았다. 바깥이 훤했다. 깜짝 놀라 쳐다보니, 우리 집 건너편 高層 아파트에서 검은 연기와 불길이 치솟고 있었다. 소방관 아저씨들이 열심히 불을 끄고 있었다. 바람이 불어서 불똥이 四方으로 튀었다. 불이 다른 집으로 번질까봐 가슴이 조마조마했다. 」

• 時(시) • 四方(사방).　*번지다: 병이나 불, 전쟁 따위가 차차 넓게 옮아가다.

高는 성문의 누각이 높이 솟아 있는 모습이다.　사방을 두루 바라보기 위한 누각이 월등히 〈높음〉을 의미한다.

[새김] ■ 높다 ■ 높이 ■ 뛰어나다 ■ 비속하지 않다

﹅	﹅	﹅	﹅	﹅ 高	高	高	高

高	高	高	高
高	高	高	高

層은 '베풀다'는 뜻인 尸(시)와 '거듭하다', '포개다'는 뜻인 曾(증)을 결합한 것이다.　위로 거듭 포개어 올려놓은 켜인 〈층〉을 의미한다.

[새김] ■ 층 ■ 층집 ■ 켜, 겹

﹅	﹅	尸	尸	尸	尼	屑	扁	屑	層	層

層	層	層	層
層	層	層	層

새기고 익히기

■ 한자의 뜻을 새기고 그 한자로 이루어진 한자어를 익히자.
■ 한자의 뜻을 연결하여 한자어의 뜻을 생각해 보자.
■ 한자어의 뜻을 알고 예문을 통해 그 쓰임을 익히자.

高 높을 고
■ 높다 ■ 높이
■ 뛰어나다
■ 비속하지 않다

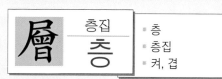
層 층집 층
■ 층
■ 층집
■ 켜, 겹

– 흐리게 나타난 한자어 위에 겹쳐서 쓰고 음을 적어라 –

空 빌 공
■ 비다
■ 하늘 ■ 공중
■ 헛되다

高空
높은   공중 ▶ 높은 공중.

▷ 하늘에서는 특전사 대원들의 高空 점프 시범이 펼쳐졌다.

級 등급 급
■ 등급
■ 자리나 계급 따위의 차례

高級
높은   등급 ▶ 물건이나 시설 따위의 품질이 뛰어나고 값이 비쌈.

▷ 값이 비싸다고 해서 모두 高級인 것이냐?

單 홑 단
■ 홑, 단 하나
■ 복잡하지 않다
■ 단자

單層
단 하나의   층 ▶ 하나로만 이루어진 층, 또는 그런 층으로 된 것.

▷ 아담한 單層으로 정원이 있는 집이면 더 바랄 것이 없다.

上 웃 상
■ 위
■ 올리다
■ 앞

上層
위   층 ▶ 위층, 여러 층 가운데 위쪽의 층.

▷ 지구 대기권의 上層은 공기가 희박하다.

한 글자 더

板 널빤지 판
■ 널빤지
■ 판
■ 명패

☆ 얇고 넓게 켠 나무 조각.
　얇고 넓은 물건의 총칭.

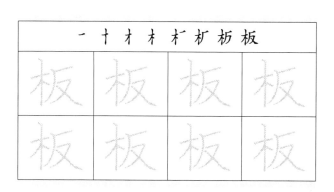
一 十 才 木 朾 杤 板 板

圓 둥글 원
■ 둥글다
■ 동그라미
■ 둘레

圓板
둥근 모양의   판 ▶ 판판하고 넓으며 둥근 모양의 판.

▷ 아버께서 합판을 자르고 이어 붙여서 圓板을 만드셨다.

材 재목 재
■ 재목
■ 재료
■ 자질

板材
널빤지로 된   재목 ▶ 널빤지로 된 재목.

▷ 그 집은 무늬가 고운 板材로 거실 바닥을 깔았다.

알아보기

■ 한자어와 한자어를 이루는 개별 한자의 뜻을 알아보자.
▬ 아래 한자어의 음을 적고 그 뜻을 생각하며 글을 읽어 보자.
▬ 공부할 한자의 뜻을 알아보고 필순에 따라 바르게 써 보자.

商街 [　　] ▶ 상점이 죽 늘어서 있는 거리.

「 요즈음은 백화점이나 편의점, 대형 슈퍼마켓 등 여러 종류의 큰 가게와
商街 가 많이 形成되어 있어서 物件을 사기에 편리하고 깨끗해서 좋지만,
아무래도 난 市場 쪽에 더 情이 간다. 市場엔 서민들의 삶의 모습이 배어
있고 情이 묻어 나온다. 서로 자기
物件이 더 좋다고 주장하면서도
市場 사람들 사이엔 情이 끊이지
않는다. 더 깎아 달라고 조르고,
손해 보고 파는 거라며 못
이기는 척 내주는 모습들,
참 정다워 보이지 않는가? 」

• 形成(형성) • 物件(물건) • 情(정) • 市場(시장).
* 서민: 아무 벼슬이나 신분적 특권을 갖지 못한 일반 사람. * 손해: 물질적으로나 정신적으로 밑짐. 해를 입음.

𠂤 은 '헤아리다'는 뜻인 ➔ 言(언)과 '속(마음속)'을
뜻하는 ➔ 内(내)를 결합한 것이다.   이익을 얻으려
고 속으로 어림치고 헤아리는 〈장사〉를 의미한다.

[새김] ▪장사 ▪장수 ▪헤아리다

丶	亠	亠	产	产	咅	咅	商	商	商
商		商		商		商			
商		商		商		商			

➔는 발(　)이 네거리(　)를 걸어가는 모습이다. 나중
에 　이 圭로 바뀌었다.   사람들이 많이 다니는 〈큰
길거리〉를 의미한다.

[새김] ▪거리 ▪한길 ▪네거리

丿	彳	彳	彳	衧	徍	徍	徍	街	街	街
街		街		街		街				
街		街		街		街				

새기고 익히기

■ 한자의 뜻을 새기고 그 한자로 이루어진 한자어를 익히자.
■ 한자의 뜻을 연결하여 한자어의 뜻을 생각해 보자.
■ 한자어의 뜻을 알고 예문을 통해 그 쓰임을 익히자.

商 상 | 장사
■ 장사
■ 장수
■ 헤아리다

街 가 | 거리
■ 거리
■ 한길
■ 네거리

– 흐리게 나타난 한자어 위에 겹쳐서 쓰고 음을 적어라 –

品 품 | 물건
■ 물건, 물품
■ 종류
■ 품격 ■ 등급

商品
장사하는　물품 ▶ 사고 파는 물품.

▷ 백화점에서는 철이 바뀔 무렵에 계절商品을 할인 판매한다.

業 업 | 업
■ 업
■ 일, 직업
■ 학업

商業
장사하는　일 ▶ 상품을 사고파는 행위를 통하여 이익을 얻는 일.

▷ 농촌 보다는 도시에서 商業 활동이 활발하게 이루어진다.

市 시 | 저자
■ 저자, 시장
■ 시가
■ 행정구획 단위

市街
도시의　거리 ▶ 도시의 큰 길거리, 인가나 상가가 많이 늘어선 거리.

▷ 우리가 탄 버스는 혼잡한 市街를 벗어나고 있었다.

頭 두 | 머리
■ 머리 ■ 맨 앞
■ 우두머리
■ 근처

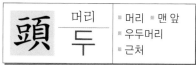
街頭
한길　앞 ▶ 도시의 길거리.

▷ 경찰은 시위대가 街頭로 진출하는 것을 막으려 하였다.

한 글자 더

看 간 | 볼
■ 보다, 바라보다
■ 지키다
■ 돌보다

☆ 손을 눈 위로 가리어 이마에 대고 바라봄.

´	´	≡	手	禾	看	看	看
看	看	看	看
看	看	看	看

板 판 | 널빤지
■ 널빤지
■ 판
■ 명패

看板
바라보게　내건 판 ▶ 가게 등에서 상점의 이름, 판매 상품 등을 써서 내건 표지.

▷ 가게마다 看板을 눈에 잘 뜨이게 걸었다.

過 과 | 지날
■ 지나다
■ 지나치다
■ 잘못하다

看過
보고　지나침 ▶ 큰 관심 없이 대강 보아 넘김.

▷ 컴퓨터 게임을 위장한 도박의 부작용은 看過할 수 없다.

알아보기

■ 한자어와 한자어를 이루는 개별 한자의 뜻을 알아보자.
■ 아래 한자어의 음을 적고 그 뜻을 생각하며 글을 읽어 보자.
■ 공부할 한자의 뜻을 알아보고 필순에 따라 바르게 써 보자.

財産 [　　　]

▶ 재화와 자산을 통틀어 이르는 말. 소중한 것을 비유적으로 이르는 말.

「 놀부는 흥부네처럼 박 속에서 여러 가지 보물이 쏟아질 것을 기대하며 박을 탔습니다. 그런데 박을 탈 때마다 박 속에서 보물은 커녕 이상한 사람들이 나와, 이 모양 저 모양으로 놀부의 財産 을 모두 빼앗아 갔습니다. 그래서 놀부는 갑자기 빈털터리가 되었습니다. 」

* 기대하다: 어떤 일이 원하는 대로 이루어지기를 바라면서 기다리다.
* 빈털터리: 재산을 다 없애고 아무것도 가진 것이 없는 가난뱅이(가난한 사람을 낮잡아 이르는 말)가 된 사람.

財는 '본디 지니고 있는 바탕'을 뜻하는 才(재)와 '돈', '재화'를 뜻하는 貝(패)를 결합한 것이다. 〈재물 또는 재화가 되는 것〉을 의미한다.

[새김] ▪ 재물, 재화 ▪ 재산 ▪ 거리(재료)

丨 冂 冂 月 目 目 貝 貝 財 財

財　財　財　財

財　財　財　財

産은 '훌륭한 사람'을 뜻하는 彦(언)을 줄인 产과 '나다'는 뜻인 生(생)을 결합한 것이다. 훌륭한 아이를 〈낳음〉을 의미한다.

[새김] ▪ 낳다 ▪ 생산하다 ▪ 재산

` 亠 产 立 产 产 产 产 産 産 産

産　産　産　産

産　産　産　産

84

새기고 익히기

■ 한자의 뜻을 새기고 그 한자로 이루어진 한자어를 익히자.
■ 한자의 뜻을 연결하여 한자어의 뜻을 생각해 보자.
■ 한자어의 뜻을 알고 예문을 통해 그 쓰임을 익히자.

財 재물 재
- 재물, 재화
- 재산
- 재료(거리)

産 낳을 산
- 낳다
- 생산하다
- 재산

– 흐리게 나타난 한자어 위에 겹쳐서 쓰고 음을 적어라 –

私 사사 사
- 사사(개인의)
- 가족
- 사사롭다

私財 [　]
개인의　재산 ▶ 개인이 소유하고 있는 재산.

▷ 그는 불우한 이웃을 위해 기꺼이 私財를 내놓았다.

物 만물 물
- 만물
- 물건
- 사물

財物 [　]
재화가 되는　물건 ▶ 돈이나 그밖의 값나가는 모든 물건.

▷ 財物에 과한 욕심을 내면 오히려 더 많은 것을 잃을 수 있다.

母 어머니 모
- 어머니, 어미
- 여자
- 기르다

産母 [　]
아이를 낳은　여자 ▶ 아기를 갓 낳은 여자.

▷ 순산을 하여 아이도 産母도 건강하다.

地 땅 지
- 땅
- 곳, 장소
- 자리

産地 [　]
생산되는　곳 ▶ 생산되어 나오는 곳.

▷ 그곳은 사과 産地로 유명하다.

한 글자 더

境 지경 경
- 지경, 경계
- 곳, 장소
- 처지

☆ 땅의 끝이 잇닿은 경계.

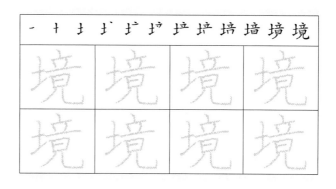

國 나라 국
- 나라, 국가
- 세상, 세계

國境 [　]
나라의　경계 ▶ 나라와 나라의 영역을 가르는 경계.

▷ 그 두 나라는 國境이 접해 있다.

死 죽을 사
- 죽다
- 목숨 걸다
- 활동력 없다

死境 [　]
죽을　지경 ▶ 죽을 지경. 또는 죽음에 임박한 경지.

▷ 그 환자는 혼수상태로 死境을 넘나들고 있었다.

■ 한자어와 한자어를 이루는 개별 한자의 뜻을 알아보자.
■ 아래 한자어의 음을 적고 그 뜻을 생각하며 글을 읽어 보자.
■ 공부할 한자의 뜻을 알아보고 필순에 따라 바르게 써 보자.

仲介 ☐

▶ 제삼자로서 두 당사자 사이에 서서 일을 주선함.

「 예전에는 부동산의 매매나 임대차의 仲介 를 하는 곳을
'복덕방'이라 하였으며 대부분 老人들이 소일거리로
그 일을 하였다. 그러나 요즈음은 부동산 중개업이
하나의 전문 직업이 되었으며
一定한 자격을 갖춘 사람들만이
그 일을 할 수 있게 되었다.
부동산 仲介人 은 건물의 매매나
임대차의 仲介 를 하고 그에 대한
一定한 수수료를 받는다. 」

• 老人(노인)   • 一定(일정).   * 매매: 물건을 팔고 사는 일.   * 수수료: 어떤 일을 맡아 처리해 준 데 대한 대가로서 주는 요금.

仲은 '사람'을 뜻하는 亻(인)과 '가운데'를 뜻하는 中
(중)을 결합한 것이다.   사형제 중 맏이 다음인 〈둘째〉
를 가리키며, 〈중간에 든 사람〉을 의미한다.

介 는 사람(𠆢)이 양 편(丷) 사이에 끼어 있는 모습이다.
양 편의 〈사이에 낌〉을 의미한다.

[새김] ■ 버금(둘째) ■ 가운데

ノ イ 什 仦 仰 仲
仲	仲	仲	仲
仲	仲	仲	仲

[새김] ■ (사이에)끼다 ■ 마음에 두다 ■ 소개하다

ノ 人 个 介
介	介	介	介
介	介	介	介

■ 한자의 뜻을 새기고 그 한자로 이루어진 한자어를 익히자.
■ 한자의 뜻을 연결하여 한자어의 뜻을 생각해 보자.
■ 한자어의 뜻을 알고 예문을 통해 그 쓰임을 익히자.

| 仲 버금 중 | ■ 버금(둘째) ■ 가운데 | 介 낄 개 | ■ (사이에)끼다 ■ 소개하다 ■ 마음에 두다 |

– 흐리게 나타난 한자어 위에 겹쳐서 쓰고 음을 적어라 –

| 秋 가을 추 | ■ 가을 ■ 때 ■ 해 |

仲秋 [ ]
가운데 가을의 ▷ 때는 바야흐로 오곡이 무르익는 仲秋에 접어들었다.
▶ 가을이 한창인 때라는 뜻으로, 음력 팔월을 달리 이르는 말.

| 入 들 입 | ■ 들다 ■ 들어가다 ■ 들이다 |

介入 [ ]
끼어 듦 ▷ 너는 나의 일에 더 이상 介入하지 말아라.
▶ 자신과 직접적인 관계 없는 일에 끼어듦.

| 在 있을 재 | ■ 있다 ■ 존재하다 ■ ~에 있다 |

介在 [ ]
사이에 끼어 있음 ▷ 분쟁 중인 두 나라 간의 협상에는 수많은 변수가 介在되어 있었다.
▶ 어떤 것들 사이에 끼어 있음.

| 意 뜻 의 | ■ 뜻, 뜻하다 ■ 생각 ■ 마음 |

介意 [ ]
마음에 두고 생각함 ▷ 남의 말에 介意치 않고 내 소신대로 밀고 나가겠다.
▶ 어떤 일 따위를 마음에 두고 생각하거나 신경을 씀.

한 글자 더

| 界 지경 계 | ■ 지경 ■ 세계(사회) ■ 범위 |

☆ 구분 되는 갈피.

ㅣ ㄲ ㅁ ㅁ 円 宋 界 界

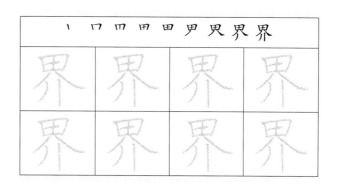

| 外 밖 외 | ■ 밖 ■ 외국 ■ 벗어나다 ■ 추가로 |

外界 [ ]
바깥 세계 ▷ 外界 어느 곳에 생명체가 있을 가능성은 충분하고 한다.
▶ 지구 밖의 세계.

| 限 한할 한 | ■ 한하다 ■ 한정하다 ■ 끝 ■ 한계 |

限界 [ ]
한정된 범위 ▷ 거대한 조직 사회 안에서 개인의 힘이란 限界가 있다.
▶ 사물이나 능력, 책임 따위가 실제 작용할 수 있는 범위.

한자성어

■ 한자 성어에 담긴 함축된 의미를 파악하고 그 쓰임을 익히자.

■ 한자 성어의 음을 적고 그에 담긴 의미와 적절한 쓰임을 익혀라.

風	前	燈	火

▶ 바람 앞의 등불이라는 뜻으로, 사물이 매우 위태로운 처지에 놓여 있음을 비유적으로 이르는 말.

▷ 거북선을 앞세워 왜군을 무찌른 이순신 장군이 風前燈火의 위기에서 나라를 구하였다.

電	光	石	火

▶ 번갯불이나 부싯돌의 불이 번쩍거리는 것과 같이 매우 짧은 시간이나 매우 재빠른 움직임 따위를 비유적으로 이르는 말.

▷ 머리 위로 공이 날아오자 電光石火와 같은 날쌘 점프와 헤딩으로 골을 성공시켰다.

說	往	說	來

▶ 서로 변론을 주고받으며 옥신각신함. 또는 말이 오고 감.

▷ 우리 아파트 재건축 문제로 說往說來하고 있지만 아직 결론을 못내고 있다.

四	通	八	達

▶ 도로나 교통망 따위가 이리저리 사방으로 통함.

▷ 지금은 우리나라 어디서나 도로망이 四通八達로 잘 짜여 있어서 이곳저곳으로 다니기 편리하다.

無	事	安	逸

▶ 큰 탈이 없이 편안하고 한가로움. 또는 그런 상태만을 유지하려는 태도.

▷ 이 사고는 평소 안전을 책임지고 있는 감독기관의 無事安逸한 자세에서 비롯된 것이었다.

人	面	獸	心

▶ 사람의 얼굴을 하고 있으나 마음은 짐승과 같다는 뜻으로, 마음이나 행동이 몹시 흉악함을 이르는 말.

▷ 어린이를 유괴하는 자는 人面獸心의 악마라 할 것이다.

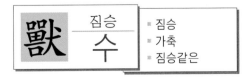

逸 편안할 **일**
- 편안하다
- 숨다
- 뛰어나다

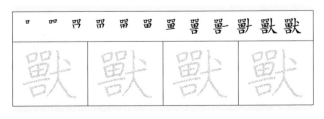

獸 짐승 **수**
- 짐승
- 가축
- 짐승같은

· 풍전등화 · 전광석화 · 설왕설래 · 사통팔달 · 무사안일 · 인면수심

더 살펴 익히기

■ 한자가 지닌 여러가지 뜻과 한자어를 한 번 더 살펴 익히자.

■ 아래 한자가 지닌 뜻과 그 뜻을 지니는 한자어를 줄로 이어라.

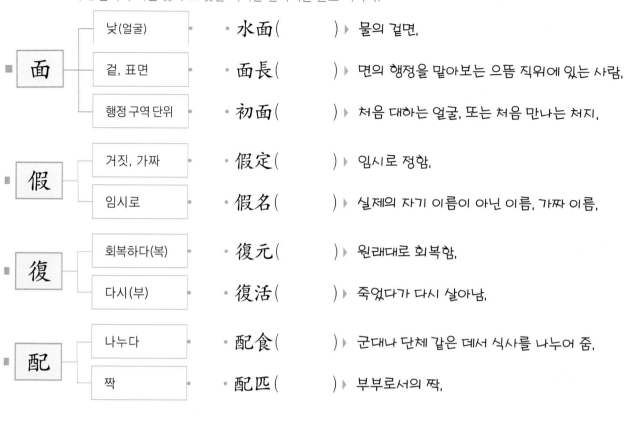

面
- 낯(얼굴)
- 겉, 표면
- 행정 구역 단위

- 水面(　　) ▶ 물의 겉면.
- 面長(　　) ▶ 면의 행정을 맡아보는 으뜸 직위에 있는 사람.
- 初面(　　) ▶ 처음 대하는 얼굴, 또는 처음 만나는 처지.

假
- 거짓, 가짜
- 임시로

- 假定(　　) ▶ 임시로 정함.
- 假名(　　) ▶ 실제의 자기 이름이 아닌 이름, 가짜 이름.

復
- 회복하다(복)
- 다시(부)

- 復元(　　) ▶ 원래대로 회복함.
- 復活(　　) ▶ 죽었다가 다시 살아남.

配
- 나누다
- 짝

- 配食(　　) ▶ 군대나 단체 같은 데서 식사를 나누어 줌.
- 配匹(　　) ▶ 부부로서의 짝.

■ [頭]와 상대되는 뜻을 지닌 한자에 ○표 하여라. ⇨ [首 · 體 · 尾 · 面]

■ [往]과 상대되는 뜻을 지닌 한자에 ○표 하여라. ⇨ [去 · 退 · 徒 · 來]

■ 아래의 뜻을 지닌 한자성어가 되도록 ( ) 안에 한자를 써 넣고 완성된 성어의 독음을 적어라.

뜻	한자성어	독음
▶ 누구를 형이라 하고 누구를 아우라 하기 어렵다는 뜻으로, 두 사물이 비슷하여 낫고 못함을 정하기 어려움을 이르는 말.	難兄難(　　)	
▶ 여유가 조금도 없이 몹시 <u>절박한 순간</u>.	(　　)機一髮	
▶ 쓸모없는 <u>물건</u>이나 사람.	無用之(　　)	
▶ 고립되어 구원을 받을 데가 <u>없음</u>.	孤立(　　)援	
▶ 입은 있어도 말은 없다는 뜻으로, 변명할 말이 없거나 변명을 못함을 이르는 말.	有口無(　　)	
▶ 뼈를 가루로 만들고 몸을 부순다는 뜻으로, 정성으로 노력함을 이르는 말, 또는 그렇게 하여 뼈가 가루가 되고 몸이 부서짐.	粉(　　)碎身	

· 수면. 면장. 초면 · 가정. 가명 · 복원. 부활 · 배식. 배필 / 弟 · 危 · 物 · 無 · 言 · 骨

어휘력 다지기

■ 高速 [　] 열차를 타고 부산에 다녀왔어. • • 매우 빠른 속도,

■ 선생님의 高見 [　] 을 듣고 싶습니다. • • 단단한 물체를 가루처럼 잘게 부스러뜨림,

■ 그 아파트는 層高 [　] 가 높은 편이야. • • 뛰어난 의견이나 생각, 남의 의견을 높여 이르는 말,

■ 알커피를 粉碎 [　] 하여 커피를 내려라. • • 건물의 층과 층 사이의 높이,

■ 그 商店 [　] 은 물건값이 비교적 싸다. • • 시가지의 넓은 도로,

■ 그의 얄팍한 商術 [　] 에 넘어가지 마라. • • 일정한 시설을 갖추고 물건을 파는 곳,

■ 街路 [　] 에는 차와 사람들로 붐볐어. • • 장사하는 재주나 꾀,

■ 노점상들이 坐板 [　] 을 벌여놓고 있다. • • 키보드,

■ 한 번에 松板 [　] 열 장을 격파하였어. • • 팔기 위하여 물건을 벌여 놓은 널조각,

■ 컴퓨터 字板 [　] 을 두드리는 소리구나. • • 소나무를 켜서 만든 널빤지,

■ 그가 선발 투수로 登板 [　] 하게 되었다. • • 재물과 이익을 아울러 이르는 말,

■ 그는 탄탄한 財力 [　] 을 지니고 있다네. • • 야구에서 투수가 마운드에 서는 일,

■ 너는 財利 [　] 을 지나치게 탐하지 마라. • • 재물의 힘, 또는 재산상의 능력,

■ 언제나 그에게는 財運 [　] 이 따랐어. • • 일정한 곳에서 생산되어 나오는 물건,

■ 그 섬의 주요 産物 [　] 은 전복이란다. • • 재물을 모을 운수,

■ 며느리의 解産 [　] 을 기다리고 있어요. • • 자기의 둘째 형,

■ 먹거리는 대부분 國産 [　] 을 선호한다. • • 아이를 낳음,

■ 이분이 저의 仲兄 [　] 이십니다. • • 자기 나라에서 생산함, 또는 그 물건,

■ 그는 돈이 떨어져서 困境 [　] 에 처했다. • • 마음의 상태,

■ 나의 답답한 心境 [　] 을 누가 이해할까. • • 사회의 각 분야,

■ 사회 各界 [　] 의 의견을 듣고 결정했다. • • 어려운 형편이나 처지,

· 고속 · 고견 · 층고 · 분쇄 · 상점 · 상가 · 가로 · 좌판 · 송판 · 자판 · 등판 · 재력 · 재리 · 재운 · 물산 · 해산 · 국산 · 중형 · 곤경 · 심경 · 각계

■ 한자어가 되도록 □ 안에 공통으로 넣을 한자를 보기에서 찾아 □ 안에 쓰고 , 그 한자어의 뜻을 생각하며 음을 적어라.

□ ⇨	高□	單□	二□
□ ⇨	商□	市□	□路
□ ⇨	合□	字□	□材
□ ⇨	□産	□物	□力
□ ⇨	仲□	□入	□意
□ ⇨	限□	世□	學□

보기

鳥·高·財·界·介·境·板·街·産·仲·層·看·商

■ 아래의 뜻을 지닌 한자어가 되도록 위의 보기에서 알맞은 한자를 찾아 □ 안에 써 넣어라.

▶ 보통 해발 고도 600미터 이상에 있는 넓은 벌판.

▷ □原 지대에서 잘 자라는 식물.

▶ 장사를 업으로 하는 사람.

▷ 재래시장 □人 들은 싼값으로 판다.

▶ 기관, 관청, 영업소 따위에서 이름이나 판매 상품, 업종 따위를 써서 사람들의 눈에 잘 뜨이게 걸거나 붙이는 표지.

▷ 상점의 정면에 □板 을 달았다.

▶ 해산(아이를 낳음).

▷ 이모는 出□ 을 앞두고 있다.

▶ 새와 짐승을 아울러 이르는 말.

▷ 농작물에 □獸 의 피해가 크다.

▶ 제 삼자로서 두 당사자 사이에 서서 일을 주선함.

▷ 그의 직업은 부동산 □介 이다.

▶ 지역이 구분되는 한계.

▷ 그 강을 □界 로 행정구역이 갈린다.

· 고층. 단층. 이층 · 상가. 시가. 가로 · 합판. 자판. 판재 · 재산. 재물. 재력 · 중개. 개입. 개의 · 한계. 세계. 학계 / · 고원 · 상인 · 간판 · 출산 · 조수 · 중개 · 경계

■ 한자의 음과 훈을 되새기며 필순에 따라 바르게 써 보자.

高	높을 고	高(높을고) / 총 10획
商	장사 상	口(입구) / 총 11획
看	볼 간	目(눈목) / 총 9획
財	재물 재	貝(조개패) / 총 10획
仲	버금 중	亻(사람인변) / 총 6획
境	지경 경	土(흙토) / 총 14획
逸	편안할 일	辶(책받침) / 총 12획

層	층 층	尸(주검시엄) / 총 15획
街	거리 가	行(다닐행) / 총 12획
板	널빤지 판	木(나무목) / 총 8획
産	낳을 산	生(날생) / 총 11획
介	낄 개	人(사람인) / 총 4획
界	지경 계	田(밭전) / 총 9획
獸	짐승 수	犬(개견) / 총 19획

■ 공부할 한자의 모양을 살펴보며 음과 훈을 알아보자,

묶음 3-7

음 ■ 한자를 읽는 소리
아래 한자의 음을 찾아 적고 소리내어 읽어 보자.

– 바탕색과 글자색이 같은 것을 찾아 보자 –

常		異		書		尚	
缺		歲		儀		拜	
堂		式		崇		席	

숭 석 식 당 이 세
서 상 배 상 결 의

훈 ■ 한자의 뜻 새김
한자의 음을 적고 훈과 함께 외어 보자.

歲	해	拜	절	崇	높을	尚	오히려
儀	거동	式	법	書	글	堂	집
缺	이지러질	席	자리	異	다를	常	항상

알아보기

■ 한자어와 한자어를 이루는 개별 한자의 뜻을 알아보자.
■ 아래 한자어의 음을 적고 그 뜻을 생각하며 글을 읽어 보자.
■ 공부할 한자의 뜻을 알아보고 필순에 따라 바르게 써 보자.

歲拜 [ ] ▶ 섣달그믐이나 정초에 웃어른께 인사로 하는 절.

「 절은 고개를 숙이고 허리를 굽히는 정도에 따라 평절과 큰절,
그리고 절을 하는 횟수에 따라 단배와 재배로 구분된다. 평절은
같은 또래의 사람들끼리, 또는 윗사람에게 問安이나 歲拜를 할 때
한다. 큰절은 주로 婚禮나 제사 등 특별한 경우에 한다.
단배는 한 번 하는 절이고,
재배는 두 번 하는 절이다.
재배는 보통 죽은 사람에게
하는 것으로, 제사나 차례를
지낼 때, 또는 죽은 사람의
영전에서 한다. 」

• 問安(문안): 웃어른께 안부(잘 지내고 있는지 그렇지 아니한지)를 여쭘. 또는 그런 인사. • 婚禮(혼례)
* 영전: 신이나 죽은 사람의 영혼을 모셔 놓은 자리의 앞.

歲는 '천문을 헤아리다'는 뜻인 少⋯步(보)를 큰 날
이 달린 도끼인 亅⋯戌(무)로 가르는 모습이다.
천체의 운행을 헤아려서 가르는 세월의 단위인 〈해〉를
의미한다.

[새김] ▪해, 새해 ▪나이 ▪세월

丨 ト ー 止 步 广 广 步 步 歲 歲 歲
歲 歲 歲 歲
歲 歲 歲 歲

拜는 두 사람이 무릎을 바닥에 대고 손을 모아 절하는
모습이다. 공경의 예를 표하는 〈절을 함〉을 의미한다.

[새김] ▪절 ▪절하다 ▪삼가고 공경함

´ 二 三 手 手 手 手 手 拜
拜 拜 拜 拜
拜 拜 拜 拜

새기고 익히기

■ 한자의 뜻을 새기고 그 한자로 이루어진 한자어를 익히자.

■ 한자의 뜻을 연결하여 한자어의 뜻을 생각해 보자.
■ 한자어의 뜻을 알고 예문을 통해 그 쓰임을 익히자.

| 歲 | 해 세 | ■ 해, 새해
■ 나이
■ 세월 | 拜 | 절 배 | ■ 절
■ 절하다
■ 삼가고 공경함 |

– 흐리게 나타난 한자어 위에 겹쳐서 쓰고 음을 적어라 –

| 年 | 해 년 | ■ 해, 1년
■ 나이
■ 때 |

▷ 우리 할머니는 年歲가 많으셔서 귀가 잘 안 들리신다.

나이   나이 ▶ '나이(사람이나 동·식물 따위가 세상에 나서 살아온 햇수)'의 높임말

| 萬 | 일만 만 | ■ 일만
■ 많은·온갖
■ 절대로 |

▷ 우리 팀이 아슬아슬하게 이기자 모두들 환호하며 萬歲를 불렀다.

썩 많은   세월(세대) ▶ 바람이나 경축, 환호 따위를 나타내기 위해 외치는 소리.

| 參 | 참여할 참 | ■ 참여하다
■ 살피다 ■ 뵙다
■ 셋(석 삼) |

▷ 우리는 호국 영령 앞에 參拜를 하였다.

뵙고   절함 ▶ 신이나 부처에게 절함.

| 禮 | 예도 례 | ■ 예도, 예
■ 의식
■ 인사 |

▷ 할머니께서는 가끔 새벽에 禮拜드리신다.

예   삼가공경하는 ▶ 신이나 부처와 같은 초월적 존재 앞에 경배하는 의식.

한 글자 더

| 式 | 법 식 | ■ 법
■ 방법, 방식
■ 식(의식) |

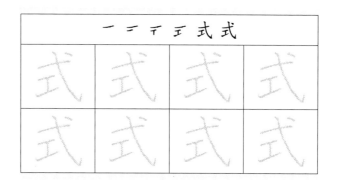

☆ 표준, 본보기, 규격, 격식.
   기준으로 삼아 따르다.

| 形 | 모양 형 | ■ 모양
■ 형상
■ 형세 |

▷ 이번 행사는 形式과 내용이 모두 좋았다.

모양과   방식 ▶ 사물이 외부로 나타나 보이는 모양.

| 場 | 마당 장 | ■ 마당
■ 곳, 장소
■ 때, 경우 |

▷ 축하객들이 式場을 가득 메웠다.

의식을 행하는   장소 ▶ 식을 거행하는 장소.

95

■ 한자어와 한자어를 이루는 개별 한자의 뜻을 알아보자.
■ 아래 한자어의 음을 적고 그 뜻을 생각하며 글을 읽어 보자.
■ 공부할 한자의 뜻을 알아보고 필순에 따라 바르게 써 보자.

崇尚 [　　] ▶ 높이어 소중히 여김.

「 무령왕릉의 벽과 천장은 모두 벽돌로 쌓아올렸는데, 자세히 보니, 벽돌마다 예쁜 연꽃 무늬와 빗금 무늬가 새겨져 있었다. 벽돌 한 장 한 장이 마치 고운 비단에 예쁘게 수를 놓은 것 같은 그 정교한 솜씨에 놀랐다. 박물관에서 본 유물이나 이곳 유물에 유난히 연꽃 무늬가 많이 새겨져 있는 것은, 역시 그 당시 널리 崇尚하였던 불교의 영향이 아닌가 생각되었다. 」

* 정교하다: 솜씨나 기술 따위가 정밀하고 교묘하다.   * 유물: 선대의 인류가 후대(뒤에 오는 세대나 시대)에 남긴 물건.
* 유난히: 언행이나 상태가 보통과 아주 다르게.   * 당시: 일이 있었던 바로 그때. 또는 이야기하고 있는 그 시기.

崇은 높이 솟은 '산'을 뜻하는 山(산)과 '으뜸', '높이다'는 뜻인 宗(종)을 결합한 것이다.   높이 솟아오른 산처럼 〈높이어 공경함〉을 의미한다.

[새김] ▪ 높다 ▪ 높이다 ▪ 존중하다

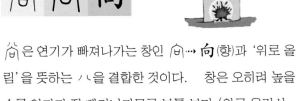

尚은 연기가 빠져나가는 창인 向→向(향)과 '위로 올림'을 뜻하는 八을 결합한 것이다.   창은 오히려 높을수록 연기가 잘 빠져나가므로 보통 보다 〈위로 올려서 높임〉을 의미한다.

[새김] ▪ 오히려 ▪ 높이다 ▪ 받들다

` ` ⺊ 屮 屮 屮 屶 峃 峃 豈 崇 崇 崇			
崇	崇	崇	崇
崇	崇	崇	崇

` ` ⺌ 小 小 尙 尙 尙 尙			
尚	尚	尚	尚
尚	尚	尚	尚

새기고 익히기

■ 한자의 뜻을 새기고 그 한자로 이루어진 한자어를 익히자.
■ 한자의 뜻을 연결하여 한자어의 뜻을 생각해 보자.
■ 한자어의 뜻을 알고 예문을 통해 그 쓰임을 익히자.

崇 높을 숭
■ 높다
■ 높이다
■ 숭상하다

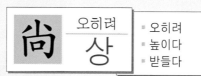
尙 오히려 상
■ 오히려
■ 높이다
■ 받들다

— 흐리게 나타난 한자어 위에 겹쳐서 쓰고 음을 적어라 —

文 글월 문
■ 글월, 문장
■ 글자
■ 학문 · 문학

崇文 [ ]
숭상함   글을 ▶ 글을 숭상함, 또는 문학을 높임.

▷ 우리에게는 崇文의 전통이 이어져 오고 있다.

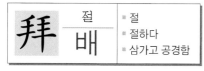
拜 절 배
■ 절
■ 절하다
■ 삼가고 공경함

崇拜 [ ]
숭상하여 공경함 ▶ 우러러 공경함.

▷ 우리 민족은 가족을 위하고 조상을 崇拜 하는 마음이 크다.

古 옛 고
■ 옛, 예
■ 옛날
■ 오래되다

尙古 [ ]
받듦   옛것을 ▶ 옛날의 문물이나 사상, 제도 따위를 귀하게 여김.

▷ 그 분은 尙古 정신이 투철하였고 선비의 풍모 지니셨다.

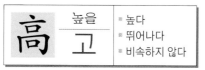
高 높을 고
■ 높다
■ 뛰어나다
■ 비속하지 않다

高尙 [ ]
비속하지않고 높다 ▶ 품위나 몸가짐이 속되지 아니하고 훌륭하다.

▷ 어머니는 화려함 보다는 高尙한 느낌의 옷차림을 좋아하신다.

한 글자 더

儀 거동 의
■ 거동
■ 법식
■ 천문 기계

☆ 행동하는 짓이나 태도.

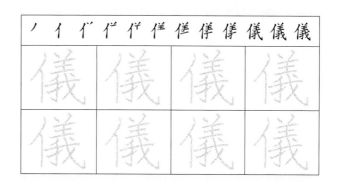
ノ 亻 亻' 亻' 亻' 俨 俨 僕 僕 儀 儀 儀

式 법 식
■ 법
■ 방법, 방식
■ 식(의식)

儀式 [ ]
법식   식을 행하는 ▶ 행사를 치르는 일정한 법식, 또는 정하여진 방식에 따라 치르는 행사.

▷ 사람들은 중요한 일이 있을 때 그에 맞는 儀式을 행한다.

禮 예도 례
■ 예도, 예
■ 의식
■ 인사

禮儀 [ ]
예를 표하는 거동 ▶ 존경의 뜻을 표하기 위하여 예로써 나타내는 말투나 몸가짐.

▷ 윗사람을 대할 때에는 禮儀에 어긋나지 않도록 언행을 조심해야 한다.

97

■ 한자어와 한자어를 이루는 개별 한자의 뜻을 알아보자.
━ 아래 한자어의 음을 적고 그 뜻을 생각하며 글을 읽어 보자.
━ 공부할 한자의 뜻을 알아보고 필순에 따라 바르게 써 보자.

書堂 [　] ▶ 글방.

「 옛날 어린이들은 서너 살 무렵부터 書堂에 가서 공부를 했습니다.
書堂에는 훈장님이 계셨는데 漢文으로 쓰여진 책을 가르치셨습니다.
平素에 훈장님은 아이들을 자상하게 기르치고 아껴 주시지만,
잘못한 어린이에게 벌주실 때면 가끔
회초리로 따끔하게 종아리를
때리시기도 하셨습니다.
이이들은 훈장님을 존경하였고,
훈장님의 뜻을 따르려고
노력하였습니다. 」

• 漢文(한문) • 平素(평소).
＊자상하다: 찬찬하고 자세하다. 인정이 넘치고 정성이 지극하다. ＊존경: 남의 인격, 사상, 행위 따위를 받들어 공경함.

書는 '붓'을 뜻하는 聿⋯聿(율)과 '것(사물을 가리켜
이르는 말)', '적다(기재하다)'는 뜻인 耆⋯者(자)를 결합
한 것이다. 붓으로 〈쓴 글〉을 의미한다.

[새김] ■ 글, 글씨 ■ 쓰다 ■ 책 ■ 문서

フ フ ヨ ヨ 丑 聿 聿 書 書 書			
書	書	書	書
書	書	書	書

堂은 '위로 올려서 높임'을 뜻하는 八⋯尚(상)과
'흙', '땅'을 뜻하는 ⊥⋯土(토)를 결합한 것이다.
흙을 돋우어 둘레보다 높직하게 터를 닦고 그 위에 앉힌
〈집〉을 의미한다.

[새김] ■ 집 ■ 대청 ■ 근친 ■ 의젓하다

' ' ' ' ' ' ' ' 尚 尚 堂 堂 堂			
堂	堂	堂	堂
堂	堂	堂	堂

새기고 익히기

■ 한자의 뜻을 새기고 그 한자로 이루어진 한자어를 익히자.
■ 한자의 뜻을 연결하여 한자어의 뜻을 생각해 보자.
■ 한자어의 뜻을 알고 예문을 통해 그 쓰임을 익히자.

| 書 글 서 | ■ 글, 글씨 ■ 쓰다 ■ 책 ■ 문서 | 堂 집 당 | ■ 집 ■ 대청 ■ 근친 ■ 의젓하다 |

– 흐리게 나타난 한자어 위에 겹쳐서 쓰고 음을 적어라 –

| 店 가게 점 | ■ 가게 ■ 점방 ■ 여관 |

▷ 집에 돌아오는 길에 書店에 들러서 내가 좋아하는 시인의 시집 한 권을 샀다.

책　　가게　▶ 책을 갖추어 놓고 팔거나 사는 가게.

| 類 무리 류 | ■ 무리 ■ 닮다 ■ 나누다 |

▷ 삼촌은 공무원 임용에 필요한 여러 가지 書類를 작성하여 제출하였다.

문서의　무리　▶ 글자로 기록한 문서를 통틀어 이르는 말.

| 食 먹을 식 | ■ 먹다 ■ 음식 ■ 먹이, 밥 |

▷ 그 회사 건물의 지하층에 직원 食堂이 갖추어져 있다.

음식을 먹는　집　▶ 건물 안에 식사를 할 수 있게 시설을 갖춘 장소.

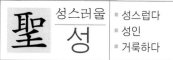

| 聖 성스러울 성 | ■ 성스럽다 ■ 성인 ■ 거룩하다 |

▷ 우리집 근처에 오래된 聖堂이 있다.

성스러운　집　▶ 천주교의 종교 의식이 행해지는 집.

한 글자 더

| 異 다를 이 | ■ 다르다 ■ 달리하다 ■ 기이하다 |

☆ 본래의 모습과 같지 아니하고 기이함.

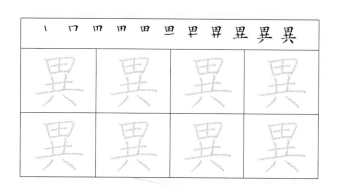

| 性 성품 성 | ■ 성품 ■ 성질 ■ 남녀의 구별 |

▷ 사춘기에는 異性에 대한 호기심이 많다.

다름　성별이　▶ 성(性)이 다른 것. 남성 쪽에선 여성, 여성 쪽에선 남성을 가리킴.

| 見 볼 견 | ■ 보다 ■ 보이다 ■ 보는바, 소견 |

▷ 양측은 서로 異見을 좁히지 못해 협상이 결렬되었다.

다른　소견　▶ 어떠한 의견에 대한 다른 의견, 또는 서로 다른 의견.

99

알아보기

■ 한자어와 한자어를 이루는 개별 한자의 뜻을 알아보자.
■ 아래 한자어의 음을 적고 그 뜻을 생각하며 글을 읽어 보자.
■ 공부할 한자의 뜻을 알아보고 필순에 따라 바르게 써 보자.

缺席 [　　] ▶ 나가야 할 자리에 나가지 않음.

「 온몸에 열이 많았다. 어머니께서 깜짝 놀라시며 "오늘은 집에서 쉬어야 하겠다." 하고 말씀 하셨다. 그러자 두 마음이 다투기 시작했다. '이 정도 아픈 걸로 缺席 을 해?', '공부도 몸이 건강해야 하는 거야, 건강이 첫째라고.' 나중 마음이 이겨서 學校에 가지 않았다. 그러나 마음은 편하지 않았다. '지금쯤 체육 時間일 거야.', '지금은 청소하느라 야단들이겠지.' 몸은 방에 누워 있었으나, 마음은 온종일 學校에 가 있었다. 」

• 學校(학교) • 時間(시간)

缺은 액체를 담는 '질그릇'을 뜻하는 缶(부)와 '터놓다', '트다'는 뜻인 夬(결)을 결합한 것이다.   질그릇이 터져 〈이지러짐(한쪽 귀퉁이가 떨어져 없어짐)〉을 의미한다.

[새김] ▪이지러지다 ▪이빠지다 ▪흠

ノ	ト	ニ	午	缶	缶	缸	缸	缺	缺
缺	缺	缺	缺						
缺	缺	缺	缺						

因은 지붕(广)아래 돗자리(因)를 깔아 놓은 모습이다. 나중에 因가 巾로 바뀌었다.   베풀어 놓은 〈자리〉를 의미한다.

[새김] ▪자리 ▪앉을 자리 ▪베푸는 자리

`	一	广	广	庐	庐	庐	庐	席	席
席	席	席	席						
席	席	席	席						

100

새기고 익히기

■ 한자의 뜻을 새기고 그 한자로 이루어진 한자어를 익히자.
➡ 한자의 뜻을 연결하여 한자어의 뜻을 생각해 보자.
➡ 한자어의 뜻을 알고 예문을 통해 그 쓰임을 익히자.

缺 이지러질 결	■ 이지러지다 ■ 빠지다 ■ 흠		席 자리 석	■ 자리 ■ 앉을 자리 ■ 베푸는 자리

– 흐리게 나타난 한자어 위에 겹쳐서 쓰고 음을 적어라 –

航 배 항	■ 배 ■ 배로 건너다 ■ 날아다니다

缺航 [　　] ▷ 태풍으로 섬으로 가는 여객선이 缺航하였다.
빠짐　배의 운항이 ▶ 정기적으로 다니는 배나 비행기가 운항을 거둠.

禮 예도 례	■ 예도, 예 ■ 의식 ■ 인사

缺禮 [　　] ▷ 남의 집에 아무때나 불쑥 찾아가는 것은 缺禮이다.
이지러짐　예도에 ▶ 예의 범절에서 벗어나는 짓을 함. 예의를 갖추지 못함.

首 머리 수	■ 머리　■ 으뜸 ■ 우두머리 ■ 향하다

首席 [　　] ▷ 내가 대학을 首席으로 입학한다면?
으뜸이 되는　자리 ▶ 등급이나 직위 따위에서 맨 윗자리.

卽 곧 즉	■ 곧, 바로 ■ 이제 ■ 나아가다

卽席 [　　] ▷ 요즘은 사진을 찍어 卽席에서 뽑아 볼 수 있다.
바로그　자리 ▶ 어떤 일이 진행되는 바로 그 자리.

한 글자 더

常 항상 상	■ 항상　■ 보통 ■ 일정하다 ■ 떳떳하다

☆ 오래도록 변하지 아니하다.
늘 하다. 언제나 행하다.

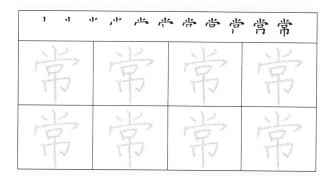

非 아닐 비	■ 아니다 ■ 어긋나다 ■ 그르다

非常 [　　] ▷ 큰 태풍이 몰려오자 非常 대책을 세웠다.
▷ 이 아이의 그림 솜씨는 非常하구나!
아니함　보통과 같지 ▶ 뜻밖의 긴급한 사태. 예사롭지 아니함.

溫 따뜻할 온	■ 따뜻하다 ■ 온화하다 ■ 온도

常溫 [　　] ▷ 이 과일은 常溫에서 보관해야 한다.
늘(항상)　온도
일정한 ▶ 늘 일정한 온도. 일 년 동안의 기온을 평균한 온도.

어휘력 다지기

■ 할아버지의 年歲 가 올해 여든이셔. • • 우러러 공경함,

■ 나는 안중근 의사를 崇拜 한다네. • • 정당한 격식이나 의식,

■ 예전과는 생활 方式 이 달라졌다. • • '나이'(세상에 나서 살아온 햇수)의 높임말,

■ 正式 으로 계약을 체결하기로 하자. • • 일정한 방법이나 형식,

■ 신랑 신부가 결혼 禮式 을 올렸다. • • 우리나라 고유의 양식,

■ 개막식에 앞서 式前 행사가 있었다. • • 편지(안부, 소식, 용무 따위를 적어 보내는 글),

■ 나는 韓式 기와집에서 살고 싶다네. • • 예법에 따라 치르는 의식,

■ 그 둘은 서로 書信 을 주고 받았어. • • 식을 거행하기 전,

■ 한 권이라도 良書 를 찾아 읽어라. • • 글씨를 붓으로 쓰는 예술,

■ 여가를 이용하여 書藝 를 배우려고. • • 내용이 교훈적이거나 건전한 책, 좋은 책,

■ 나의 뜻을 書面 으로 전달하겠다. • • 불상을 안치하고 설법도 하는 절의 정당(正堂),

■ 그곳이 장사터로는 明堂 이라고? • • 끼니를 거름,

■ 法堂 에서 목탁소리가 들려왔다. • • 글씨를 쓴 지면, 일정한 내용을 적은 문서,

■ 缺食 노인들에게 점심을 제공한다. • • 어떤 일에 썩 좋은 자리,

■ 缺員 이 생겨서 충원을 해야 한다. • • 자리의 차례, 성적의 차,

■ 이번 모임에는 전원이 參席 하였다. • • 사람이 빠져 정원에 차지 않고 빔, 또는 그런 인원,

■ 席次 가 지난 번보다 올라갔네. • • 모임이나 회의 따위의 자리에 참여함,

■ 빈 자리가 없어 남과 合席 을 했다. • • 다른 의견이나 논의,

■ 혹시 異議 가 있으면 말씀하세요. • • 다른 빛깔, 보통의 것과 색다름, 또는 그런 것이나 곳,

■ 그들의 결혼식은 참 異色 적이었어. • • 한자리에 같이 앉음,

■ 체온이 正常 상태로 돌아왔다. • • 특별한 변동이나 탈이 없이 제대로인 상태,

·연세 ·숭배 ·방식 ·정식 ·예식 ·식전 ·한식 ·서신 ·양서 ·서예 ·서면 ·명당 ·법당 ·결식 ·결원 ·참석 ·석차 ·합석 ·이의 ·이색 ·정상

■ 한자어가 되도록 □ 안에 공통으로 넣을 한자를 보기에서 찾아 □ 안에 쓰고 , 그 한자어의 뜻을 생각하며 음을 적어라.

□ ⇨	禮□	参□	崇□
□ ⇨	形□	方□	□場
□ ⇨	□席	□禮	□員

□ ⇨	□尚	□文	□禮
□ ⇨	□店	文□	□藝
□ ⇨	異□	非□	正□

보기

常·缺·堂·式·歲·異·書·儀·崇·逸·席·拜·尚

■ 아래의 뜻을 지닌 한자어가 되도록 위의 보기에서 알맞은 한자를 찾아 □ 안에 써 넣어라.

▶ 설달그믐이나 정초에 웃어른께 인사로 하는 절,　　▷ 설날에 부모님께 [　]拜 를 드렸다.

▶ 품위나 몸가짐이 속되지 아니하고 훌륭하다,　　▷ 그분의 옷차림은 늘 高[　] 하였다.

▶ 존경의 뜻을 표하기 위하여 예로써 나타내는 말투나 몸가짐,　　▷ 그는 늘 禮[　] 바르게 행동한다.

▶ 음식을 만들어 손님들에게 파는 가게,　　▷ 음식맛이 좋기로 소문난 食[　] 이야.

▶ 어떤 자리에 나아가 참석함,　　▷ 그는 오늘도 出[　] 하지 않았다.

▶ 편안하고 한가로움, 또는 편안함만을 누리려는 태도,　　▷ 安[　] 한 태도가 사고를 부른다.

▶ 인정, 풍속 따위가 전혀 다른 남의 나라,　　▷ 낮선 [　]國 에서 외롭게 지내왔다.

· 예배. 참배. 숭배 · 숭상. 숭문. 숭례 · 형식. 방식. 식장 · 서점. 문서. 서예 · 결석. 결례. 결원 · 이상. 비상. 정상 / · 세배 · 고상 · 예의 · 식당 · 출석 · 안일 · 이국

■ 한자의 음과 훈을 되새기며 필순에 따라 바르게 써 보자.

| 歲 해 세 | 止(그칠지) / 총 13획 |
| 拜 절 배 | 手(손수) / 총 9획 |

崇 높을 숭 — 山(메산) / 총 11획

尙 오히려 상 — 小(작을소) / 총 8획

儀 거동 의 — イ(사람인변) / 총 15획

式 법 식 — 弋(주살익) / 총 6획

書 글 서 — 日(가로왈) / 총 10획

堂 집 당 — 土(흙토) / 총 11획

缺 이지러질 결 — 缶(장군부) / 총 10획

席 자리 석 — 巾(수건건) / 총 10획

異 다를 이 — 田(밭전) / 총 11획

常 항상 상 — 巾(수건건) / 총 11획

逸 편안할 일 — 辶(책받침) / 총 12획

獸 짐승 수 — 犬(개견) / 총 19획

■ 공부할 한자의 모양을 살펴보며 음과 훈을 알아보자,

묶음 3-8

음 ■ 한자를 읽는 소리
아래 한자의 음을 찾아 적고 소리내어 읽어 보자.

– 바탕색과 글자색이 같은 것을 찾아 보자 –

훈 ■ 한자의 뜻 새김
한자의 음을 적고 훈과 함께 외어 보자.

草 풀	綠 푸를	新 새	鮮 고울
樹 나무	林 수풀	世 대	紀 벼리
記 기록할	錄 기록할	擴 넓힐	散 흩을

알아보기

■ 한자어와 한자어를 이루는 개별 한자의 뜻을 알아보자.
■ 아래 한자어의 음을 적고 그 뜻을 생각하며 글을 읽어 보자.
■ 공부할 한자의 뜻을 알아보고 필순에 따라 바르게 써 보자.

草綠 [ ]

▶ 풀의 빛깔과 같이 푸른빛을 약간 띤 녹색.

「 완두콩밭이 있었습니다. 한개의 꼬투리 속에 예쁘장한 완두콩
다섯 개가 나란히 들어 있었습니다. 완두콩도 草綠빛이고,
꼬투리도 草綠빛이었습니다. 그래서 콩은 세상이 모두
草綠빛으로 되어 있는 줄 알았습니다.
햇님이 꼬투리를 따뜻하게 쬐어
주었습니다. 때때로 비가
꼬투리를 깨끗하게 씻어
주었습니다. 다섯 개의
완두콩은 꼬투리와 함께
점점 커 갔습니다. 」

Ψ 는 돋아난 풀 한 포기의 모습이다. 나중에 두 포기
ΨΨ⋯ 艹 로 바뀌었고, 다시 早를 결합하였다.   돋아난
〈풀〉을 의미한다.

[새김] ■ 풀 ■ 거칠다 ■ 초를 잡다

`	⼀	⺿	⾋	𦭭	苩	芭	昔	草	草
草	草	草	草						
草	草	草	草						

緑은 '실'을 뜻하는 &⋯糸 (사)와 물들이기 위한 즙
을 짜내는 자루를 나타내는 ⺕ 을 결합한 것이다. 나중
에 ⺕은 彔(록)으로 바뀌었다.   비단실에 연두빛을
물들이는 조개풀의 이름으로, 〈초록빛〉을 의미한다.

[새김] ■ 푸르다 ■ 초록빛

`	⼂	幺	糸	糸	紅	紆	綧	紵	綧	緑
緑	緑	緑	緑							
緑	緑	緑	緑							

106

새기고 익히기

■ 한자의 뜻을 새기고 그 한자로 이루어진 한자어를 익히자.
■ 한자의 뜻을 연결하여 한자어의 뜻을 생각해 보자.
■ 한자어의 뜻을 알고 예문을 통해 그 쓰임을 익히자.

草 풀 초	■ 풀 ■ 거칠다 ■ 초를 잡다	綠 푸를 록	■ 푸르다 ■ 초록빛

– 흐리게 나타난 한자어 위에 겹쳐서 쓰고 음을 적어라 –

食 먹을 식	■ 먹다 ■ 음식 ■ 먹이, 밥

草食 　　　　▷ 소와 양은 草食 동물이다.
풀을　　먹음　▶ 주로 풀만 먹고 삶.

原 근원 원	■ 근원 ■ 원래 ■ 벌판, 들판

草原 　　　　▷ 드넓은 草原에서 양들이 한가롭게 풀을 뜯고 있는 풍경이 평화로웠다.
풀이 난　들판　▶ 풀이 나 있는 들판.

色 빛 색	■ 빛, 색깔 ■ 낯빛 ■ 미색 ■ 꿰매다

綠色 　　　　▷ 오월의 산과 들은 온통 싱그러운 綠色으로 물들었다.
초록빛　색깔　▶ 파란색과 노란색의 중간색.

常 항상 상	■ 항상 ■ 보통 ■ 일정하다 ■ 떳떳하다

常綠 　　　　▷ 눈 맞은 常綠의 나무들이 더욱 싱그럽게 보였다.
늘　　푸르름　▶ 나뭇잎이 사철 내내 푸름.

한 글자 더

樹 나무 수	■ (자라고 있는)나무 ■ 심다 ■ 세우다

☆ 자라고 있는 나무.
　나무를 심어 세우다.

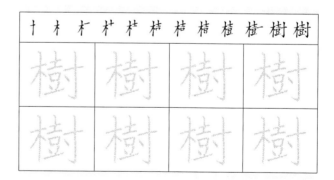

十 木 木 杧 杧 桂 桔 桔 椪 椪 樹 樹

木 나무 목	■ 나무 ■ 목재 ■ 나무로 만든 ■ 다듬치다

樹木 　　　　▷ 간밤에 내린 비로 樹木이 우거진 산이 더욱 푸르르고 싱그럽게 보인다.
자라고 있는　나무　▶ 살아 있는 나무.

果 실과 과	■ 실과, 열매 ■ 일의 결과 ■ 과단성 있다

果樹 　　　　▷ 집 앞에 화단을 꾸미고, 뒤뜰에는 果樹를 몇 그루 심으련다.
과실　나무　▶ 과실나무.

알아보기

■ 한자어와 한자어를 이루는 개별 한자의 뜻을 알아보자.
➡ 아래 한자어의 음을 적고 그 뜻을 생각하며 글을 읽어 보자.
➡ 공부할 한자의 뜻을 알아보고 필순에 따라 바르게 써 보자.

新鮮 ▢ ▶ 새롭고 산뜻함. 채소나 과일 생선 따위가 싱싱함.

「 오늘날, 道路, 철도, 航路 등의 교통망은 航空 교통과 함께
전국 각지를 빠르게 연결하고 있다. 전국이 1일 생활권이
되어 사람들의 생활도 많이 변화되었다. 지방의 商人들은
서울의 새벽 市場에서 산 물건을
그 날 소비자에게 제공할 수
있게 되어, 소비자들은 전국
각지에서 생산된 新鮮한
채소나 과일, 생선을 언제나
맛볼 수 있게 되었다. 」

• 航路(항로): 선박이 지나다니는 해로(바다 위에 배가 다니는 길).항공기가 통행하는 공로(항공기의 지정된 공중 통로).
• 道路(도로) • 航空(항공) • 商人(상인) • 市場(시장). *제공하다: 무엇을 내주거나 갖다 바치다.

兙은 '잡목'을 뜻하는 ꞯ…亲(진)과 '도끼'를 뜻하
는 ꞁ…斤(근)을 결합한 것이다.   도끼로 잡목을 베
어 내고 땅을 〈새로 개간함〉을 의미한다.

兙은 '물고기'를 뜻하는 ꞯ…魚(어)와 '양'을 뜻하는
꞉…羊(양)을 결합한 것이다.   옛날 중국의 맥국에서
난다는 빛깔이 고운 물고기의 이름인데, 나중에, 생선의
〈빛깔이 뚜렷하고 싱싱함〉을 의미하게 되었다.

[새김] ▪ 새, 새로운 ▪ 새롭게 다시 ▪ 처음으로

[새김] ▪ 곱다 ▪ 생선 ▪ 깨끗하다 ▪ 싱싱하다

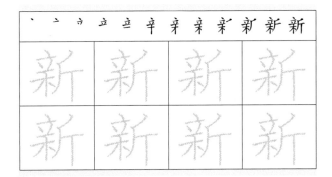

丶	亠	亠	立	뀨	辛	亲	亲	亲	新	新	新

丿	勹	夕	夕	甶	由	魚	魚	魚	鮮	鮮	鮮	鮮

108

새기고 익히기

■ 한자의 뜻을 새기고 그 한자로 이루어진 한자어를 익히자.
　■ 한자의 뜻을 연결하여 한자어의 뜻을 생각해 보자.
　■ 한자어의 뜻을 알고 예문을 통해 그 쓰임을 익히자.

新　새　신
■ 새, 새로운
■ 새롭게 다시
■ 처음으로

鮮　고울　선
■ 곱다　■ 생선
■ 깨끗하다
■ 싱싱하다

– 흐리게 나타난 한자어 위에 겹쳐서 쓰고 음을 적어라 –

綠　푸를　록
■ 푸르다
■ 초록빛
■ 조개풀

新綠
새로운　푸른 잎　▶ 늦봄이나 초여름에 새로 나온 잎의 푸른빛.

▷ 新綠으로 나날이 달라져 가는 산과 들은 연두빛 물감을 풀어 놓은 것 같다.

聞　들을　문
■ 듣다　■ 들리다
■ 알리다
■ 소문나다

新聞
새로운　알림　▶ 새로운 소식이나 견문.

▷ 일본에서 발생한 강도 높은 지진에 관한 기사가 新聞에 보도되었다.

明　밝을　명
■ 밝다
■ 밝히다
■ 확실하게

鮮明
깨끗하고　확실함
　　　　(뚜렷함)　▶ 산뜻하고 뚜렷하여 다른 것과 혼동되지 않음.

▷ 어린 시절의 기억이 鮮明하게 떠오른다.

度　법도　도
■ 법도
■ 정도
■ 모양, 모습

鮮度
싱싱한　정도　▶ 생선이나 야채 따위의 신선한 정도.

▷ 어머니는 무엇보다도 鮮度를 보고 생선을 고르신다.

한 글자 더

林　수풀　림
■ 수풀, 숲
■ 무리, 집단
■ 많은 모양

☆ 사물이 많이 모이는 곳.
　수효가 많은 모양.

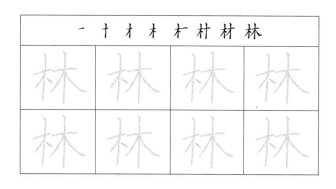

一　十　十　才　木　村　材　林

樹　나무　수
■ (자라고 있는)나무
■ 심다
■ 세우다

樹林
나무　숲　▶ 나무숲.

▷ 그 수목원은 아름드리 전나무 樹林으로 유명하다.

松　소나무　송
■ 소나무

松林
소나무　숲　▶ 솔숲(소나무가 우거진 숲).

▷ 우리는 해변에 우거진 松林을 거닐었다.

109

■ 한자어와 한자어를 이루는 개별 한자의 뜻을 알아보자.

■ 아래 한자어의 음을 적고 그 뜻을 생각하며 글을 읽어 보자.
■ 공부할 한자의 뜻을 알아보고 필순에 따라 바르게 써 보자.

世紀 ☐ ▶ 백년을 단위로 하는 기간, 일정한 역사적 시대나 연대.

「'地球는 정말 둥근 것일까?'
콜럼버스가 살았던 15世紀의 사람들은
地球가 둥글지 않고 平平하다고 믿고
있었습니다. 그런데 地理學者이며 의학자인
토스카넬리는 地球가 둥글다고 주장했습니다.
'이분은 地球가 둥글다는 것을 어떻게
확인하였을까?'
콜럼버스는 몹시 궁금하여 토스카넬리에게
편지를 썼습니다. 」

• 地球(지구) • 平平(평평) • 地理學者(지리학자).   * 확인: 틀림없이 그러한가를 알아보거나 인정함. 또는 그런 인정.

는 나무가지에 맺힌 겨울눈의 모습이다.   겨울눈은
그해에 벋은 가지에 생겨서 겨울을 넘기고 그 이듬해 봄
에 새로운 가지를 벋는 싹으로, 해마다 이렇게 하여 대를
이어가는 데서, 〈대〉를 뜻한다.

[새김] ▪대, 세대 ▪인간(세상) ▪시대

一 十 丗 丗 世			
世	世	世	世
世	世	世	世

紀는 '실'을 뜻하는 糸(사)와 '몸', '다스리다'는 뜻인
己(기)를 결합한 것이다.   (베를 짤 때 실을 한 가닥 씩 뽑
아 쓰기 위해) 여러 가닥을 한 덩이로 거두어 놓은 〈벼리〉
를 의미한다.

[새김] ▪벼리 ▪실마리 ▪적다 ▪해, 세월

ㄥ ㄠ ㅺ 糸 糸 紀 紀 紀			
紀	紀	紀	紀
紀	紀	紀	紀

새기고 익히기

世 대 세
■ 대, 세대
■ 인간(세상)
■ 시대

紀 벼리 기
■ 벼리
■ 실마리 ■ 적다
■ 해, 세월

– 흐리게 나타난 한자어 위에 겹쳐서 쓰고 음을 적어라 –

界 지경 계
■ 지경
■ 세계(사회)
■ 범위

世界 （세상 사회）
▷ 世界 제일의 기술 강국을 향하여!
▷ 약육강식의 법칙이 지배하는 동물의 世界.
▶ 지구상의 모든 나라, 집단적 범위를 지닌 특정 사회나 영역.

後 뒤 후
■ 뒤 ■ 나중
■ 늦다
■ 뒤떨어지다

後世 （뒤의 세상）
▷ 자연은 後世에 물려줄 인류의 재산이다.
▶ 다음에 오는 세상, 또는 다음 세대의 사람들.

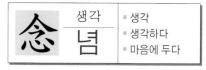

念 생각 념
■ 생각
■ 생각하다
■ 마음에 두다

紀念 （적어 마음에 둠）
▷ 아버지는 오빠에게 중학교 졸업 紀念으로 노트북을 사주셨다.
▶ 어떤 뜻깊은 일을 오래도록 잊지 아니하고 마음에 간직함.

元 으뜸 원
■ 으뜸 ■ 처음
■ 근본
■ 우두머리

紀元 （해 처음이 되는）
▷ 인간의 달 착륙은 우주 시대의 紀元을 연 획기적인 일이었다.
▶ 연대를 계산하는 데에 기준이 되는 해.

한 글자 더

擴 넓힐 확
■ 넓히다
■ 확대하다
■ 늘리다

☆ 규모, 세력 등을 넓히다.

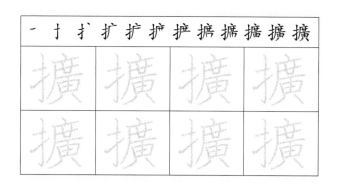

一 十 扩 扩 扩 扩 護 擴 擴 擴 擴

大 큰 대
■ 크다
■ 많다
■ 훌륭하다

擴大 （늘림 크게）
▷ 현미경으로 미세한 물체를 擴大하여 관찰할 수 있다.
▶ 모양이나 규모 따위를 더 크게 함.

充 찰 충
■ 차다
■ 채우다
■ 갖추다

擴充 （늘리고 채움）
▷ 신기술 개발에 필요한 인력을 擴充할 계획이다.
▶ 늘리고 넓혀 충실하게 함.

■ 한자어와 한자어를 이루는 개별 한자의 뜻을 알아보자.
■ 아래 한자어의 음을 적고 그 뜻을 생각하며 글을 읽어 보자.
■ 공부할 한자의 뜻을 알아보고 필순에 따라 바르게 써 보자.

記錄 [ ]

▶ 우일까지 남길 필요가 있는 사항을 적음, 또는 그런 글.

「 고려 時代에 많은 종류의 그네뛰기가 있었다고
傳해 온다. 귀족들이 모여 단오에 그네뛰기를
하였고, '수많은 사람이 모여 여러 가지 놀이를
즐겼는데, 그네도 뛰었다'고 **記錄**되어 있다.
이로 보아, 고려 때에 이미 身分의 높고
낮음을 떠나서 그네 뛰기가 盛行하였다는
것을 알 수 있다. 특히, 송도의
그네뛰기는 有名하였으며, 이것이
조선 時代를 거쳐 오늘에 이르렀다. 」

• 時代(시대) • 傳(전) • 身分(신분) • 盛行(성행): 매우 성하게 유행함. • 有名(유명)
* 귀족: 가문이나 신분 따위가 좋아 정치적 · 사회적 특권을 가진 계층. 또는 그런 사람.

記는 매듭을 지어 사물을 기록한 새끼줄인 己(기)와
'말'을 뜻하는 言(언)을 결합한 것이다. 어떤 사실이
나 말을 잊지 않기 위해 〈기록함〉을 의미한다.

[새김] ■ 기록하다 ■ 적다 ■ 외다

`	ㄴ	ㅡ	言	言	言	言	記	記	記
記	記	記	記						
記	記	記	記						

錄은 '청동(쇠붙이)으로 만든 기물'을 뜻하는 金(금)과
'새기다'는 뜻인 彔(록)을 결합한 것이다. 청동 그릇
이나 종 등을 만들 때 후세에 전할 글을 새겨 〈기록함〉을
의미한다.

[새김] ■ 기록하다 ■ 적다 ■ 문서 ■ 목록

ㅅ	ㅗ	牟	牟	金	針	鈩	鉡	鉾	鋍	錄
錄	錄	錄	錄							
錄	錄	錄	錄							

새기고 익히기

■ 한자의 뜻을 새기고 그 한자로 이루어진 한자어를 익히자.
■ 한자의 뜻을 연결하여 한자어의 뜻을 생각해 보자.
■ 한자어의 뜻을 알고 예문을 통해 그 쓰임을 익히자.

記	기록할 기	■ 기록하다 ■ 적다 ■ 외다	錄	기록할 록	■ 기록하다 ■ 적다 ■ 문서 ■ 목록

– 흐리게 나타난 한자어 위에 겹쳐서 쓰고 음을 적어라 –

書	글 서	■ 글, 글씨 ■ 쓰다 ■ 책 ■ 문서

書記 ▷ 회의 내용을 書記가 회의록에 기록한다.

글로 써서   기록함 ▶ 단체나 회의에서 문서나 기록 따위를 맡아보는 사람.

暗	어두울 암	■ 어둡다 ■ 남몰래 ■ 보이지 않다

暗記 ▷ 간단한 영어 문장은 暗記하는 것이 좋다.

보지 않고도   외다 ▶ 외워 잊지 아니함.

音	소리 음	■ 소리 ■ 음악 ■ 소식 ■ 그늘

錄音 ▷ 각 지방의 민요를 채집하여 錄音하였다.

기록함   소리를 ▶ 테이프나 판 따위에 소리를 기록함.

收	거둘 수	■ 거두다 ■ 모으다 ■ 빼았다

收錄 ▷ 이 책에는 계룡산에서 자생하는 야생화의 사진이 收錄되어 있다.

모아서   기록함 ▶ 모아서 기록함. 또는 그렇게 한 기록. 책이나 잡지에 실음.

한 글자 더

散	흩을 산	■ 흩다 ■ 흩어지다 ■ 한가롭다

☆ 가루약.
　문체의 이름.

一	十	廿	世	告	背	背	背	背	散	散	散

散 散 散 散
散 散 散 散

分	나눌 분	■ 나누다 ■ 구분 ■ 몫 ■ 1분

分散 ▷ 수도권에 집중된 인구를 分散하기 위한 여러 정책을 수립하여 시행해야 한다.

나뉘어   흩어짐 ▶ 갈라져 흩어짐. 또는 그렇게 되게 함.

解	풀 해	■ 풀다 ■ 가르다 ■ 이해하다

解散 ▷ 집회가 끝나고 군중들은 解散하였다.

풀어져   흩어짐 ▶ 모였던 사람이 흩어짐. 집단, 조직 따위가 해체하여 없어짐.

한자성어

■ 한자 성어에 담긴 함축된 의미를 파악하고 그 쓰임을 익히자.

■ 한자 성어의 음을 적고 그에 담긴 의미와 적절한 쓰임을 익혀라.

草	綠	同	色

▶ 풀색과 녹색은 같은 색이라는 뜻으로, 처지가 같은 사람들끼리 한패가 되는 경우를 비유적으로 이르는 말.

▷ 草綠同色이라고 그도 자기 고향 사람을 두둔하고 나섰다.

大	同	小	異

▶ 큰 차이 없이 거의 같음.

▷ 그 문제에 대한 너의 생각이나 나의 생각은 大同小異한 것 같구나.

人	之	常	情

▶ 사람이면 누구나 가지는 보통의 마음.

▷ 처지가 어려운 사람을 동정하는 것은 人之常情 아닙니까?

溫	故	知	新

▶ 옛것을 익히고 그것을 미루어서 새것을 앎.

▷ 옛 성현들의 가르침을 그대로 따르기 보다 현대 생활에 맞게해석하고 적용해야 하는데 그것이 바로 溫故知新이지.

坐	不	安	席

▶ 앉아도 자리가 편안하지 않다는 뜻으로, 마음이 불안하거나 걱정스러워서 한군데에 가만히 앉아 있지 못하고 안절부절 못하는 모양을 이르는 말.

▷ 그는 자기가 저지른 잘못이 탄로날까봐 坐不安席이었다.

口	尚	乳	臭

▶ 입에서 아직 젖내가 난다는 뜻으로, 말이나 행동이 유치함을 이르는 말.

▷ 그는 나이만 먹었지 하는 짓은 아직도 口尚乳臭란다.

·초록동색 ·대동소이 ·인지상정 ·온고지신 ·좌불안석 ·구상유취

더 살펴 익히기

■ 한자가 지닌 여러가지 뜻과 한자어를 한 번 더 살펴 익히자.

■ 아래 한자가 지닌 뜻과 그 뜻을 지니는 한자어를 줄로 이어라.

産 — 낳다 · 財産( ) ▶ 재화와 자산을 통틀어 이르는 말.
産 — 만들어내다 · 出産( ) ▶ 아이를 낳음.
産 — 재산 · 生産( ) ▶ 인간이 생활하는 데 필요한 각종 물건을 만들어 냄.

樹 — 나무, 초목 · 樹立( ) ▶ 국가나 정부, 제도, 계획 따위를 이룩하여 세움.
樹 — 세우다 · 樹木( ) ▶ 살아 있는 나무.

散 — 흩어지다 · 散步( ) ▶ 휴식을 취하거나 건강을 위하여 천천히 걷는 일.
散 — 한가롭다 · 解散( ) ▶ 모였던 사람이 흩어짐. 또는 흩어지게 함.

界 — 범위 · 學界( ) ▶ 학문 연구및 저술에 종사하는 학자들의 활동 분야.
界 — 세계(사회) · 限界( ) ▶ 땅의 경계. 사물의 정해 놓은 범위.

■ [異]와 상대되는 뜻을 지닌 한자에 ○표 하여라. ⇨ [他 · 假 · 合 · 同]

■ [錄]과 비슷한 뜻을 지닌 한자에 ○표 하여라. ⇨ [紀 · 綠 · 記 · 歷]

■ 아래의 뜻을 지닌 한자성어가 되도록 ( ) 안에 한자를 써 넣고 완성된 성어의 독음을 적어라.

뜻	성어	독음
▶ 서로 변론을 주고받으며 옥신각신함. 또는 말이 <u>오고</u> 감.	說往說( )	
▶ 큰 탈이 없이 <u>편안</u>하고 한가로움. 또는 그런 상태만을 유지하려는 태도.	無事( )逸	
▶ 도로나 교통망 따위가 이리저리 사방으로 <u>통함</u>.	四( )八達	
▶ 사람의 <u>얼굴</u>을 하고 있으나 마음은 짐승과 같다는 뜻으로, 마음이나 행동이 몹시 흉악함을 이르는 말.	人( )獸心	
▶ <u>번개불</u>이나 부싯돌의 불이 번쩍거리는 것과 같이 매우 짧은 시간이나 매우 재빠른 움직임 따위를 비유적으로 이르는 말.	( )光石火	
▶ <u>바람</u> 앞의 등불이라는 뜻으로, 사물이 매우 위태로운 처지에 놓여 있음을 비유적으로 이르는 말.	( )前燈火	

· 재산.출산. 생산 · 수립.수목 · 산보.해산 · 학계.한계 / 來 · 安 · 通 · 面 · 電 · 風

어휘력 다지기

■ 공부한 한자로 이루어진 한자어의 뜻과 쓰임을 익히자.

■ 글 속 한자어의 음을 적고, 그 뜻에 줄로 이어라.

■ 봄비로 草木 ☐ 들이 더욱 생기가 도네. • • 늦봄이나 초여름에 새로 나온 잎의 푸른빛.

■ 산으로 藥草 ☐ 를 캐러 다니고 있어. • • 청록색(푸른빛을 띤 초록색).

■ 산과 들의 新綠 ☐ 이 나날이 푸르르다. • • 풀과 나무를 아울러 이르는 말.

■ 한여름의 저 青綠 ☐ 빛 호수를 보아라. • • 약으로 쓰는 풀.

■ 앞집에 新婚 ☐ 부부가 이사해 왔다. • • 예술계나 체육계 따위의 분야에 새로 등장한 사람.

■ 중고품이지만 新品 ☐ 같이 깨끗해요. • • 갓 결혼함. 또는 새로 결혼함.

■ 인기 있는 新人 ☐ 가수의 노래란다. • • 새로운 물건.

■ 저녁에는 生鮮 ☐ 찌개를 해 먹으려고. • • 종류나 환경에 따른 특징을 지닌 나무의 모양.

■ 이 나무는 樹形 ☐ 이 참 예쁘구나. • • 말리거나 절이지 아니한, 물에서 잡은 그대로의 물고기.

■ 전원 무상 급식 계획을 樹立 ☐ 하였다. • • 국가나 정부, 제도, 계획 따위를 이룩하여 세움.

■ 강변의 松林 ☐ 에 텐트를 치면 좋겠지. • • 세상 일반.

■ 무분별한 개발로 山林 ☐ 이 파괴된다. • • 솔숲(소나무가 우거진 숲).

■ 그 사건은 世間 ☐ 의 큰 관심거리였다. • • 산과 숲. 또는 산에 있는 숲.

■ 그가 총각 身世 ☐ 를 면하게 되었다네. • • 기원후(기원 원년 이후).

■ 西紀 ☐ 2500년의 이 세상 모습은? • • 한 사람의 일생 동안의 행적을 적은 기록.

■ 紀行 ☐ 문을 읽고나니 여행가고 싶다. • • 주로 불행한 일과 관련된 일신상의 처지와 형편.

■ 위인들의 傳記 ☐ 에서 배울점을 찾아. • • 여행하는 동안에 보고, 듣고, 느낀 것을 적은 것.

■ 받는 사람의 주소를 明記 ☐ 하도록 해. • • 범위, 규모, 세력 따위를 늘려서 넓힘.

■ 보내온 물품과 目錄 ☐ 을 확인하여라. • • 회의를 마치고 사람들이 흩어짐.

■ 도로 擴張 ☐ 공사가 진행 중이야. • • 분명히 밝히어 적음.

■ 결론을 내지 못하고 散會 ☐ 하였다. • • 어떤 물품의 이름 따위를 일정한 순서로 적은 것.

·초목 ·약초 ·신록 ·청록 ·신혼 ·신품 ·신인 ·생선 ·수형 ·수립 ·송림 ·산림 ·세간 ·신세 ·서기 ·기행 ·후기 ·명기 ·목록 ·확장 ·산회

■ 한자어가 되도록 □ 안에 공통으로 넣을 한자를 보기에서 찾아 □ 안에 쓰고 , 그 한자어의 뜻을 생각하며 음을 적어라.

| □ ⇒ 花□ | □木 | □原 |
| □ ⇒ □聞 | □年 | □品 |

| □ ⇒ 山□ | 松□ | □業 |
| □ ⇒ □念 | □行 | 世□ |

| □ ⇒ 記□ | □音 | 登□ |
| □ ⇒ □大 | □充 | □張 |

보기

世 · 記 · 樹 · 坐 · 紀 · 林 · 散 · 鮮 · 擴 · 綠 · 草 · 新 · 錄

■ 아래의 뜻을 지닌 한자어가 되도록 위의 보기에서 알맞은 한자를 찾아 □ 안에 써 넣어라.

▷ 천연적으로 풀이나 나무가 우거진 곳.
▷ 도시의 자연환경 보전과 공해 방지를 위하여 풀이나 나무를 일부러 심은 곳.

▷ 내가 사는 지역에는 □地 가 많다.

▷ 생선(말리거나 절이지 아니한, 물에서 잡아낸 그대로의 물고기).

▷ 싱싱한 □魚 를 몇마리 사왔다.

▷ 과실나무(열매를 얻기 위하여 가꾸는 나무를 통틀어 이르는 말).

▷ 올봄에는 果□ 를 몇그루 심으려고.

▷ 사회적으로 높은 지위에 오르거나 유명하게 됨.

▷ 出□ 에 눈이 어두운 사람들이야.

▷ 앉을 수 있게 마련된 자리.

▷ 예약된 □席 에 안내 받아 앉았다.

▷ 적어서 나타냄, 또는 그런 기록.

▷ 네 이름을 영문으로 表□ 하여라.

▷ 흩어져 널리 퍼짐.

▷ 가축 전염병이 점점 擴□ 되고 있다.

· 화초. 초목. 초원 · 신문. 신년. 신품 · 산림. 송림. 임업 · 기념. 기행. 세기 · 기록. 녹음. 등록 · 확대. 확충. 확장 / · 녹지 · 선어 · 과수 · 출세 · 좌석 · 표기 · 확산

■ 한자의 음과 훈을 되새기며 필순에 따라 바르게 써 보자.

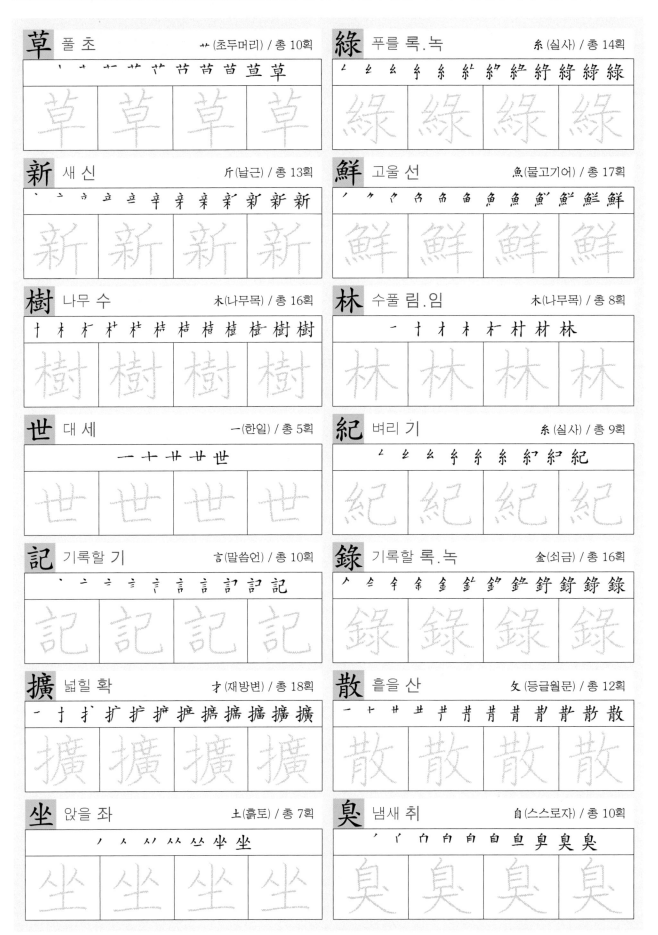

| 草 | 풀 초 | ⺾(초두머리) / 총 10획 |
| 綠 | 푸를 록.녹 | 糸(실사) / 총 14획 |

`丶 十 卄 ㇇ 艹 艹 苗 苗 草 草`
草 草 草 草

`乙 幺 幺 幺 糸 紅 絼 紵 絼 緑 緑`
綠 綠 綠 綠

| 新 | 새 신 | 斤(날근) / 총 13획 |
| 鮮 | 고울 선 | 魚(물고기어) / 총 17획 |

`丶 亠 ㇇ 立 亠 辛 亲 亲 新 新 新`
新 新 新 新

`ㄱ ㄱ ㄹ ㄱ 甶 魚 魚 魚 鮮 鮮 鮮 鮮`
鮮 鮮 鮮 鮮

| 樹 | 나무 수 | 木(나무목) / 총 16획 |
| 林 | 수풀 림.임 | 木(나무목) / 총 8획 |

`十 木 木 村 村 柿 桔 桔 植 樹 樹 樹`
樹 樹 樹 樹

`一 十 オ 木 ⺭ 村 材 林`
林 林 林 林

| 世 | 대 세 | 一(한일) / 총 5획 |
| 紀 | 벼리 기 | 糸 (실사) / 총 9획 |

`一 十 卅 卅 世`
世 世 世 世

`乙 幺 幺 幺 糸 糸 紀 紀 紀`
紀 紀 紀 紀

| 記 | 기록할 기 | 言(말씀언) / 총 10획 |
| 錄 | 기록할 록.녹 | 金(쇠금) / 총 16획 |

`丶 二 亖 言 言 言 記 記 記`
記 記 記 記

`人 스 午 令 金 釒 釤 鈩 鈩 錺 錄`
錄 錄 錄 錄

| 擴 | 넓힐 확 | 扌(재방변) / 총 18획 |
| 散 | 흩을 산 | 攵 (등글월문) / 총 12획 |

`一 丁 扌 扩 扩 护 护 搪 擔 擴 擴 擴`
擴 擴 擴 擴

`一 十 卄 卅 芊 芇 芇 芇 肯 散 散`
散 散 散 散

| 坐 | 앉을 좌 | 土(흙토) / 총 7획 |
| 臭 | 냄새 취 | 自(스스로자) / 총 10획 |

`丿 人 从 从 丛 坐 坐`
坐 坐 坐 坐

`丶 丿 臼 白 自 自 臭 臭 臭 臭`
臭 臭 臭 臭

묶음 3-9

음 ■ 한자를 읽는 소리
아래 한자의 음을 찾아 적고 소리내어 읽어 보자.

- 바탕색과 글자색이 같은 것을 찾아 보자 -

賀 □   祭 □   況 □   客 □
弔 □   實 □   慶 □   閑 □
際 □   狀 □   祝 □   暇 □

조 가 축 객 제 상
하 실 경 한 제 황

훈 ■ 한자의 뜻 새김
한자의 음을 적고 훈과 함께 외어 보자.

祝	빌	祭	제사	閑	한가할	暇	겨를
實	열매	際	사이	慶	경사	弔	조상할
賀	하례할	客	손	狀	형상	況	상황

알아보기

■ 한자어와 한자어를 이루는 개별 한자의 뜻을 알아보자.

■ 아래 한자어의 음을 적고 그 뜻을 생각하며 글을 읽어 보자.

■ 공부할 한자의 뜻을 알아보고 필순에 따라 바르게 써 보자.

祝祭 〔 　 〕 ▶ 축하하여 벌이는 큰 규모의 행사. 축하와 제사를 통틀어 이르는 말.

「 古代 그리스의 도시들은 서로 다투는 일이 자주 있었다. 그런데 이들은 4 年마다 한여름이면 제우스 신전에 모여, 종교적인 행사와 함께 體育 競技 및 藝術 경연을 했다. 이때만은 모든 도시 국가들이

제우스신에게 제사를 지내고, 또한 體育 競技와 藝術 경연에 參加하는 사람들을 위해서 서로 모든 싸움을 중단했다. 이로 보아, 고대 올림픽은 모든 그리스인들의 평화의 祝祭였다고 할 수 있다. 」

• 體育(체육) • 競技(경기) • 藝術(예술) • 參加(참가).
* 경연: 개인이나 단체가 모여 예술. 기능 따위의 실력을 겨룸. * 중단: 중도(일이 진행되어 가는 동안)에서 끊어지거나 끊음.

祝은 제단을 나타내는 丅⋯示(시)와 제를 올릴 때 신에게 고하는 글(축문)을 읽는 사람인 '말이'를 뜻하는 ⋯兄(형)을 결합한 것이다. 제를 지내며 축문을 읽어 〈원하는 바를 빔〉을 의미한다.

[새김] ■ 빌다 ■ 축하하다 ■ 축문

一	二	亍	亓	示	礻	祀	祀	祝	祝
祝	祝	祝	祝						
祝	祝	祝	祝						

祭는 손(又)으로 고기(ㅂ)를 제단(丅)에 올리는 모습이다. 제물을 바치며 〈제사 지냄〉을 의미한다.

[새김] ■ 제사 ■ 제사지내다 ■ 제전

'	ク	タ	タ	夕	癶	奴	怒	祭	祭	祭
祭	祭	祭	祭							
祭	祭	祭	祭							

새기고 익히기

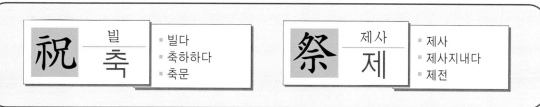

祝 빌 축	■ 빌다 ■ 축하하다 ■ 축문		祭 제사 제	■ 제사 ■ 제사지내다 ■ 제전

– 흐리게 나타난 한자어 위에 겹쳐서 쓰고 음을 적어라 –

福 복 복	■ 복 ■ 행복 ■ 복을 내리다

빔　행복을 ▷ 행복을 빔, 또는 그 행복.

▷ 많은 하객들의 祝福 속에 결혼식이 진행되었다.

自 스스로 자	■ 스스로 ■ 자기자신 ■ ~부터

스스로　축하함 ▷ 자기에게 생긴 좋은 일을 스스로 축하함.

▷ 그들은 승리를 自祝하는 파티를 열었다.

需 쓰일 수	■ 쓰이다 ■ 쓰다 ■ 구하다

제사에　쓰이는 물건 ▷ 제사에 드는 여러 가지 재료.

▷ 어머니는 제사에 쓸 祭需를 장만해 오셨다.

器 그릇 기	■ 그릇 ■ 기구, 도구 ■ 기관

제사에 쓰는　그릇 ▷ 제사에 쓰는 그릇.

▷ 명절 차례 때 쓸 祭器를 꺼내 닦아놓아라.

한 글자 더

實 열매 실	■ 열매 ■ 씨 ■ 실제, 사실 ■ 속이 차다

☆ 초목의 열매.
　속이 차다.

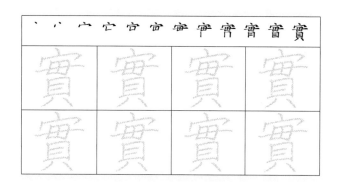

技 재주 기	■ 재주, 솜씨 ■ 기술 ■ 기능

실제의　기술 ▷ 실제의 기능이나 기술.

▷ 예능 교육은 이론과 實技가 함께 이루어져야 한다.

現 나타날 현	■ 나타나다 ■ 드러내다 ■ 지금 ■ 실재

실제이　사실 ▷ 현재 실제로 존재하는 사실이나 상태.

▷ 내가 꿈꾸던 것이 現實로 다가오고 있다.

알아보기

■ 한자어와 한자어를 이루는 개별 한자의 뜻을 알아보자.
━ 아래 한자어의 음을 적고 그 뜻을 생각하며 글을 읽어 보자.
━ 공부할 한자의 뜻을 알아보고 필순에 따라 바르게 써 보자.

閑暇 [　　] ▶ 겨를이 생겨 여유가 있는 것.

「 우리 조상들도 여가를 利用해서 노래와 춤을 즐겼다.
농악은 조상들이 즐기던 代表的인 노래와 춤이다.
농악은 器樂과 노래와 춤이 합쳐진 藝術이다.
농악놀이는 農事일을 할 때에는
흥을 돋워 능률을 올리기
위해서 했고, 農事일이
閑暇할 때에는 피로를
풀고 즐거움을 느끼기
위해서 하였다. 」

• 利用(이용) • 代表的(대표적) • 器樂(기악) • 藝術(예술) • 農事(농사)
* 흥: 재미나 즐거움을 일어나게 하는 감정. * 능률: 일정한 시간에 할 수 있는 일의 비율.

閑은 드나드는 문(❨❩…門)에 나무(米 … 木)를 가로 질러 막아 놓은 모습이다.　돌보는 가축을 우리에 넣고 막아 놓아 지켜보지 않아도 되기에 〈겨를이 생겨 여유가 있음〉을 의미한다.

새김 ▪한가하다 ▪등한하다 ▪막다

ㅣ	ㅣ'	ㅏ'	ㅏ	ㅏ'	門	門	門	門	閉	閑	閑
閑		閑		閑		閑					
閑		閑		閑		閑					

暇는 '빌리다'는 뜻인 叚(가)와 '때', '날'을 뜻하는 日(일)을 결합한 것이다.　잠시 때와 날을 빌어(내어) 쉬는 〈겨를〉을 의미한다.

새김 ▪겨를 ▪틈 ▪휴가

ㅣ	ㄇ	日	日	日'	日'	晆	晆	暇'	暇'	暇	暇
暇		暇		暇		暇					
暇		暇		暇		暇					

새기고 익히기

■ 한자의 뜻을 새기고 그 한자로 이루어진 한자어를 익히자.
■ 한자의 뜻을 연결하여 한자어의 뜻을 생각해 보자.
■ 한자어의 뜻을 알고 예문을 통해 그 쓰임을 익히자.

閑	한가할 한	■ 한가하다 ■ 등한하다 ■ 막다

暇	겨를 가	■ 겨를 ■ 틈 ■ 휴가

– 흐리게 나타난 한자어 위에 겹쳐서 쓰고 음을 적어라 –

散	흩을 산	■ 흩다 ■ 흩어지다 ■ 한가롭

閑散
한가롭고 / 흩어져 쓸쓸하다 ▶ 한가하고 적적함.

▷ 피서철이 지난 해수욕장은 閑散하였다.

等	무리 등	■ 무리 ■ 같다 ■ 등급 ■ 순위 ■ 구별하다

等閑
구별함 / 관심 없는 것으로 ▶ 무엇에 관심이 없거나 소홀하다.

▷ 친구들과 어울려 다니느라 학과 공부에는 한동안 等閑하였다.

休	쉴 휴	■ 쉬다 ■ 그치다 ■ 중지하다

休暇
쉬는 / 겨를 ▶ 직장이나 군대 따위에서 일정한 기간을 쉬는 일.

▷ 올여름 休暇는 고향집에서 보낼 생각이다.

餘	남을 여	■ 남다 ■ 남기다 ■ 나머지

餘暇
남는 / 겨를 ▶ 일이 없어 한가로운 시간.

▷ 너도 餘暇 시간을 이용하여 운동을 해라.

한 글자 더

際	사이 제	■ 사이 ■ 만나다 ■ 사귀다

☆ 벽과 벽의 이음매. 서로 만나는 지점. 교제. 때, 기회, 시기.

｀ ⁊ ⻖ ⻖ ⻖ ⻖ ⻖ 阼 陉 陘 際 際
際 際 際 際
際 際 際 際

交	사귈 교	■ 사귀다. 교제 ■ 주고받다 ■ 바꾸다

交際
사귀어 / 만남 ▶ 서로 사귀어 가까이 지냄.

▷ 이모는 오랫동안 交際하던 이모부와 결혼하였다.

國	나라 국	■ 나라, 국가 ■ 세상, 세계

國際
나라 / 사이 ▶ 나라 사이에 관계됨. 여러 나라가 모여서 이루거나 함.

▷ 세계 평화의 유지는 國際 사회의 중요한 과제이다.

알아보기

■ 한자어와 한자어를 이루는 개별 한자의 뜻을 알아보자.
■ 아래 한자어의 음을 적고 그 뜻을 생각하며 글을 읽어 보자.
■ 공부할 한자의 뜻을 알아보고 필순에 따라 바르게 써 보자.

慶弔 [　　　] ▶ 경사스러운 일과 궂은 일.

「 글의 내용이 우리 집에 해당되면 ○표를 해 보자.

• 우리 집 잔칫날에 이웃을 초대하거나 음식을 나누어 먹는다. (　　)

• 이웃집 어른을 만나면 人事를 드린다. (　　)

• 이웃집의 慶弔 사에 참여한다. (　　)

• 불우한 이웃을 돕는다. (　　)

• 이웃집 아기를 돌보아
  주거나 집을 본 일이
  있다. (　　)」

* 해당: 어떤 범위나 조건 따위에 바로 들어맞음. * 불우하다: 살림이나 처지(처하여 있는 사정이나 형편)가 딱하고 어렵다.

🦌 은 '사슴'을 뜻하는 🦌…鹿(록)과 '마음'을 뜻하는 🫀…心(심)을 결합한 것이다. 옛날에, 제왕의 자리에 오르는 경사에 사슴의 가죽을 보내어 축하의 마음을 표하였다고 한다. 〈경사〉를 의미한다.

[새김] ▪경사 ▪경사스럽다 ▪다행한 일

` ナ 广 广 庐 庐 庐 庆 庆 庆 慶 慶 慶
慶	慶	慶	慶
慶	慶	慶	慶

🏹 는 사람(亻)이 주살(줄을 매어 단 화살)(㇀)을 메고 가는 모습이다. 옛날에 장사지낸 시체에 모여드는 짐승을 쫓기 위해 조상할 때에 활을 가지고 갔다고 한다. 〈조상함〉을 의미한다.

[새김] ▪조상하다 ▪애도하다

ㄱ ㄱ 弓 弔
弔	弔	弔	弔
弔	弔	弔	弔

새기고 익히기

■ 한자의 뜻을 새기고 그 한자로 이루어진 한자어를 익히자.
■ 한자의 뜻을 연결하여 한자어의 뜻을 생각해 보자.
■ 한자어의 뜻을 알고 예문을 통해 그 쓰임을 익히자.

| 慶 경 경사 | ■ 경사 ■ 경사스럽다 ■ 기뻐하다 | 弔 조 조상할 | ■ 조상하다 ■ 애도하다 |

– 흐리게 나타난 한자어 위에 겹쳐서 쓰고 음을 적어라 –

事 사 일	■ 일 ■ 사건 ■ 사고 ■ 관직

慶事
기쁜   일   ▶ 축하할 만한 기쁜 일.

▷ 김 노인은 올해 아들이 장가를 가고 또 손자도 얻었으니 慶事가 겹쳤네.

祝 축 빌	■ 빌다 ■ 축하하다 ■ 축문

慶祝
경사스런일을   축하함   ▶ 경사스러운 일을 축하함.

▷ 개교 백주년을 慶祝하는 행사가 있었다.

問 문 물을	■ 묻다 ■ 물음 ■ 알아보다 ■ 방문하다

弔問
조상함   방문하여   ▶ 남의 죽음에 대하여 슬퍼하는 뜻을 드러내어 상주를 위문함.

▷ 아버지께서는 돌아가신 친구 아버님을 弔問하려고 장례식장에 다녀 오셨다.

意 의 뜻	■ 뜻, 뜻하다 ■ 생각 ■ 마음

弔意
애도하는   뜻   ▶ 남의 죽음을 슬퍼하는 뜻.

▷ 삼가 弔意를 표합니다.

한 글자 더

| 狀 상 형상 | ■ 형상, 모양 ■ 상태 ■ 문서(장) |

☆ 모양이나 상태를 나타냄.

ㅣ ㅓ ㅕ ㅖ ㅖ 狀 狀 狀

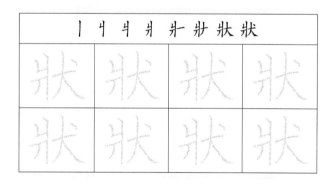

令 령 하여금	■ 하여금 ■ 법 ■ 명령

令狀
명령하는   문서   ▶ 명령의 뜻을 기록한 서장.

▷ 시민을 연행하려면 令狀이 있어야 한다.

情 정 뜻	■ 뜻 ■ 정 ■ 마음의 작용 ■ 정취

情狀
사정과   상태   ▶ 있는 그대로의 사정과 형편, 딱하거나 가엾은 상태.

▷ 너희들은 빠져나갈 수 없다, 투항한다면 情狀을 참작하겠다.

125

■ 한자어와 한자어를 이루는 개별 한자의 뜻을 알아보자.
━ 아래 한자어의 음을 적고 그 뜻을 생각하며 글을 읽어 보자.
━ 공부할 한자의 뜻을 알아보고 필순에 따라 바르게 써 보자.

賀客 [ ]

▶ 축하하는 손님.

「 지난 일요일은 보람이 四寸 누나가 結婚을 하는 날이었습니다.
그래서 보람이네 가족은 아침 일찍 시골 큰댁으로 갔습니다.
四寸 누나와 結婚하는 매부는 건넛마을에 사신다고 하는데,
두 집안에서는 잊혀져 가는 풍습을
되살리자는 뜻에서 전통
婚禮式을 올리기로 했답니다.
禮式이 시작되자 賀客들은
다 모여 구경하면서 신랑과
신부를 祝賀해 주었습니다. 」

• 四寸(사촌) • 結婚(결혼) • 婚禮式(혼례식) • 禮式(예식) • 祝賀(축하)
* 풍습: 풍속과 습관을 아울러 이르는 말.   # 풍속: 옛날부터 그 사회에 전해 오는 생활 전반에 걸친 습관 따위를 이르는 말.

賀는 '보태다'는 뜻인 加(가)와 '재물'을 뜻하는 貝
(패)를 결합한 것이다.   재물을 보내어 〈축하함〉을 의
미한다.

[새김] ▪ 하례하다 ▪ 축하하다

ㄱ ㄱ ㄱ 加 加 智 智 智 智 賀 賀
賀	賀	賀	賀
賀	賀	賀	賀

宀은 '집'을 뜻하는 冖⋯宀(면)과 본래의 뜻이 '오
다'인 夅⋯各(각)을 결합한 것이다.   〈집에 찾아온
사람〉을 의미한다.

[새김] ▪ 손님 ▪ 사람 ▪ 나그네 ▪ 상대

` ` 宀 宀 宀 宏 宏 客 客
客	客	客	客
客	客	客	客

 **새기고 익히기**

■ 한자의 뜻을 새기고 그 한자로 이루어진 한자어를 익히자.
■ 한자의 뜻을 연결하여 한자어의 뜻을 생각해 보자.
■ 한자어의 뜻을 알고 예문을 통해 그 쓰임을 익히자.

賀 하례할 하	■ 하례하다 ■ 축하하다	客 손 객	■ 손 ■ 사람 ■ 나그네 ■ 상대

– 흐리게 나타난 한자어 위에 겹쳐서 쓰고 음을 적어라 –

禮 예도 례	■ 예도 ■ 예 ■ 의식 ■ 인사	賀禮 [ ]	▷ 아버지는 고교 은사님께 신년 賀禮를 드리러 가셨다.

축하하여 　 예를 차림 ▶ **축하하여 예를 차림.**

祝 빌 축	■ 빌다 ■ 축하하다 ■ 축문	祝賀 [ ]	▷ 졸업을 祝賀합니다.

축하하며 　 하례함 ▶ **남의 좋은 일을 기뻐하고 즐거워한다는 뜻으로 인사함.**

地 땅 지	■ 땅 ■ 곳, 장소 ■ 자리	客地 [ ]	▷ 客地에서 얼마나 고생이 많으냐?

나그네로 　 머무는 곳 ▶ **자기 집을 멀리 떠나 임시로 있는 곳.**

車 수레 차	■ 수레 ■ 수레바퀴 ■ 차	客車 [ ]	▷ 客車 안은 단체로 여행을 가는 학생들로 시끌벅적하고 활기가 있었다.

사람을 태우는 　 차량 ▶ **기차 따위에서, 승객을 태우는 차량.**

 **한 글자 더**

況 상황 황	■ 상황 ■ 형편 ■ 견주다

☆ 형편. 사정.
　비유로서 설명하다.

`丶 丶 冫 冫 沪 沪 沪 況`

況	況	況	況
況	況	況	況

盛 성할 성	■ 성하다 ■ 많다 ■ 성대하다	盛況 [ ]	▷ 그가 출연하는 뮤지컬은 많은 관객으로 연일 盛況을 이루고 있다.

성한 　 상황 ▶ **모임 따위에 사람이 많이 모여 활기에 찬 분위기.**

實 열매 실	■ 열매 ■ 씨 ■ 실제, 사실 ■ 속이 차다	實況 [ ]	▷ 텔레비전 방송에서 월드컵 경기 實況을 중계하였다.

실제의 　 상황 ▶ **실제의 상황.**

어휘력 다지기

■ 생일을 祝賀 [ ] 하면서 선물을 주었다. •   • 경사스러운 일을 축하함,

■ 광복절을 慶祝 [ ] 하는 불꽃놀이야. •   • 남의 좋은 일을 기뻐하고 즐거워 한다는 뜻으로 인사함,

■ 전통 祭禮 [ ] 에 따라 제사를 지냈어. •   • 직원들에게 1년에 일정 기간을 쉬도록 해 주는 유급 휴가,

■ 祭壇 [ ] 을 차리고 향을 피웠다. •   • 제사를 지내는 의례,

■ 그는 개인적인 일로 年暇 [ ] 를 얻었다. •   • 제사를 지내는 단,

■ 그는 閑地 [ ] 로 발령 받고 떠났다. •   • 조용하고 한가한 지방,

■ 사자는 百獸 [ ] 의 왕이라 불리운다. •   • 입에서 나는 좋지 아니한 냄새,

■ 농작물에 鳥獸 [ ] 의 피해가 커졌어. •   • 온갖 짐승,

■ 충치가 있으면 口臭 [ ] 가 심하게 난다. •   • 새와 짐승을 아울러 이르는 말,

■ 너의 수학 實力 [ ] 은 뛰어난 편이야. •   • 실제로 있는 물건이나 사람,

■ 나의 꿈을 반드시 實現 [ ] 시킬 것이다. •   • 실제로 갖추고 있는 힘이나 능력, 강제력이나 무력,

■ 그는 사진보다 實物 [ ] 이 훨씬 낫다 •   • 실제의 상황,

■ 實例 [ ] 를 들어서 설명해 보아라. •   • 꿈, 기대 따위를 실제로 이룸,

■ 축구 경기를 實況 [ ] 으로 중계한다. •   • 구체적인 실제의 보기,

■ 외갓집은 慶南 [ ] 하동군에 있어요. •   • 조의를 표하는 데 쓰는 꽃,

■ 弔花 [ ] 를 보내서 조의를 표했다. •   • 경상남도,

■ 문상하러 온 弔客 [ ] 들이 많았다. •   • 본디의 형편이나 상태,

■ 관객이 공연장 客席 [ ] 을 꽉 메웠다. •   • 조문(弔問)하러 온 사람,

■ 무너진 다리를 原狀 [ ] 복구 하였다. •   • 극장 따위에서 손님이 앉는 자리,

■ 나의 건강 狀態 [ ] 는 비교적 양호하다. •   • 경기(景氣)가 좋음 또는 그런 상황,

■ 날씨가 더워지면서 빙과류가 好況 [ ] . •   • 사물, 현상이 놓여 있는 모양이나 형편,

· 축하 · 경축 · 제례 · 제단 · 연가 · 한지 · 백수 · 조수 · 구취 · 실력 · 실현 · 실물 · 실례 · 실황 · 경남 · 조화 · 조객 · 객석 · 원상 · 상태 · 호황

■ 한자어가 되도록 □ 안에 공통으로 넣을 한자를 보기에서 찾아 □ 안에 쓰고 , 그 한자어의 뜻을 생각하며 음을 적어라.

□	⇨	□賀	□福	□祭

□	⇨	閑□	休□	餘□

□	⇨	事□	結□	□名

□	⇨	慶□	□意	□問

□	⇨	□客	祝□	□禮

□	⇨	□況	□態	原□

보기

祭·實·狀·臭·祝·慶·況·客·閑·暇·賀·弔·際

■ 아래의 뜻을 지닌 한자어가 되도록 위의 보기에서 알맞은 한자를 찾아 □ 안에 써 넣어라.

▶ 제사에 쓰는 음식물, 제수,

▷ □物 은 정성껏 마련하여야 한다.

▶ 인적이 드물어 한적하고 쓸쓸하다,

▷ 겨울 바다는 매우 □散 하였다.

▶ 사실의 경우나 형편,

▷ 그 화재 경보는 實□ 상황이었어.

▶ 축하할 만한 기쁜 일,

▷ 우리 집안에 □事 가 있었어.

▶ 찾아온 손님,

▷ 웬일로 오늘따라 來□ 이 많구나.

▶ 몸에서 나는 냄새,

▷ 땀범벅인 그에게서 나는 體□ .

▶ 불경기 (경제 활동이 전반적으로 침체되는 상태),

▷ 경제 不□ 으로 취업이 어렵다.

· 축하. 축복. 축제 · 한가. 휴가. 여가 · 사실. 결실. 실명 · 경조. 조의. 조문 · 하객. 축하. 하례 · 상황. 상태. 원상 / · 제물 · 한산 · 실제 · 경사 · 내객 · 체취 · 불황

129

■ 한자의 음과 훈을 되새기며 필순에 따라 바르게 써 보자.

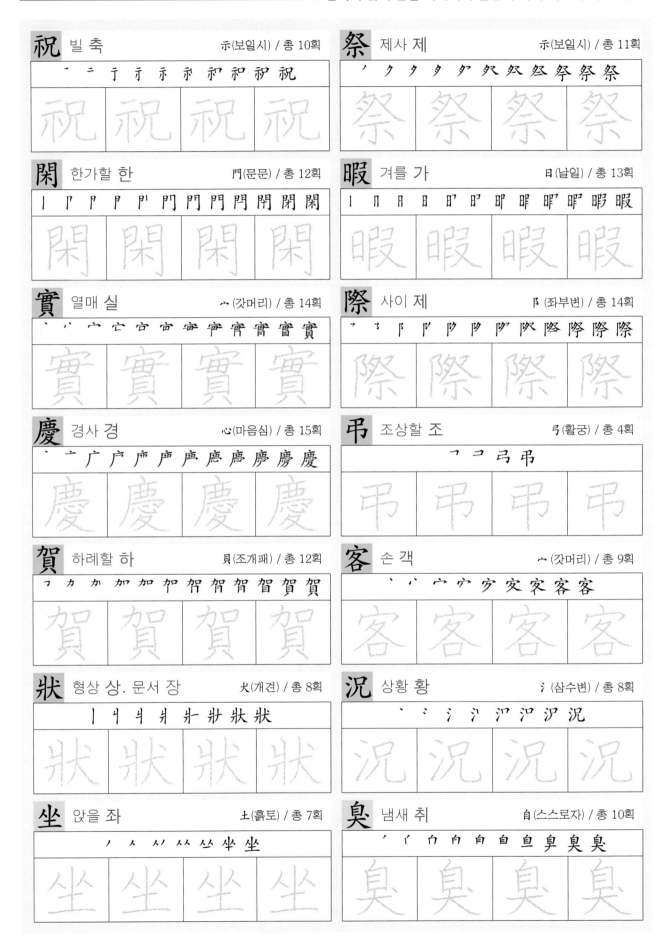

| 祝 | 빌 축 | 示(보일시) / 총 10획 |
| 祭 | 제사 제 | 示(보일시) / 총 11획 |

一 二 亍 亍 亓 亓 祀 祀 祀 祝

` ク タ タ ダ ヅ 欠 奴 奴 祭 祭

| 閑 | 한가할 한 | 門(문문) / 총 12획 |
| 暇 | 겨를 가 | 日(날일) / 총 13획 |

｜ ｜ ｢ ｢ ｢ ｢ 門 門 門 門 閑 閑

｜ 冂 冂 日 日 日 日 映 映 映 暇 暇 暇

| 實 | 열매 실 | 宀(갓머리) / 총 14획 |
| 際 | 사이 제 | 阝(좌부변) / 총 14획 |

丶 宀 宀 宀 宁 宵 宵 宵 實 實 實 實

丶 ｢ 阝 阝 阝 阝 阝 阝 際 際 際 際

| 慶 | 경사 경 | 心(마음심) / 총 15획 |
| 弔 | 조상할 조 | 弓(활궁) / 총 4획 |

丶 广 广 产 产 庐 庐 庐 庆 庆 慶

フ コ 弓 弔

| 賀 | 하례할 하 | 貝(조개패) / 총 12획 |
| 客 | 손 객 | 宀(갓머리) / 총 9획 |

フ カ カ 加 加 智 智 智 智 賀 賀

丶 宀 宀 宀 宁 宇 客 客 客

| 狀 | 형상 상. 문서 장 | 犬(개견) / 총 8획 |
| 況 | 상황 황 | 氵(삼수변) / 총 8획 |

丿 丬 丬 丬 丬 狀 狀 狀

丶 丷 氵 氵 汃 汜 況 況

| 坐 | 앉을 좌 | 土(흙토) / 총 7획 |
| 臭 | 냄새 취 | 自(스스로자) / 총 10획 |

丿 人 仒 仝 坐 坐 坐

丿 ｢ 勹 白 白 自 自 臭 臭 臭

130

묶음 3-10

음 ■ 한자를 읽는 소리
아래 한자의 음을 찾아 적고 소리내어 읽어 보자.

– 바탕색과 글자색이 같은 것을 찾아 보자 –

훈 ■ 한자의 뜻 새김
한자의 음을 적고 훈과 함께 외어 보자.

禁	금할	煙	연기	包	쌀	含	머금을
區	구분할	域	지경	版	판목	畵	그림
墨	먹	香	향기	筆	붓	劃	그을

알아보기

■ 한자어와 한자어를 이루는 개별 한자의 뜻을 알아보자.
■ 아래 한자어의 음을 적고 그 뜻을 생각하며 글을 읽어 보자.
■ 공부할 한자의 뜻을 알아보고 필순에 따라 바르게 써 보자.

禁煙 [　　] ▶ 담배를 피우지 못하게 함.

「 흡연의 有害性으로 禁煙 운동이 확산되고 있는
이때에, 세계 최대의 담배 생산업체인 미국의
필립노리스사가 유명 담배 회사로는 처음으로
흡연의 위험성과 中毒性을 公開的으로 인정했다.
"흡연은 폐암, 심장병, 폐기종과 그밖의
심각한 질병을 일으킬 수 있다는 데 대해
의학 및 과학적 근거가 나타나고 있다"면서
"安全한 담배라는 것은 存在하지 않으며
흡연은 中毒性이 있다"고 밝혔다. 」

• 有害性(유해성) • 中毒性(중독성) • 公開的(공개적) • 安全(안전) • 存在(존재)
* 확산: 흩어져 널리 퍼짐. * 심각하다: 상태가 정도가 매우 깊고 중대하다. 또는 절박함이 있다.

禁

禁은 '임금'을 가리켜 이르는 말인 林(림)과 '보이다'
는 뜻인 示(시)를 결합한 것이다. 옛날에 임금이 밖으로
모습을 드러내 백성들에게 보이는 것을 삼가고 꺼렸다.
〈금함〉을 의미한다.

[새김] ▪금하다 ▪삼가다 ▪꺼리다

一	十	才	木	札	村	材	林	禁	梦	禁	禁
禁		禁		禁		禁					
禁		禁		禁		禁					

煙

煙은 '불'을 뜻하는 火(화)와 '막다'는 뜻인 垔(인)을
결합한 것이다. 불길이 막혀서 제대로 타지 못하여
〈연기가 낌〉을 의미한다.

[새김] ▪연기 ▪연기끼다 ▪담배

ﾉ	ﾉ	少	火	火	灯	炉	炳	炳	焆	煙	煙
煙		煙		煙		煙					
煙		煙		煙		煙					

새기고 익히기

■ 한자의 뜻을 새기고 그 한자로 이루어진 한자어를 익히자.
■ 한자의 뜻을 연결하여 한자어의 뜻을 생각해 보자.
■ 한자어의 뜻을 알고 예문을 통해 그 쓰임을 익히자.

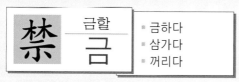
禁 금할 금 ■ 금하다 ■ 삼가다 ■ 꺼리다

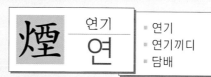
煙 연기 연 ■ 연기 ■ 연기끼다 ■ 담배

– 흐리게 나타난 한자어 위에 겹쳐서 쓰고 음을 적어라 –

止 그칠 지 ■ 그치다 ■ 없어지다 ■ 억제하다

禁止
금하여   억제함 ▶ 하지 못하도록 함.

▷ 이곳은 자연 생태 보호 지역으로 개발이 엄격하게 禁止되고 있다.

酒 술 주 ■ 술

禁酒
금함   술을 ▶ 술을 마시지 못하게 함. 술을 마시던 사람이 술을 끊음.

▷ 그는 건강이 나빠져 禁酒를 결심했다.

氣 기운 기 ■ 기운 ■ 공기 ■ 기체 ■ 기후

煙氣
안개처럼 뿌연 기운 ▶ 무엇이 불에 탈 때에 생겨나는 흐릿한 기체나 기운.

▷ 방 안은 煙氣가 자욱했고 메케한 냄새가 코를 찔렀다.

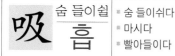
吸 숨 들이쉴 흡 ■ 숨 들이쉬다 ■ 마시다 ■ 빨아들이다

吸煙
들이마심 담배 연기를 ▶ 담배를 피움.

▷ 吸煙은 건강에 매우 해롭다.

한 글자 더

區 구분할 구 ■ 구분하다 ■ 나누다 ■ 구역

☆ 일정한 기준에 따라 몇으로 나눈 하나하나의 구획.

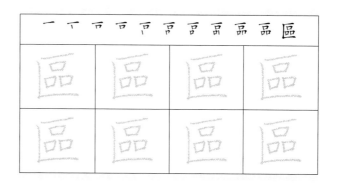

分 나눌 분 ■ 나누다 ■ 구분 ■ 몫 ■ 1분

區分
구별하여   나눔 ▶ 일정한 기준에 따라 전체를 몇 개로 갈라 나눔.

▷ 우리는 옳고 그른 일을 區分할 줄 알아야 한다.

間 사이 간 ■ 사이 ■ 때 ■ 동안

區間
구역과 구역   사이 ▶ 어떤 지점과 다른 지점과의 사이.

▷ 마라톤 선수는 49.195km의 區間을 달려야 한다.

알아보기

■ 한자어와 한자어를 이루는 개별 한자의 뜻을 알아보자.
■ 아래 한자어의 음을 적고 그 뜻을 생각하며 글을 읽어 보자.
■ 공부할 한자의 뜻을 알아보고 필순에 따라 바르게 써 보자.

包含 [　　]　▶ 어떤 사물이나 현상 가운데 들어 있거나 함께 넣음.

「 단백질은 牛乳, 계란, 치즈, 고기, 생선 등과 같은 동물성 食品에
많이 들어 있으며 우리 몸의 세포를 만들어 내는데 必要한 材料이다.
단백질이 없이는 몸에서 새로운 세포를 만들어 낼 수가 없다.
탄수화물은 감자, 밀, 쌀과 같은 食品에 많이 包含되어 있으며
몸을 따뜻하게 하고 에너지를
供給하는 중요한 물질이다.
대개의 음식물에는 약간씩
지방이 包含되어 있는데,
지방도 역시 몸에 에너지를
供給해 주는 작용을 한다. 」

• 牛乳(우유) • 食品(식품) • 必要(필요) • 材料(재료) • 供給(공급).　　* 작용: 어떤 현상을 일으키거나 영향을 미침.

 包 　　　　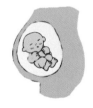

⟨♢⟩는 임신하여 뱃속에 든 태아를 감싸고 있는 모습이다.
〈속에 넣어 감쌈〉을 의미한다.

 含 　　　　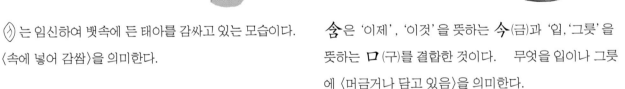

含은 '이제', '이것'을 뜻하는 今(금)과 '입, '그릇'을
뜻하는 口(구)를 결합한 것이다. 　무엇을 입이나 그릇
에 〈머금거나 담고 있음〉을 의미한다.

[새김] ▪ 싸다, 감싸다 ▪ 함께 들어있다 ▪ 꾸러미

[새김] ▪ 머금다 ▪ 품다 ▪ 담다

ノ ク 勹 匀 包			
包	包	包	包
包	包	包	包

ノ 人 人 今 今 含 含			
含	含	含	含
含	含	含	含

새기고 익히기

■ 한자의 뜻을 새기고 그 한자로 이루어진 한자어를 익히자.
■ 한자의 뜻을 연결하여 한자어의 뜻을 생각해 보자.
■ 한자어의 뜻을 알고 예문을 통해 그 쓰임을 익히자.

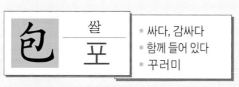
包 ^쌀포
■ 싸다, 감싸다
■ 함께 들어 있다
■ 꾸러미

含 ^{머금을}함
■ 머금다
■ 품다
■ 담다

– 흐리게 나타난 한자어 위에 겹쳐서 쓰고 음을 적어라 –

圍 ^{에워쌀}위
■ 에워싸다
■ 둘러싸다
■ 둘레

包圍 ▷ 적군은 아군에게 包圍되어 고립 상태에 놓였다.
쌈   에워 ▶ 주위를 에워쌈.

小 ^{작을}소
■ 작다
■ 적다
■ 조금

小包 ▷ 멀리 이사 간 친구에게 생일 선물을 小包로 보냈다.
작은 꾸러미 ▶ 조그맣게 포장한 물건.

內 ^안내
■ 안, 속
■ 몰래
■ 들이다

內包 ▷ 그의 말에는 상당히 위협적인 뜻을 內包하고 있었다.
속에 들어있음 ▶ 어떤 성질이나 뜻 따위를 속에 품음.

有 ^{있을}유
■ 있다
■ 존재하다
■ 가지고 있다

含有 ▷ 커피나 녹차는 카페인을 含有하고 있다.
품고 있음 ▶ 물질이 어떤 성분을 포함하고 있음.

한 글자 더

域 ^{지경}역
■ 지경
■ 구역
■ 나라

☆ 경계 안의 지역.

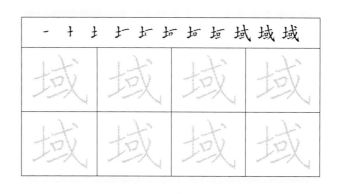

一 十 土 圫 圫 坷 坷 垣 域 域 域

領 ^{거느릴}령
■ 거느리다
■ 받다
■ 목 ■ 요소

領域 ▷ 야생 동물들은 자신들의 활동 領域을 지키기 위해 싸우기도 한다.
거느리는 구역 ▶ 주권이 미치는 범위, 활동, 관심 따위가 미치는 일정한 범위.

地 ^땅지
■ 땅
■ 곳, 장소
■ 자리

地域 ▷ 이곳은 다른 地域에 비하여 자연 환경이 깨끗하게 보존되어 있다.
땅   구역의 ▶ 일정하게 구획된 어느 범위의 토지, 어떤 특징으로 나눈 영역.

알아보기

■ 한자어와 한자어를 이루는 개별 한자의 뜻을 알아보자.
■ 아래 한자어의 음을 적고 그 뜻을 생각하며 글을 읽어 보자.
■ 공부할 한자의 뜻을 알아보고 필순에 따라 바르게 써 보자.

版畫 [　　] ▶ 그림을 새긴 판을 만들어 찍어낸 그림.

「 "예고했던 대로 오늘은 版畫 作品을 만들겠습니다."
　先生님의 말씀에 아이들은 각자 구상해 온 것을 고무판에 새기기 시작했습니다. 명구는 친구들과 축구하는 모습을 새겨서 찍기로 하였습니다. 안경 쓴 창식이, 키 큰 동수, 몸이 뚱뚱한 재훈이 등, 친구들의 특징과 여러 가지 動作을 재미있게 나타내려고 노력했습니다.

"야아! 멋있다."

完成된 명구의 作品을 보고, 모두들 감탄하며 칭찬을 아끼지 않았습니다. 」

• 作品(작품) • 先生(선생) • 動作(동작) • 完成(완성)
* 구상: 예술 작품을 창작할 때, 작품의 골자가 될 내용이나 표현 형식 따위에 대하여 생각을 정리함. 또는 그 생각.

 版版

版은 판판한 나무 조각인 '널'을 뜻하는 片(편)과 '반대로', '뒤집다'는 뜻인 反(반)을 결합한 것이다. 찍어내기 위해 글자나 그림을 뒤집어 새겨 넣은 널인 〈판목〉을 의미한다.

새김 ■판목 ■널 ■인쇄하다

ノ	ノ	ノ゛	片	片	片゛	片゛	版	版

版	版	版	版
版	版	版	版

 畫畫

畫는 붓(聿)으로 그림(圖)을 그리는 모습이다. 나중에 圖이 田으로 바뀌었다. 붓으로 선을 긋거나 〈그림을 그림〉을 의미한다.

새김 ■그림 ■그리다 ■긋다(획)

ㄱ	ㄱ	ㄱ	ㄱ	ㄱ	畫	聿	聿	畫	畫	畫	畫

畫	畫	畫	畫
畫	畫	畫	畫

새기고 익히기

■ 한자의 뜻을 새기고 그 한자로 이루어진 한자어를 익히자.
■ 한자의 뜻을 연결하여 한자어의 뜻을 생각해 보자.
■ 한자어의 뜻을 알고 예문을 통해 그 쓰임을 익히자.

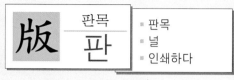

| 版 | 판목
판 | ■ 판목
■ 널
■ 인쇄하다 |

| 畫 | 그림
화 | ■ 그림
■ 그리다
■ 긋다(획) |

– 흐리게 나타난 한자어 위에 겹쳐서 쓰고 음을 적어라 –

| 出 | 날
출 | ■ 나다 ■ 내다
■ 떠나다
■ 내놓다 |

出版
내놓음   인쇄하여 ▶ 서적이나 회화 따위를 인쇄하여 세상에 내놓음.

▷ 이번에 出版된 그의 책은 많은 사람들의 관심을 끌었다.

| 初 | 처음
초 | ■ 처음, 시초
■ 시작
■ 비로소 |

初版
첫   인쇄물 ▶ 서적의 첫 출판, 또는 그 출판물.

▷ 그의 소설은 발매 보름 만에 初版이 모두 매진되었다.

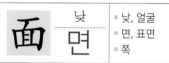

| 面 | 낯
면 | ■ 낯, 얼굴
■ 면, 표면
■ 쪽 |

畫面
그림을 그린   면 ▶ 그림 따위를 그린 면, 텔레비전 따위에서 영상이 나타나는 면.

▷ 어촌 풍경을 畫面에 담았다.
▷ 새로 산 텔레비전은 畫面이 선명하다.

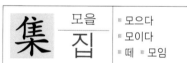

| 集 | 모을
집 | ■ 모으다
■ 모이다
■ 떼 ■ 모임 |

畫集
그림   모음 ▶ 화첩, 그림을 모아 엮은 책.

▷ 그의 책장에는 이름난 화가들의 畫集이 여러 권 꽂혀 있었다.

한 글자 더

| 筆 | 붓
필 | ■ 붓
■ 글씨
■ 글을 쓰다 |

☆ 옛글자 은 손으로 붓을 쥐고 있는 모양이다.
나중에 ∧∧ ⋯ 竹(대나무 죽)이 결합되었다.

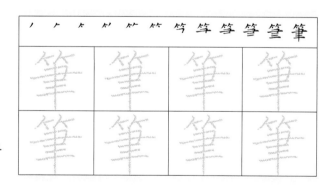

| 毛 | 털
모 | ■ 털, 터럭
■ 땅 위에
돋아난 풀 |

毛筆
털   붓 ▶ 짐승의 털로 만든 붓.

▷ 그가 사용하는 毛筆은 족제비 털로 만든 것이다.

| 記 | 기록할
기 | ■ 기억하다
■ 적다
■ 외다 |

筆記
글씨를 써서   적음 ▶ 글씨를 씀. 강의, 강연, 연설 따위의 내용을 받아 적음.

▷ 수업 시간에 노트 筆記를 잘하면 복습을 할 때에 많은 도움이 된다.

알아보기

■ 한자어와 한자어를 이루는 개별 한자의 뜻을 알아보자.
■ 아래 한자어의 음을 적고 그 뜻을 생각하며 글을 읽어 보자.
■ 공부할 한자의 뜻을 알아보고 필순에 따라 바르게 써 보자.

墨香 [　　] ▶ 먹의 향기.

「 일요일 아침, 할아버지께서는 벼루에 먹을 갈고 계셨다.

"할아버지, 무얼 하시려고 먹을 가세요?'

"할아버지는 지금 대나무를 그리려고 한단다.

대나무는 四君子 중의 하나이지."

"사군자가 무엇인데요?"

"응 四君子란 매화, 난초, 국화,

대나무를 가리키는데, 우리

祖上들은 餘暇에 먹을 갈며

그윽한 墨香 속에서 그림

그리기와 글쓰기를 즐겼단다." 」

• 四君子(사군자) • 祖上(조상) • 餘暇(여가): 일이 없어 남는 시간.   * 그윽하다: 느낌이 은근하다.

墨은 그을음이 엉겨서 생기는 검은 물질인 '검댕'을 뜻하는 炎⋯黑(흑)과 '흙'을 뜻하는 土⋯土(토)를 결합한 것이다.   검댕과 흙 성분을 섞어서 만든 〈먹〉을 의미한다.

[새김] ▪먹 ▪검다 ▪그을음

香은 술을 빚는 곡물인 '기장'을 뜻하는 ⋯黍(서)와 '입에 달다'는 뜻인 ㅂ⋯甘(감)을 결합한 것이다. 나중에 黍가 禾로 바뀌었다.   곡물로 담근 술에서 나는 〈좋은 냄새〉를 의미한다.

[새김] ▪향기 ▪향기롭다 ▪향

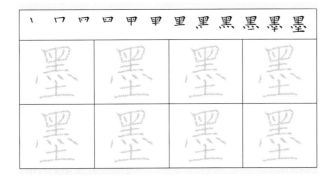

ㆍ	ㅁ	罒	四	甲	甲	里	黑	黑	黑	黑	墨
墨		墨		墨		墨					
墨		墨		墨		墨					

ㆍ	一	千	禾	禾	禾	香	香	香
香		香		香		香		
香		香		香		香		

■ 한자의 뜻을 새기고 그 한자로 이루어진 한자어를 익히자.
　■ 한자의 뜻을 연결하여 한자어의 뜻을 생각해 보자.
　■ 한자어의 뜻을 알고 예문을 통해 그 쓰임을 익히자.

墨	먹 묵	■ 먹 ■ 검다 ■ 그을음

香	향기 향	■ 향기 ■ 향기롭다 ■ 향

– 흐리게 나타난 한자어 위에 겹쳐서 쓰고 음을 적어라 –

客	손 객	■ 손 ■ 사람 ■ 나그네 ■ 상대

墨客 　☐　　▷ 문인 墨客이 모여 학문과 예술을 논하였다.
먹을 쓰는　사람　▶ 먹을 가지고 글씨를 쓰거나 그림을 그리는 사람.

畫	그림 화	■ 그림 ■ 그리다 ■ 긋다

墨畫 　☐　　▷ 추사 김정희는 글씨뿐만 아니라 墨畫도 여러 점 남겼다.
먹　　그림　▶ 먹그림.

氣	기운 기	■ 기운 ■ 공기 ■ 기체 ■ 기후

香氣 　☐　　▷ 이 꽃은 아름답고 香氣도 좋다.
향의　기운　▶ 꽃, 향, 향수 따위에서 나는 좋은 냄새.

料	헤아릴 료	■ 헤아리다 ■ 삯, 값 ■ 거리(재료)

香料 　☐　　▷ 가공 식품이나 화장품에는 香料를 넣는다.
향의　재료　▶ 향기를 내는 데 쓰는 물질.

한 글자 더

劃	그을 획	■ 긋다 ■ 나누다 ■ 쪼개다 ■ 계획하다

☆ 나누다. 구별하다.
　갈라 나누다.

フ フ ヲ 申 聿 書 書 書 書 書 劃 劃 劃

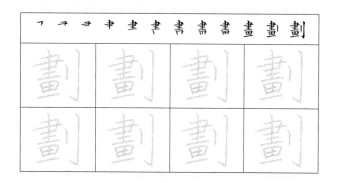

定	정할 정	■ 정하다 ■ 정해지다 ■ 안정시키다

劃定 　☐　　▷ 집을 지으려는 대지를 측량하여 경계를 정확히 劃定하였다.
경계를 그어　정함　▶ 경계 따위를 명확히 구별하여 정함.

區	구분할 구	■ 구분하다 ■ 나누다 ■ 구역

區劃 　☐　　▷ 간척지를 용도에 따라 주택 용지와 농업 용지로 區劃하였다.
구분함　경계를 그어　▶ 토지 따위를 경계를 지어 가름. 또는 그런 구역.

■ 한자 성어에 담긴 함축된 의미를 파악하고 그 쓰임을 익히자.

■ 한자 성어의 음을 적고 그에 담긴 의미와 적절한 쓰임을 익혀라.

右往左往

▶ 이리저리 왔다 갔다 하며 일이나 나아가는 방향을 종잡지 못함. 또는 그런 모양.

▷ 갑자기 비상벨이 울리며 연기가 나자 사람들은 어찌할 줄 몰라 右往左往하였다.

有名無實

▶ 이름만 그럴듯하고 실속은 없음.

▷ 살펴보면 우리 사회에 아무 쓸모 없는 有名無實한 단체들이 많이 있다.

以實直告

▶ 사실 그대로 고함.

▷ 네가 오늘 하루종일 에디서 무엇을 했는지 以實直告하여라.

前無後無

▶ 이전에도 없었고 앞으로도 없음.

▷ 그는 역도에서 올림픽 역사상 前無後無의 대기록을 세웠다.

天高馬肥

▶ 하늘이 높고 말이 살찐다는 뜻으로, 하늘이 맑아 높푸르게 보이고 온갖 곡식이 익는 가을철을 이르는 말.

▷ 가을은 天高馬肥의 계절이라 했는데, 어째 네가 살이 많이 찐 것 같구나.

自畵自讚

▶ 자기가 그린 그림을 스스로 칭찬한다는 뜻으로, 자기가 한 일을 스스로 자랑함을 이르는 말.

▷ 自畵自讚이라고 생각하겠지만 내가 만든 요리가 정말 맛있다.

肥	살찔 비	▪ 살찌다 ▪ 기름지다 ▪ 거름

丿 刀 月 月 肌 肌 肥 肥

肥　肥　肥　肥

讚	기릴 찬	▪ 기리다 ▪ 칭찬하다 ▪ 돕다

言 言 言 訐 諧 誥 誥 讚 讚 讚 讚 讚

讚　讚　讚　讚

· 우왕좌왕 · 유명무실 · 이실직고 · 전무후무 · 천고마비 · 자화자찬

더 살펴 익히기

■ 한자가 지닌 여러가지 뜻과 한자어를 한 번 더 살펴 익히자.

■ 아래 한자가 지닌 뜻과 그 뜻을 지니는 한자어를 줄로 이어라.

實	열매	· 誠實( ) ▶ 정성스럽고 참됨.
	참될	· 現實( ) ▶ 현재 실제로 존재하는 사실이나 상태.
	실제, 사실	· 結實( ) ▶ 식물이 열매를 맺거나 맺은 열매가 여묾.

| 筆 | 붓 | · 自筆( ) ▶ 자기가 직접 글씨를 씀. 또는 그 글씨. |
| | 쓰다 | · 畵筆( ) ▶ 그림을 그리는 데 쓰는 붓. |

| 際 | 사이 | · 國際( ) ▶ 나라 사이에 관계됨. 여러 나라가 모여서 이루거나 됨. |
| | 사귀다 | · 交際( ) ▶ 서로 사귀어 가까이 지냄. |

| 狀 | 모양, 형상(상) | · 令狀( ) ▶ 명령의 뜻을 기록한 서장. |
| | 문서, 편지(장) | · 狀態( ) ▶ 사물, 현상이 놓여 있는 모양이나 형편. |

■ [實]과 비슷한 뜻을 지닌 한자에 ○표 하여라. ⇨ [質 · 物 · 果 · 肥]

■ [禁]과 비슷한 뜻을 지닌 한자에 ○표 하여라. ⇨ [防 · 限 · 否 · 罰]

■ 아래의 뜻을 지닌 한자성어가 되도록 ( ) 안에 한자를 써 넣고 완성된 성어의 독음을 적어라.

▶ 사람이면 누구나 가지는 <u>보통</u>의 마음. ⇨ 人之( )情

▶ 앉아도 <u>자리가 편안</u>하지 않다는 뜻으로, 마음이 불안하거나 걱정스러워서 한군데에 가만히 앉아 있지 못하고 안절부절 못하는 모양을 이르는 말. ⇨ 坐不安( )

▶ 풀색과 녹색은 같은 <u>색</u>이라는 뜻으로, 처지가 같은 사람들끼리 한패가 되는 경우를 비유적으로 이르는 말. ⇨ 草綠同( )

▶ 큰 차이 없이 거의 <u>같음</u>. ⇨ 大( )小異

▶ 옛것을 익히고 그것을 미루어서 새것을 <u>앎</u>. ⇨ 溫故( )新

▶ 입에서 아직 <u>젖내</u>가 난다는 뜻으로, 말이나 행동이 유치함을 이르는 말. ⇨ 口尙( )臭

· 성실.현실.결실 · 자필.화필 · 국제.교제 · 영장.상태 / 常 · 席 · 色 · 同 · 知 · 乳

어휘력 다지기

■ 언제나 지나친 욕심은 禁物 이니라. • • 번식과 보호를위하여 어류 따위를 잡지 못하게 함.

■ 지금은 꽃게의 禁漁 기간입니다. • • 해서는 안 되는 일.

■ 김 노인은 煙草 한 대를 피워 물고. • • 수분을 함유하고 있음.

■ 건조 식품은 含水 량이 매우 적다. • • 통학구역.

■ 초등학교는 學區 가 정해져 있어. • • 담배.

■ 청정 海域 에는 김 양식장이 많다. • • 넓은 구역이나 범위.

■ 우리나라 全域 이 태풍 영향권으로. • • 바다 위의 일정한 구역.

■ 금년에 廣域 단체장 선거가 있다. • • 어느 지역의 전체.

■ 木版 인쇄술이 발달한 고려시대. • • 그림 그리는 것을 직업으로 하는 사람.

■ 금속활자와 活版 인쇄술의 발달. • • 그림을 그리는 데 쓰는 여러 도구.

■ 동생의 장래 희망은 畫家 랍니다. • • 나무에 글이나 그림 따위를 새긴 인쇄용 판.

■ 화첩과 畫具 를 챙겨 강가로 나갔다. • • 활자를 짜서 만든 인쇄용 판.

■ 그동안의 작품들로 畫集 을 내기로. • • 수묵화(먹으로 짙고 엷음을 이용하여 그린 그림).

■ 그는 畫壇 에서 주목하는 화가이다. • • 화첩(그림을 모아 엮은 책).

■ 거실에 水墨 한 점이 걸려 있었어. • • 화가들의 사회.

■ 墨色 을 여러 단계로 잘 나타냈어. • • 먹색(먹물의 빛깔과 같은 검은 색).

■ 그는 향이 연한 香水 를 사용한다. • • 향내(향기로운 냄새).

■ 이 커피는 香臭 와 맛이 좋습니다. • • 향료를 알코올 따위에 풀어서 만든 액체 화장품.

■ 한석봉은 조선 제일의 名筆 입니다. • • 글씨를 쓸 때의 획의 순서.

■ 한자를 筆順 에 따라 쓰도록 하여라. • • 붓과 혀라는 뜻으로, 글과 말을 이르는 말.

■ 그 곡절을 筆舌 로 다 말할 수 없다. • • 매우 잘 쓴 글씨, 명필가.

·금물 · 금어 · 연초 · 함수 · 학구 · 해역 · 전역 · 광역 · 목판 · 활판 · 화가 · 화구 · 화집 · 화단 · 수묵 · 묵색 · 향수 · 향취 · 명필 · 필순 · 필설

■ 한자어가 되도록 □ 안에 공통으로 넣을 한자를 보기에서 찾아 □ 안에 쓰고 , 그 한자어의 뜻을 생각하며 음을 적어라.

[ ] ⇨	禁□	□氣	吸□

[ ] ⇨	□圍	小□	内□

[ ] ⇨	□畵	出□	石□

[ ] ⇨	□域	□分	□間

[ ] ⇨	自□	名□	□者

[ ] ⇨	□氣	□料	□水

보기

肥 · 畵 · 區 · 煙 · 劃 · 包 · 禁 · 域 · 香 · 含 · 筆 · 墨 · 板

■ 아래의 뜻을 지닌 한자어가 되도록 위의 보기에서 알맞은 한자를 찾아 □ 안에 써 넣어라.

▶ 치료나 종교, 또는 그밖의 이유로 일정 기간동안 음식을 먹지 못하게 금해짐, 또는 먹지 않음.

▷ 건강 검진을 위해 [ ]食 을 하였다.

▶ 어떤 사물이나 현상 가운데 함께 들어 있거나 함께 넣음.

▷ 유해 성분이 包[ ] 된 불량식품.

▶ 바다 위의 일정한 구역.

▷ 우리 海[ ] 을 침범한 중국 어선들.

▶ 그림을 그리는 방법.

▷ 그 작가의 [ ]法 은 독창적인 것이다.

▶ 붓과 먹을 아울러 이르는 말.

▷ 책상 위에 筆[ ] 을 갖추어 놓았다.

▶ 몸에 살이 쪄서 크고 뚱뚱함.

▷ 그의 몸집이 더욱 [ ]大 해 보였다.

▶ 자획(글자를 구성하는 점과 획).

▷ 글자의 筆[ ] 을 바르게 쓰도록 해.

· 금연. 연기. 흡연 · 포위. 소포. 내포 · 판화. 출판. 석판 · 구역. 구분. 구간 · 자립. 명필. 필자 · 향기. 향료. 향수 / · 금식 · 포함 · 해역 · 화법 · 필묵 · 비대 · 필획

되새기기

禁 금할 금   示(보일시) / 총 13획
一 十 才 木 村 村 村 林 梦 梦 禁 禁 禁

煙 연기 연   火(불화) / 총 13획
丶 丷 少 火 灯 灯 炉 炳 烟 烟 煙 煙

包 쌀 포   勺(쌀포몸) / 총 5획
丿 勹 勺 勺 包

含 머금을 함   口(입구) / 총 7획
丿 人 人 今 令 含 含

區 구분할 구   匚(감출혜몸) / 총 11획
一 丆 丆 币 币 品 品 品 品 區

域 지경 역   土(흙토) / 총 11획
一 十 土 圹 圹 垃 垃 垣 域 域 域

版 판목 판   片(조각편) / 총 8획
丿 丿 爿 片 片 斤 版 版

畫 그림 화   田(밭전) / 총 12획
一 ⁊ ⧥ ⧥ 冟 聿 書 書 書 書 畫 畫

墨 먹 묵   土(흙토) / 총 15획
丶 口 四 四 甲 甲 里 黒 黒 黒 墨 墨

香 향기 향   香(향기향) / 총 9획
丿 二 千 禾 禾 禾 香 香 香

筆 붓 필   竹(대죽) / 총 12획
丿 ⺊ ⺊ 竹 竺 竺 竺 笁 筆 筆 筆 筆

劃 그을 획   刂(선칼도방) / 총 14획
一 ⁊ ⧥ ⧥ 串 晝 晝 書 書 畫 畫 劃

肥 살찔 비   月(육달월) / 총 8획
丿 刀 月 月 肌 肌 肥 肥

讚 기릴 찬   言(말씀언) / 총 26획
言 言 言 誩 誩 誩 讚 讚 讚 讚 讚 讚

묶음 3-11

음 ■ 한자를 읽는 소리
아래 한자의 음을 찾아 적고 소리내어 읽어 보자.

– 바탕색과 글자색이 같은 것을 찾아 보자 –

훈 ■ 한자의 뜻 새김
한자의 음을 적고 훈과 함께 외어 보자.

權	권세	勢	형세	希	바랄	望	바랄
俗	풍속	談	말씀	最	가장	低	낮을
基	터	準	준할	超	뛰어넘을	越	넘을

알아보기

■ 한자어와 한자어를 이루는 개별 한자의 뜻을 알아보자.
■ 아래 한자어의 음을 적고 그 뜻을 생각하며 글을 읽어 보자.
■ 공부할 한자의 뜻을 알아보고 필순에 따라 바르게 써 보자.

權勢 [　] ▶ 권력과 세력을 아울러 이르는 말.

「'양반 세도에 남아나는 것이 없다.'는 말이 있다. 이는 조선 時代에 일부 양반들의 횡포로 많은 백성들이 어려움을 겪던 모습을 빗댄 말이다. 조선 時代에 양반들은 그 세도가 매우 컸다. 양반들은 人間의 道理를 밝히는 學問을 공부했고, 과거를 거쳐 벼슬에 올라 백성을 다스렸다. 그러나 차차 權勢 를 탐내고, 實生活과 거리가 먼 學問을 가지고 서로 다투게 되자, 나라가 어지러워지고 백성들의 生活은 어렵게 되었다. 」

• 時代(시대) • 人間(인간) • 道理(도리) • 學問(학문) • 實生活(실생활)
* 횡포: 제멋대로 굴며 몹시 난폭함. *백성: 예전에 사대부(벼슬이나 문벌이 높은 집안의 사람)가 아닌 일반 평민을 이르던 말.

權은 '나무'를 뜻하는 木(목)과 '황새'를 뜻하는 雚(관)을 결합한 것이다. 황새가 먹이를 찍듯이 움직이는 '저울대'를 뜻하며, 추가 가는 쪽으로 저울대가 기울듯, 힘 가는 쪽으로 쏠리는 〈권세〉를 의미한다.

[새김] ▪권세, 권력 ▪권한, 권리 ▪저울

十	木	朮	朮	栌	栌	栌	梻	榸	榸	權
權		權		權		權				
權		權		權		權				

勢는 '심다'는 뜻인 埶(예)와 '힘'을 뜻하는 力(력)을 결합한 것이다. 심어 놓은 초목이 줄기와 가지를 뻗어 나가는 〈형세〉를 의미한다.

[새김] ▪형세 ▪세력, 힘 ▪기세

一	十	土	大	去	坴	坴	埶	埶	埶	勢	勢
勢		勢		勢		勢					
勢		勢		勢		勢					

새기고 익히기

■ 한자의 뜻을 새기고 그 한자로 이루어진 한자어를 익히자.
■ 한자의 뜻을 연결하여 한자어의 뜻을 생각해 보자.
■ 한자어의 뜻을 알고 예문을 통해 그 쓰임을 익히자.

權	권세 권	■ 권세, 권력 ■ 권한, 권리 ■ 저울대	勢	형세 세	■ 형세 ■ 세력, 힘 ■ 기세

– 흐리게 나타난 한자어 위에 겹쳐서 쓰고 음을 적어라 –

利	이로울 리	■ 이롭다 ■ 이익 ■ 편리하다 ■ 날카롭다	權利 [ ]	▷ 민주 국가에서는 국민의 자유와 權利가 보장된다.

권세와　이익 ▶ 권세와 이익,

限	한할 한	■ 한하다 ■ 한정하다 ■ 끝 ■ 한계	權限 [ ]	▷ 그것은 내 權限 밖의 일이다.

권리의　한계 ▶ 어떤 사람이나 기관의 권리나 권력이 미치는 범위,

情	뜻 정	■ 뜻 ■ 정 ■ 마음의 작용 ■ 정취	情勢 [ ]	▷ 국내 情勢가 불안해지면 외국인 투자자가 빠져 나간다.

사정과　형세 ▶ 일이 되어 가는 형편,

力	힘 력	■ 힘 ■ 힘쓰다 ■ 일꾼	勢力 [ ]	▷ 정치인들은 가끔 勢力 다툼을 한다.

기세의　힘 ▶ 권력이나 기세의 힘, 어떤 속성이나 힘을 가진 집단,

한 글자 더

俗	풍속 속	■ 풍속 ■ 속되다 ■ 세간

☆ 세상 사람들의 생활 전반에 걸친 습관 따위.

ノ イ イ´ イ´ ゲ 伀 俗 俗 俗

俗 俗 俗 俗
俗 俗 俗 俗

語	말씀 어	■ 말씀, 말 ■ 말하다	俗語 [ ]	▷ 지나친 俗語의 사용은 그 사람의 품위를 떨어뜨린다.

속된　말 ▶ 통속적으로 쓰는 저속한 말,

風	바람 풍	■ 바람 ■ 풍속, 습속 ■ 풍치	風俗 [ ]	▷ 설날 아침에 어른들께 세배드리는 것은 우리의 오랜 風俗이다.

습속　세간의 ▶ 옛날부터 그 사회에 전해 오는 생활 전반에 걸친 습관 따위,

알아보기

■ 한자어와 한자어를 이루는 개별 한자의 뜻을 알아보자.
■ 아래 한자어의 음을 적고 그 뜻을 생각하며 글을 읽어 보자.
■ 공부할 한자의 뜻을 알아보고 필순에 따라 바르게 써 보자.

希望 ☐ ▶ 앞일에 대하여 어떤 기대를 가지고 바람.

「 사람들은 누구나 幸福하게 살기를 바란다.
希望을 품고 하루하루를 살아가면서 來日이
오늘보다 더 낳은 날이겠거니 하는 기대를 하며
살아가는 것이다. 만약, 來日이
오늘보다 더 힘들고 不幸한
날이 될 것이라고 생각한다면,
이 世上에 希望이라는 말은
생겨나지 않았을지도 모른다. 」

• 幸福(행복) • 來日(내일) • 不幸(불행) • 世上(세상).   *기대: 어떤 일이 원하는 대로 이루어지기를 바라면서 기다림.

希는 수를 놓은 바늘 땀의 모습인 乂와 '피륙(천)'을 뜻
하는 巾(건)을 결합한 것이다.   '수를 놓은 피륙'
을 나타내며, 이는 흔하지 않고 누구나 얻기를 바라는
데서, 〈바람〉을 의미한다.

[새김] ▪ 바라다 ▪ 희망하다 ▪ 드물다

ノ ㄨ ㄨ 羊 爷 希 希
希	希	希	希
希	希	希	希

은 사람이 눈을 크게 뜨고 달(月)을 바라보고
있는 모습이다.   하루하루 변하는 달을 바라보며 원하
는 때가 오기를 〈바라고 기다림〉을 의미한다.

[새김] ▪ 바라다 ▪ 기대하다 ▪ 바라보다

` ㇏ 亡 臼 臼 切 切 望 望 望 望
望	望	望	望
望	望	望	望

■ 한자의 뜻을 새기고 그 한자로 이루어진 한자어를 익히자.
■ 한자의 뜻을 연결하여 한자어의 뜻을 생각해 보자.
■ 한자어의 뜻을 알고 예문을 통해 그 쓰임을 익히자.

希 바랄 희	■ 바라다 ■ 희망하다 ■ 드물다	望 바랄 망	■ 바라다 ■ 기대하다 ■ 바라보다

– 흐리게 나타난 한자어 위에 겹쳐서 쓰고 음을 적어라 –

求 구할 구	■ 구하다 ■ 찾다 ■ 청하다	希求	▷ 모든 사람들은 좋은 환경에서 여유롭게 살기를 希求한다.

바라고　　구함　▶ 바라고 구함.

可 옳을 가	■ 옳다 ■ 허락하다 ■ 가히(마땅히)	可望	▷ 이번 월드컵 대회에서 우리 팀이 4강에 올라갈 可望이 있을까?

허락됨　　바램이　▶ 될 만하거나 가능성이 있는 희망.

欲 하고자 할 욕	■ 하고자 하다 ■ 바라다 ■ 욕심, 욕망	欲望	▷ 사람들의 欲望은 끝이 없다.

하고자 하는　　바람　▶ 부족을 느껴 무엇을 가지거나 누리고자 함, 또는 그런 마음.

志 뜻 지	■ 뜻 ■ 마음 ■ 기록	志望	▷ 그는 의상 디자이너를 志望한다.

뜻을 두어　　바람　▶ 뜻을 두어 바람, 또는 그 뜻.

한 글자 더

談 말씀 담	■ 말씀 ■ 이야기 ■ 농담하다

`  亠 言 言 言 言 言 訂 談 談 談 談 談`

談	談	談	談
談	談	談	談

會 모일 회	■ 모이다 ■ 모임, 집회 ■ 만나다	會談	▷ 남한과 북한의 정상 會談이 열리기를 많은 국민이 바라고 있었다.

모여서　　이야기함　▶ 어떤 문제를 가지고 거기에 관련된 사람들이 모여서 토의함.

美 아름다울 미	■ 아름답다 ■ 좋다 ■ 맛이 좋다	美談	▷ 목숨을 걸고 물에 빠진 아이를 구해낸 그 청년의 美談이 알려졌다.

아름다운　　이야기　▶ 사람을 감동 시킬 만큼 아름다운 내용을 가진 이야기.

알아보기

■ 한자어와 한자어를 이루는 개별 한자의 뜻을 알아보자.
━ 아래 한자어의 음을 적고 그 뜻을 생각하며 글을 읽어 보자.
━ 공부할 한자의 뜻을 알아보고 필순에 따라 바르게 써 보자.

基準 [　　　] ▶ 기본이 되는 표준.

「 등고선은 바다를 基準으로 하여 같은 높이를
선으로 이은 것인데, 높고 낮음과 땅 모양을
자세히 나타낼 때에 가장 많이 쓰인다.
강, 湖水, 바다를 나타낼 때에는
파란색을 쓰는데, 얕은 바다는
엷은 色을 쓰고, 깊은 바다일수록
진하게 標示한다. 」

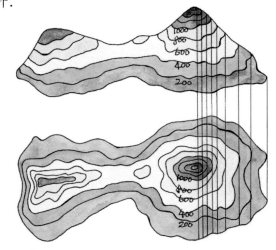

• 湖水(호수) • 色(색) • 標示(표시).　# 해발 고도: 평균 해수면(바닷물의 표면)을 기준으로 하여 잰 어떤 지점의 높이.
* 등고선: 지도에서 해발 고도가 같은 지점을 연결한 곡선. 평면도에 땅의 높고 낮음을 표시하는 가장 좋은 방법이다.

基는 흙을 퍼 담아 나르는 삼태기인 其…其(기)와
'흙', '땅'을 뜻하는 土…土(토)를 결합한 것이다.
무엇을 하기 위해 흙을 고르고 땅을 다져 놓은 〈터〉를 의
미한다.

[새김] ▪ 터 ▪ 기초 ▪ 근본 ▪ 사물의 바탕

一	十	卄	艹	甘	끂	其	其	基	基	基

基	基	基	基
基	基	基	基

準은 물(氵)이 든 유리관 속 공기방울이 새매(隼)처럼
빠르게 움직임이는 '수준기'이다.　수준기는 기울기를
측정하는 기구인데, 유리관 속 공기방울의 위치에 의거
하여 기울기를 아는 데서, 〈기준〉을 의미한다.

[새김] ▪ 준하다 ▪ 기준 ▪ 의거하다 ▪ 고르다

丶	丶	氵	氵	沪	汇	淮	淮	淮	準

準	準	準	準
準	準	準	準

새기고 익히기

■ 한자의 뜻을 새기고 그 한자로 이루어진 한자어를 익히자.
■ 한자의 뜻을 연결하여 한자어의 뜻을 생각해 보자.
■ 한자어의 뜻을 알고 예문을 통해 그 쓰임을 익히자.

基 터 기 ■ 터 ■ 기초 ■ 근본 ■ 사물의 바탕

準 준할 준 ■ 준하다 ■ 기준 ■ 의거하다 ■ 고르다

– 흐리게 나타난 한자어 위에 겹쳐서 쓰고 음을 적어라 –

本 근본 본 ■ 근본 ■ 본디 ■ 책 ■ 주가 되는 것

基本　▷ 무슨 일을 하든지 基本이 충실해야 발전할 수 있다.
기초와　근본 ▶ 사물이나 현상, 이론, 시설 따위의 기초와 근본.

金 쇠 금 ■ 쇠, 쇠붙이 ■ 금 ■ 돈 ■ 귀하다

基金　▷ 경제적으로 어려움을 겪는 학생들을 위한 장학 基金을 모으고 있다.
바탕이 되는　돈 ▶ 어떤 목적이나 사업, 행사 따위에 쓸 기본적인 자금.

平 평평할 평 ■ 평평하다 ■ 편안하다 ■ 고르다 ■ 보통

平準　▷ 농촌의 문화 시설이 도시와 마찬가지로 平準化 되어야 한다.
평평하게 함　고르고 ▶ 사물을 균일하게 조정함.

標 표할 표 ■ 표하다 ■ 표, 표시 ■ 과녁, 목표

標準　▷ 너 정도의 키라면 한국 남자의 標準은 된다.
표로 삼는　기준 ▶ 사물의 정도나 성격 따위를 알기 위한 근거나 기준.

한 글자 더

超 뛰어넘을 초 ■ 뛰어넘다 ■ 뛰어나다 ■ 빠르다

一	十	土	卡	丰	非	走	起	起	起	超	超
超		超		超		超					
超		超		超		超					

過 지날 과 ■ 지나다 ■ 지나치다 ■ 잘못하다

超過　▷ 엘리베이터 정원이 超過되어 삐익 하고 경고음이 났다.
넘음　지나쳐서 ▶ 일정한 수나 한도 따위를 넘음.

人 사람 인 ■ 사람 ■ 백성

超人　▷ 극한적인 악조건에서도 남극 횡단에 성공한 그들은 정말 超人이라 할 수 있겠다.
뛰어난　사람 ▶ 보통 사람으로는 생각할 수 없을 만큼 뛰어난 능력을 가진 사람.

알아보기

■ 한자어와 한자어를 이루는 개별 한자의 뜻을 알아보자.
■ 아래 한자어의 음을 적고 그 뜻을 생각하며 글을 읽어 보자.
■ 공부할 한자의 뜻을 알아보고 필순에 따라 바르게 써 보자.

最低 [　] ▶ 가장 낮음.

「 정부는 가난한 사람과 依支할 데 없는 사람에게는
돈이나 物件을 대주어, **最低** 생활을 보장해 주고,
다치거나 병들었을 때는 치료를 받을 수 있게 해
준다. 그리고 일자리를 늘리고,
전국 어느 곳의 어떤 직장이든
모든 근로자가 일정 水準 이상의
임금을 받을 수 있도록 **最低**
임금의 基準을 定하여 법으로
보장해 주고 있다. 」

• 依支(의지) • 物件(물건) • 水準(수준) • 基準(기준). ＊ 임금: 근로자가 노동의 대가로 사용자에게 받는 보수.
＊보장: 어떤 일이 어려움 없이 이루어지도록 조건을 마련하여 보증하거나 보호함.

是는 '무릅쓰다'는 뜻인 冂…ㅁ…冒(모)와 '취하다'
는 뜻인 耳…取(취)를 결합한 것이다. 어려움을 무
릅쓰고 전공을 세운 증거로 상대편 군사의 귀를 취한 것
이, 여럿 중에 〈제일임〉을 의미한다.

[새김] ▪ 가장, 제일 ▪ 모두 ▪ 중요한 일

丶	冂	冃	日	彐	早	旱	冔	昜	最	最	最
最		最		最		最					
最		最		最		最					

人는 사람이 몸을 낮게 숙인 모습이다. 나중에 '사람'
을 뜻하는 亻(인)을 결합하였다. 사람이 자세나 태도
를 〈낮게 숙임〉을 의미한다.

[새김] ▪ 낮다 ▪ (값이)싸다 ▪ 숙이다

丿	亻	亻	伒	伃	低	低
低	低	低	低			
低	低	低	低			

152

새기고 익히기

最 가장 최	■ 가장, 제일 ■ 모두 ■ 중요한 일	低 낮을 저	■ 낮다 ■ (값이)싸다 ■ 숙이다

– 흐리게 나타난 한자어 위에 겹쳐서 쓰고 음을 적어라 –

高 높을 고	■ 높다 ■ 높이 ■ 뛰어나다 ■ 비속하지 않다

最高 [　]
가장　높음　▷ 가장 높음, 으뜸인 것, 또는 으뜸이 될 만한 것.

▷ 지난 달 우리나라의 수출 실적이 사상 最高를 기록했다.

善 착할 선	■ 착하다 ■ 좋다 ■ 훌륭하다

最善 [　]
가장　좋음　▷ 가장 좋고 훌륭함, 또는 그런 일, 온 정성과 힘.

▷ 감기에 걸리면 푹 쉬는 게 最善이다.
▷ 이번 시합에서 最善을 다해 볼 작정이다.

速 빠를 속	■ 빠르다 ■ 빨리하다 ■ 빨리

低速 [　]
낮은　빠르기　▷ 느린 속도.

▷ 비나 눈이 올 때는 안전을 생각하여 차를 低速으로 운행해야 한다.

空 빌 공	■ 비다 ■ 하늘 ■ 공중 ■ 헛되다

低空 [　]
낮은　하늘　▷ 지면이나 수면에 가까운 낮은 하늘.

▷ 헬리콥터가 학교 운동장 위를 低空으로 날아갔다.

한 글자 더

越 넘을 월	■ 넘다 ■ 넘기다 ■ 뛰어나다

一 十 土 耂 耂 走 走 走 越 越 越

越 越 越 越
越 越 越 越

冬 겨울 동	■ 겨울

越冬 [　]
넘김　겨울을　▷ 겨울을 남, 겨우살이, 겨울.

▷ 집집마다 김장을 하는 것도 越冬 준비의 하나이다.

超 뛰어넘을 초	■ 뛰어넘다 ■ 뛰어나다 ■ 빠르다

超越 [　]
뛰어넘어　넘김　▷ 어떤 한계나 표준을 뛰어넘음.

▷ 영화 속 장면들은 상상을 超越하는 모험의 연속이었다.

어휘력 다지기

■ 공부한 한자로 이루어진 한자어를 익혀 어휘력을 다지자.
■ 글 속 한자어의 음을 적고, 그 뜻과 줄로 잇고, 쓰임을 익히자.

■ 시민들은 부당한 權力 ☐ 에 대항했다. • • 흩어져 있는 세력을 한곳에 모음.

■ 노동자의 權益 ☐ 을 위해 힘쓰고 있다. • • 권리와 그에 따르는 이익.

■ 우리 모두 合勢 ☐ 하여 그에게 맞서자. • • 남을 복종시키거나 지배할 수 있는 공인된 권리와 힘.

■ 바로 달려나갈 態勢 ☐ 를 취하였지. • • 앞으로 잘될 듯한 희망이나 전망이 있음.

■ 키가 좀 더 크기를 所望 ☐ 하고 있어. • • 어떤 일이나 상황을 앞둔 태도나 자세.

■ 앞으로 有望 ☐ 한 분야는 무엇일까? • • 어떤 희망이나 기대가 꼭 이루어지기를 간절히 바람.

■ 꼭 참석해 주시기를 要望 ☐ 합니다. • • 어떤 일을 바람. 또는 그 바라는 것.

■ 강원도 지방의 土俗 ☐ 음식을 먹었다. • • 음식을 탐냄.

■ 동생은 나보다 食貪 ☐ 이 더 많아요. • • 지나치게 탐하는 욕심.

■ 인간의 貪慾 ☐ 은 한도 끝도 없군요. • • 그 지방의 특유한 풍속.

■ 모두들 한글의 우수성을 禮讚 ☐ 한다. • • 훌륭한 것, 좋은 것, 아름다운 것을 존경하고 찬양함.

■ 나는 선생님과 面談 ☐ 하기로 했어. • • 맨 처음.

■ 그들은 오랫동안 情談 ☐ 을 나누었어. • • 서로 만나서 이야기 함.

■ 세계 最初 ☐ 로 개발한 자율 주행차. • • 정답게 주고받는 이야기.

■ 그는 最多 ☐ 홈런 기록을 세웠어. • • 낮은 온도.

■ 이상 低溫 ☐ 현상이 지속되고 있다. • • 수나 양 따위가 가장 많음.

■ 외국의 低級 ☐ 문화 파급이 걱정이야. • • 군대, 탐험대 따위의 활동의 기점이 되는 근거지.

■ 나는 低俗 ☐ 한 말을 사용하지 않아. • • 내용, 성질, 품질 따위의 정도가 낮음.

■ 외나로도 우주발사 基地 ☐ 를 견학. • • 품위가 낮고 속됨.

■ 그의 체력은 우리보다 越等 ☐ 하단다. • • 자기 권한 밖의 일에 관여함.

■ 그의 지나친 越權 ☐ 이 못마땅하였다. • • 수준이 정도 이상으로 뛰어나게.

· 권력 · 권익 · 합세 · 태세 · 소망 · 유망 · 요망 · 토속 · 식탐 · 식욕 · 예찬 · 면담 · 정담 · 최초 · 최다 · 저온 · 저급 · 저속 · 기지 · 월등 · 월권

■ 한자어가 되도록 □ 안에 공통으로 넣을 한자를 보기에서 찾아 □ 안에 쓰고 , 그 한자어의 뜻을 생각하며 음을 적어라.

□ ⇨	人□	□勢	□利

□ ⇨	可□	所□	失□

□ ⇨	□會	□判	美□

□ ⇨	□大	□小	□後

□ ⇨	基□	標□	水□

□ ⇨	□過	□越	□人

보기

望 · 準 · 低 · 俗 · 勢 · 基 · 談 · 希 · 權 · 讚 · 越 · 最 · 超

■ 아래의 뜻을 지닌 한자어가 되도록 위의 보기에서 알맞은 한자를 찾아 □ 안에 써 넣어라.

▶ 강한 세력이나 기세,

▷ 우리 팀이 경기 내내 强□ 였다.

▶ 지나치게 칭찬함, 또는 그런 칭찬,

▷ 정말로 過□ 의 말씀이십니다.

▶ 앞일에 대하여 어떤 기대를 가지고 바람,

▷ 너의 □望 은 곧 이루어질 것이다.

▶ 품위가 낮고 속됨,

▷ 그런 低□ 한 말은 쓰지 말아라.

▶ 능률이나 성적이 낮음,

▷ 지난달 판매 실적이 매우 □調 했다.

▶ 근본이 되는 원인,

▷ 운동 부족에 □因 한 체력 저하.

▶ 북쪽에서 삼팔선이나 유전선의 남쪽으로 내려옴,

▷ 할아버지는 6.25때 □南 하셨다.

· 인권. 권세. 권리 · 가망. 소망. 실망 · 회담. 답판. 미담 · 최대. 최소. 최후 · 기준. 표준. 수준 · 초과. 초월. 초인 / · 강세 · 과찬 · 희망 · 저속 · 저조 · 기인 · 월남

되새기기

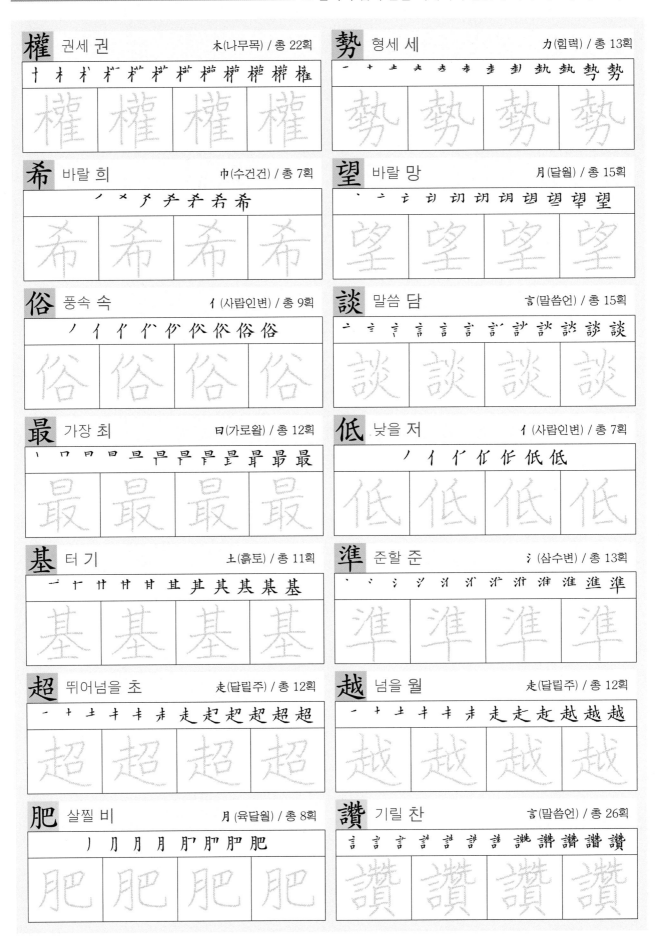

權 권세 권 　　　　木(나무목) / 총 22획

十 才 才 栌 栌 栌 栌 榨 榨 榨 榨 權

希 바랄 희 　　　　巾(수건건) / 총 7획

ノ ㄨ ㅈ ㅈ ㅊ 希 希

俗 풍속 속 　　　　亻(사람인변) / 총 9획

ノ 亻 亻 亻 俗 俗 俗 俗 俗

最 가장 최 　　　　日(가로왈) / 총 12획

丶 口 曰 旦 旦 早 骨 昌 昌 最 最

基 터 기 　　　　土(흙토) / 총 11획

一 十 廿 甘 甘 甘 其 其 其 其 基

超 뛰어넘을 초 　　　　走(달릴주) / 총 12획

一 十 土 ㅊ 耂 走 起 起 起 超 超

肥 살찔 비 　　　　月(육달월) / 총 8획

ノ 刀 月 月 肌 肌 肥 肥

勢 형세 세 　　　　力(힘력) / 총 13획

一 十 土 ㅊ 去 幸 幸 訇 執 執 埶 勢 勢

望 바랄 망 　　　　月(달월) / 총 15획

丶 ㄴ ㅌ 口 切 珂 珂 玥 玥 望 望

談 말씀 담 　　　　言(말씀언) / 총 15획

ㅗ ㅗ ㅌ 言 言 言 訁 訟 談 談 談 談

低 낮을 저 　　　　亻(사람인변) / 총 7획

ノ 亻 亻 亻 任 低 低

準 준할 준 　　　　氵(삼수변) / 총 13획

丶 冫 氵 氵 沪 沪 沪 沪 淮 淮 準

越 넘을 월 　　　　走(달릴주) / 총 12획

一 十 土 ㅊ 耂 走 走 走 越 越 越

讚 기릴 찬 　　　　言(말씀언) / 총 26획

言 言 言 誩 誩 誩 誩 讃 讃 讃 讃 讃

■ 공부할 한자의 모양을 살펴보며 음과 훈을 알아보자,

묶음 3-12

음 ■ 한자를 읽는 소리
아래 한자의 음을 찾아 적고 소리내어 읽어 보자.

– 바탕색과 글자색이 같은 것을 찾아 보자 –

舍	迫	急	制
壓	流	官	夢
切	爭	惡	戰

| 관 | 악 | 절 | 전 | 급 | 류 |
| 압 | 제 | 몽 | 박 | 쟁 | 사 |

훈 ■ 한자의 뜻 새김
한자의 음을 적고 훈과 함께 외어 보자.

急 급할	流 흐를	切 끊을	迫 핍박할
官 벼슬	舍 집	戰 싸움	爭 다툴
惡 악할	夢 꿈	制 절제할	壓 누를

157

■ 한자어와 한자어를 이루는 개별 한자의 뜻을 알아보자.
■ 아래 한자어의 음을 적고 그 뜻을 생각하며 글을 읽어 보자.
■ 공부할 한자의 뜻을 알아보고 필순에 따라 바르게 써 보자.

急流 [   ] ▶ 물이 빠른 속도로 흐름, 또는 그 물.

「 산에 나무가 많으면 홍수 被害를 많이 줄일 수 있다.
민둥산에 비가 내리면, 빗물이 한꺼번에 곧바로
흘러내리는 急流가 되어 산사태를 일으킨다.
그렇지만 나무가 울창한 산에서는
나무들이 '살아 있는 저수지'의
구실을 함으로써, 빗물의 급격한
흐름을 막고 산사태나 강의
범람을 防止할 수 있다. 」

• 被害(피해) • 防止(방지). * 산사태: 폭우나 지진, 화산 따위로 산 중턱의 바윗돌이나 흙이 갑자기 무너져 내리는 현상.
* 범람: 큰 물이 흘러 넘침. 바람직하지 못한 것들이 마구 쏟아져 돌아다님.

急은 '미치다'는 뜻인 刍…及(급)과 '마음'을 뜻하는 ㅆ…心(심)을 결합한 것이다. 사정이나 형편이 따라갈 겨를이 없이 〈마음이 바삐 움직임〉을 의미한다.

流는 '물'을 뜻하는 水…氵(수)와 '깃발'을 뜻하는 㐬…㐬(류)을 결합한 것이다. 술이 달린 깃발이 나부끼는 모습처럼 물이 굽이치며 〈갈래져 흐름〉을 의미한다.

[새김] ▪급하다 ▪긴요하다 ▪빠르다 ▪갑자기

[새김] ▪흐르다 ▪번져 퍼지다 ▪갈래 ▪부류

ノ ゟ 刍 刍 刍 刍 急 急 急
急 急 急 急
急 急 急 急

丶 丶 氵 浐 浐 浐 浐 流 流
流 流 流 流
流 流 流 流

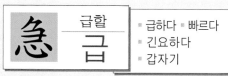 새기고 익히기

■ 한자의 뜻을 새기고 그 한자로 이루어진 한자어를 익히자.
■ 한자의 뜻을 연결하여 한자어의 뜻을 생각해 보자.
■ 한자어의 뜻을 알고 예문을 통해 그 쓰임을 익히자.

急	급할 급	■ 급하다 ■ 빠르다 ■ 긴요하다 ■ 갑자기

流	흐를 류	■ 흐르다 ■ 번져 퍼지다 ■ 갈래 ■ 부류

– 흐리게 나타난 한자어 위에 겹쳐서 쓰고 음을 적어라 –

所	바 소	■ 바 ■ 곳 ■ 것

急所
긴요한　　곳

▷ 권투 경기에서 상대 선수의 急所를 공격하는 것은 반칙이다.
► 조금만 다쳐도 생명에 지장을 주는 몸의 중요한 부분.

性	성품 성	■ 성품 ■ 성질 ■ 남녀의 구별

性急
성질이　　급하다

▷ 이 사람, 자네가 너무 性急했어. 하찮은 문제를 가지고 왜 그 소란을 피우는가.
► 성질이 급하다.

交	사귈 교	■ 사귀다, 교제 ■ 오고가다 ■ 바꾸다

交流
섞이어　　흐름

▷ 우리나라와 다른 나라 사이에 경제, 문화 交流가 활발하게 이루어지고 있다.
► 근원이 다른 물줄기가 서로 섞이어 흐름, 또는 그런 줄기.

電	번개 전	■ 번개 ■ 전기, 전자 ■ 전신

電流
전기　　흐름

▷ 이 전선에는 고압의 電流가 흐르고 있다.
► 전하가 연속적으로 이동하는 현상.

한 글자 더

官	벼슬 관	■ 벼슬 ■ 관리 ■ 관청

☆ 공무를 집행하는 곳.
　벼슬살이하다.

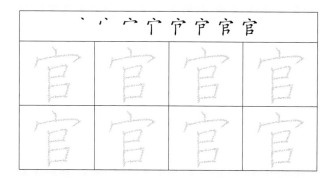

長	길 장	■ 길다 ■ 어른 ■ 우두머리 ■ 자라다 ■ 낫다

長官
우두머리　행정 관청의

▷ 오늘 행사에는 교육부 長官이 참석하기로 되어있다.
► 국무를 나누어 맡아 처리하는 행정 각부의 우두머리.

任	맡길 임	■ 맡기다 ■ 맡다 ■ 지다 ■ 맡은 일

任官
맡김　　벼슬을

▷ 그의 아들은 사관학교를 졸업하여 장교로 任官되었다.
► 관직에 임명됨.

알아보기

■ 한자어와 한자어를 이루는 개별 한자의 뜻을 알아보자.
■ 아래 한자어의 음을 적고 그 뜻을 생각하며 글을 읽어 보자.
■ 공부할 한자의 뜻을 알아보고 필순에 따라 바르게 써 보자.

切迫 [   ] ▶ 어떤 일이나 때가 가까이 닥쳐서 몹시 급함.

「 할아버지 비둘기는 어린 비둘기들과 함께
먹이가 있는 곳으로 내려앉았습니다. 그런데
그곳에는 올가미가 쳐져 있었습니다.
비둘기들의 발이 올가미에 걸리고 말았습니다.
저쪽에서는 사냥꾼이 다가오고 있었습니다.
切迫한 순간이었습니다. 그때 할아버지
비둘기가 말했습니다.

　"우리는 모두 힘을 合해서 同時에 날아올라야
　한다. 同時에 날아오르면 올가미를 묶어놓은
　막대가 뽑힐 것이다"」

• 同詩(동시).　*순간: 아주 짧은 동안. 어떤 일이 일어난 바로 그때.

十은 칼로 벤 흔적이다. 나중에 '칼'을 뜻하는 刀(도)
를 결합하였다.　한 덩어리를 모두 여러 개의 작은 조
각으로 〈끊어 냄〉을 의미한다.

[새김] ■ 끊다, 베다 ■ 매우 ■ 모두(체)

一	七	切	切
切	切	切	切
切	切	切	切

迫은 촛불의 불꽃 모습인 白(백)과 '가다'는 뜻인
辵(착)=辶을 결합한 것이다.　초나 등잔의 기름이 다
하여 불꽃의 스러짐이 매우 급하게 〈닥쳐옴〉을 의미한
다.

[새김] ■ 핍박하다 ■ 닥치다 ■ 다급하다

′	′	白	白	白	迫	迫	迫
迫	迫	迫	迫
迫	迫	迫	迫

새기고 익히기

■ 한자의 뜻을 새기고 그 한자로 이루어진 한자어를 익히자.
　■ 한자의 뜻을 연결하여 한자어의 뜻을 생각해 보자.
　■ 한자어의 뜻을 알고 예문을 통해 그 쓰임을 익히자.

| 切 | 끊을
절 | ■ 끊다, 베다
■ 절박하다
■ 모두(체) | | 迫 | 핍박할
박 | ■ 핍박하다
■ 닥치다
■ 다급하다 |

– 흐리게 나타난 한자어 위에 겹쳐서 쓰고 음을 적어라 –

| 實 | 열매
실 | ■ 열매 ■ 씨
■ 실제, 사실
■ 속이 차다 |

切實 ☐
간절하다　실제로 ▶ 느낌이나 생각이 뼈저리게 강렬한 상태에 있다.

▷ 그의 말 한마디 한마디가 切實하게 가슴에 와 닿았다.

| 開 | 열
개 | ■ 열다 ■ 트이다
■ 피다
■ 시작하다 |

切開 ☐
베어서　엶 ▶ 째거나 갈라서 벌림.

▷ 할머니께서는 관절염 때문에 무릎 切開 수술을 하셨다.

| 害 | 해할
해 | ■ 해하다
■ 해롭다
■ 손해 ■ 해 |

迫害 ☐
핍박하여　해롭게 함 ▶ 못살게 굴어서 해롭게 함.

▷ 그는 정치적 迫害를 피해 다른 나라로 망명하였다.

| 急 | 급할
급 | ■ 급하다 ■ 빠르다
■ 긴요하다
■ 급하다 |

急迫 ☐
급하게　닥치다 ▶ 사태가 조금도 여유가 없이 매우 급하다.

▷ 산불이 빠르게 번져 한시라도 지체할 수 없는 急迫한 상황이었다.

한 글자 더

| 舍 | 집
사 | ■ 집
■ 건물
■ 버리다 |

☆ 해와 별이 머무는 곳.
　행군의 하룻밤의 숙영.

ノ 人 ㅅ 스 수 숙 舍 舍

| 舍 | 舍 | 舍 | 舍 |
| 舍 | 舍 | 舍 | 舍 |

| 官 | 벼슬
관 | ■ 벼슬
■ 관리
■ 관청 |

官舍 ☐
관리가　사는 집 ▶ 관청에서 관리에게 빌려 주어 살도록 지은 집.

▷ 이번에 선출된 시장은 官舍를 사용하지 않겠다고 한다.

| 校 | 학교
교 | ■ 학교
■ 부대
■ 울타리 |

校舍 ☐
학교의　건물 ▶ 학교의 건물.

▷ 우리 학교는 낡은 校舍를 헐고 신축하기로 하였다.

알아보기

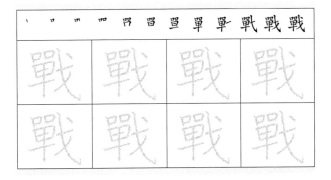

■ 한자어와 한자어를 이루는 개별 한자의 뜻을 알아보자.
■ 아래 한자어의 음을 적고 그 뜻을 생각하며 글을 읽어 보자.
■ 공부할 한자의 뜻을 알아보고 필순에 따라 바르게 써 보자.

戰爭 ▶ 국가와 국가 사이에 무력을 사용하여 싸움.

「 국가 간의 戰爭은 人類의 歷史가 시작된 이래로 世界
여러 곳에서 끊임없이 계속되어 왔다. 人類는 모두 平和를
원하지만, 지금도 戰爭을 계속하고 있는 곳이 있다.
戰爭은 나라 사이에 지켜야 할 일을
지키지 않을 때 일어난다. 즉, 한
나라와 다른 나라 사이의 주장이
다르고, 이 문제를 무력으로
解決하려고 할 때 平和가
깨지고 戰爭이 일어난다. 」

• 人類(인류): 세계의 모든 사람. 사람을 다른 동물과 구별하여 이르는 말. • 歷史(역사) • 世界(세계)
• 平和(평화) • 解決(해결). *무력: 군사상의 힘. 때리거나 부수는 따위의 육체를 사용한 힘.

戰은 '오랑캐(여진족)'를 일컫는 單(오랑캐 이름 선)과
'무기(창)'를 뜻하는 戈(과)을 결합한 것이다.　무기를
들고 오랑캐와 〈맞붙어 싸움〉을 의미한다.

은 두 손(　)이 농기구 처럼 생긴 물건(　)을 서로
잡아 끌고 있는 모습이다.　서로 팽팽하게 잡아 끌며
〈힘을 다툼〉을 의미한다.

[새김] ■ 싸움 ■ 전쟁 ■ 경기, 시합

[새김] ■ 다투다, 싸움 ■ 다스리다 ■ 멈추다

ヽ	冂	冂	冊	罒	甼	軍	單	單	戰	戰	戰
戰	戰	戰	戰								
戰	戰	戰	戰								

ノ	ハ	ハ	ハ	夕	兮	兮	爭
爭	爭	爭	爭				
爭	爭	爭	爭				

새기고 익히기

■ 한자의 뜻을 연결하여 한자어의 뜻을 생각해 보자.
■ 한자어의 뜻을 알고 예문을 통해 그 쓰임을 익히자.

| 戰 | 싸움
전 | ■ 싸움
■ 전쟁
■ 경기, 시합 | 爭 | 다툴
쟁 | ■ 다투다, 싸움
■ 다스리다
■ 멈추다 |

– 흐리게 나타난 한자어 위에 겹쳐서 쓰고 음을 적어라 –

| 鬪 | 싸움
투 | ■ 싸우다
■ 다투다
■ 승패를 겨루다 |

戰鬪   ▷ 이곳이 6.25때에 치열한 戰鬪가 벌어졌던 곳이다.

전쟁으로   싸움 ▶ 두 편의 군대가 조직적으로 무장하여 싸움.

| 術 | 재주
술 | ■ 재주
■ 방법, 수단
■ 기예 |

戰術   ▷ 우리 팀은 점수가 앞서자 수비 위주의 戰術을 구사하였다.

싸우는   수단 ▶ 일정한 목적을 달성하기 위한 수단이나 방법.

| 競 | 다툴
경 | ■ 다투다
■ 겨루다
■ 나아가다 |

競爭   ▷ 세계 시장을 겨냥한 새로운 상품을 개발하기 위한 競爭이 뜨겁다.

겨룸   다투고 ▶ 같은 목적에 대하여 이기거나 앞서려고 서로 겨룸.

| 取 | 가질
취 | ■ 가지다
■ 취하다
■ 받아들이다 |

爭取   ▷ 그들은 정당한 권리를 爭取하기 위해 단결하여 투쟁하였다.

싸워서   취함 ▶ 겨루어 싸워서 얻음.

한 글자 더

| 制 | 절제할
제 | ■ 절제하다
■ 마르다 ■ 짓다
■ 법도 |

` ノ ⌒ ⌒ ⌒ ⌒ 告 制 制`

| 制 | 制 | 制 | 制 |
| 制 | 制 | 制 | 制 |

☆ 자료를 필요한 규격대로 베거나 자르다.
억제하다. 못하게 하다.

| 統 | 거느릴
통 | ■ 거느리다
■ 줄기, 계통
■ 합치다 |

統制   ▷ 그곳은 외부인 출입을 엄격하게 統制하고 있다.

계통을 따라   절제함 ▶ 일정한 방침이나 목적에 따라 행위를 제한하거나 제약함.

| 約 | 맺을
약 | ■ 맺다
■ 약속하다
■ 줄이다 |

制約   ▷ 단체 생활에서는 여러 가지 制約이 있기 마련이다.

절제하여   줄임 ▶ 조건을 붙여 내용을 제한함. 또는 그 조건.

알아보기

惡夢 [　　]

▶ 무서운 꿈, 흉악한 꿈, 불길한 꿈.

「 '우르릉 쾅!' 천둥 소리와 함께 벼락이 쳤다.
무시무시하게 생긴 사람들이 재훈이를 잡으로
쫓아오고 있었다. 재훈이는 아무리 몸부림을 쳐
봐도 이 위급한 狀況을 벗어날 方法이 없었다.

  "아. 안 돼, 살려 주세요!"

  "애, 재훈아. 왜 그러니? 아우, 이 땀
좀 봐. 무서운 꿈을 꾸었나 보구나."

어머니 목소리에 눈을 번쩍 떴다.

재훈이는 방금 꾸었던 惡夢을

생각하며 진저리를 쳤다. 」

• 狀況(상황) • 方法(방법).
* 위급하다: 몹시 위태롭고 급하다. * 진저리: 차가운 것이 몸에 닿거나 무서움을 느낄 때에 으스스 떠는 몸짓.

惡은 사람의 등이 흉하게 굽은 모양을 본뜬 것으로, '흉하다', '보기싫다'는 뜻인 亞(아)와 '마음'을 뜻하는 心(심)을 결합한 것이다.   마음이나 태도가 보기 싫고 〈흉함〉을 의미한다.

[새김] ▪ 악하다 ▪ 나쁘다 ▪ 미워하다(오)

一	一	丁	石	亞	亞	亞	亞	亞	惡	惡	惡

惡	惡	惡	惡
惡	惡	惡	惡

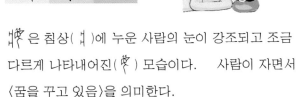

夢은 침상(爿)에 누운 사람의 눈이 강조되고 조금 다르게 나타내어진(瞢) 모습이다.   사람이 자면서 〈꿈을 꾸고 있음〉을 의미한다.

[새김] ▪ 꿈 ▪ 꿈꾸다 ▪ 흐릿하다

'	十	卄	芍	芍	芍	芮	苗	萼	夢	夢	夢

夢	夢	夢	夢
夢	夢	夢	夢

새기고 익히기

■ 한자의 뜻을 새기고 그 한자로 이루어진 한자어를 익히자.
■ 한자의 뜻을 연결하여 한자어의 뜻을 생각해 보자.
■ 한자어의 뜻을 알고 예문을 통해 그 쓰임을 익히자.

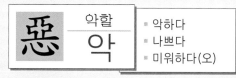

惡	악할 악	■ 악하다 ■ 나쁘다 ■ 미워하다(오)

夢	꿈 몽	■ 꿈 ■ 꿈꾸다 ■ 흐릿하다

– 흐리게 나타난 한자어 위에 겹쳐서 쓰고 음을 적어라 –

罪	허물 죄	■ 허물 ■ 죄 ■ 죄짓다

罪惡 [   ]
죄가 되는 / 나쁜 짓 ▶ 죄가 될 만한 나쁜 짓.

▷ 그는 자기가 한 짓이 얼마나 큰 罪惡인지 모르는 것 같았다.

毒	독 독	■ 독 ■ 독하다 ■ 해치다

惡毒 [   ]
악하고 / 독함 ▶ 마음이 흉악하고 독살스러움.

▷ 김 참봉은 惡毒한 짓을 많이 해서 인심을 잃었다.

吉	길할 길	■ 길하다 ■ 좋다 ■ 길한 일

吉夢 [   ]
좋은 징조의 / 꿈 ▶ 좋은 징조의 꿈.

▷ 사람들은 돼지꿈을 吉夢으로 여긴다.

解	풀 해	■ 풀다 ■ 가르다 ■ 이해하다

解夢 [   ]
풀이 / 꿈 ▶ 꿈에 나타난 일을 풀어서 좋고 나쁨을 판단함.

▷ 할머니는 내가 꿈속에서 불을 본 것은 좋은 징조의 꿈이라고 解夢하셨다.

한 글자 더

壓	누를 압	■ 누르다 ■ 억누르다 ■ 억압하다

☆ 내리 누르다. 물리적 힘을 가하다.
심리 작용이 일어나지 못하게 하다.

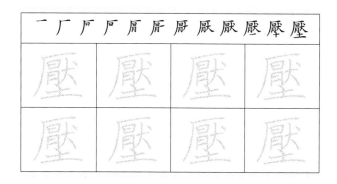

一 厂 厂 厂 厄 肩 肩 厢 厭 厭 壓 壓 壓

制	절제할 제	■ 절제하다 ■ 마르다 · 짓다 ■ 법도

制壓 [   ]
통제(절제)함 / 억눌러서 ▶ 세력이나 위엄으로 세력이나 기세 따위를 억눌러서 통제함.

▷ 우리 팀은 상대 팀을 制壓하고 결승에 진출했다.

力	힘 력	■ 힘 ■ 힘쓰다 ■ 일꾼

壓力 [   ]
내리 누르는 / 힘 ▶ 물체가 다른 물체를 누르는 힘. 사람을 위압하는 힘.

▷ 고층 건물의 壓力을 견딜수 있는 기초.
▷ 그들은 여론의 壓力에 무릎을 꿇었다.

한자성어

■ 한자 성어에 담긴 함축된 의미를 파악하고 그 쓰임을 익히자.

■ 한자 성어의 음을 적고 그에 담긴 의미와 적절한 쓰임을 익혀라.

不 要 不 急

▶ 필요하지도 않고 급하지도 않음.

▷ 여유가 좀 있다고 해서 그런 不要不急한 곳에 돈을 쓰는 것은 낭비
이다.

速 戰 速 決

▶ 싸움을 오래 끌지 아니하고 빨리 몰아쳐 이기고 짐을 결정함.
어떤 일을 빨리 진행하여 빨리 끝냄을 비유적으로 이르는 말.

▷ 이런 일은 시간을 끌수록 어려워지니 速戰速決로 처리해야 한다.

山 戰 水 戰

▶ 산에서도 싸우고 물에서도 싸웠다는 뜻으로, 세상의 온갖 고생
과 어려움을 다 겪었음을 이르는 말.

▷ 그는 어릴 때 홀로 되어 山戰水戰 다 겪으며 살아왔다.

靑 山 流 水

▶ 푸른 산에 흐르는 맑은 물이라는 뜻으로, 막힘없이 썩 잘하는 말을
비유적으로 이르는 말.

▷ 그의 말솜씨는 靑山流水 같아서 언제 들어도 구수하고 재미있다.

同 床 異 夢

▶ 같은 자리에 자면서 다른 꿈을 꾼다는 뜻으로 겉으로는 같이 행동하
면서도 속으로는 각각 딴 생각을 하고 있음을 이르는 말.

▷ 저들은 서로 힘을 합해 일하고 있지만 알고보면 각자 다른 생각
의 꿍꿍이셈이 있는 同床異夢이다.

伯 仲 之 勢

▶ 서로 우열을 가리기 힘든 형세.

▷ 그 둘의 팔씨름은 언제나 伯仲之勢였다. 그래서 구경하는사람들이
더욱 흥미로웠다.

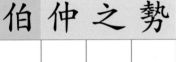

| 床 | 평상
상 | ■ 평상
■ 상, 소반
■ 마루 |

`丶 亠 广 广 庄 床 床`

| 床 | 床 | 床 | 床 |

| 伯 | 맏
백 | ■ 맏, 첫
■ 큰아버지
■ 우두머리 |

`丿 亻 亻 伯 伯 伯 伯`

| 伯 | 伯 | 伯 | 伯 |

· 불요불급 · 속전속결 · 산전수전 · 청산유수 · 동상이몽 · 백중지세

더 살펴 익히기

■ 한자가 지닌 여러가지 뜻과 한자어를 한 번 더 살펴 익히자.

■ 아래 한자가 지닌 뜻과 그 뜻을 지니는 한자어를 줄로 이어라.

切
- 베다, 끊다(절) · · 一切( ) ▶ 모든 것, '전부' 또는 '완전히'의 뜻을 나타내는 말.
- 절박하다 (절) · · 切開( ) ▶ 째거나 갈라서 벌림.
- 온통, 모두(체) · · 切迫( ) ▶ 어떤 일이나 때가 가까이 닥쳐서 몹시 급하다.

制
- 절제하다 · · 稅制( ) ▶ 세금을 매기고 거두어들이는 것에 관한 제도.
- 법도, 규정 · · 制約( ) ▶ 조건을 붙여 내용을 제한함. 또는 그 조건.

急
- 급하다 · · 危急( ) ▶ 몹시 위태롭고 급함.
- 빠르다 · · 急流( ) ▶ 물이 빠른 속도로 흐름. 또는 그 물.

煙
- 연기 · · 無煙( ) ▶ 연기가 나지 않는 것, 또는 연기가 없는 것.
- 담배 · · 禁煙( ) ▶ 담배를 피우는 것을 금함.

■ [低]와 상대되는 뜻을 지닌 한자에 ○표 하여라.　⇨ [崇 · 高 · 層 · 最]

■ [惡]과 상대되는 뜻을 지닌 한자에 ○표 하여라.　⇨ [毒 · 凶 · 善 · 吉]

■ 아래의 뜻을 지닌 한자성어가 되도록 ( ) 안에 한자를 써 넣고 완성된 성어의 독을 적어라.

▶ 사실 그대로 고함.	⇨ 以實直( )	
▶ 하늘이 높고 말이 살찐다는 뜻으로, 하늘이 맑아 높푸르게 보이고 온갖 곡식이 익는 가을철을 이르는 말.	⇨ 天( )馬肥	
▶ 이리저리 왔다 갔다 하며 일이나 나아가는 방향을 종잡지 못함. 또는 그런 모양.	⇨ 右( )左往	
▶ 이전에도 없었고 앞으로도 없을.	⇨ ( )無後無	
▶ 자기가 그린 그림을 스스로 칭찬한다는 뜻으로, 자기가 한 일을 스스로 자랑함을 이르는 말.	⇨ 自( )自讚	
▶ 이름만 그럴듯하고 실속은 없음.	⇨ 有名無( )	

· 일체. 절개. 절박 · 세제. 제약 · 위급. 급류 · 무연. 금연 / 告 · 高 · 往 · 前 · 畵 · 實

167

어휘력 다지기

■ 환자의 상태가 매우 危急 [ ] 하였다. • • 성질이 급함.

■ 너무 性急 [ ] 하면 일을 그르치게 돼. • • 몹시 위태롭고 급함.

■ 그 소문이 세상에 널리 流布 [ ] 되었어. • • 물건이 다 팔리고 없음.

■ 강의 下流 [ ] 로 갈수록 오염이 심하다. • • 세상에 널리 퍼짐, 또는 세상에 널리 퍼뜨림.

■ 요즘 유행하는 운동화는 品切 [ ] 상태. • • 강이나 내의 아래쪽 부분, 수준 따위가 낮은 부류.

■ 오늘 식사 비용 一切 [ ] 를 내가 낼게. • • 힘있게 밀고 나가는 힘.

■ 그의 행동은 패기와 迫力 [ ] 이 넘쳤다. • • 모든 것, '전부' 또는 '완전히'의 뜻을 나타내는 말.

■ 사태가 急迫 [ ] 하게 돌아가고 있었지. • • 국가의 각 기관이나 그 관리들의 활동 분야.

■ 그는 上官 [ ] 의 말을 따르지 않았어. • • 사태가 조금도 여유가 없이 매우 급함.

■ 그는 고시를 통해 官界 [ ] 에 진출했다. • • 직책상 자기보다 더 높은 자리에 있는 사람.

■ 그들의 作戰 [ ] 에 말려들면 안됩니다. • • 말로 옳고 그름을 가리는 다툼.

■ 예상을 뛰어넘는 善戰 [ ] 을 펼쳤어. • • 어떤 일을 이루기 위하여 필요한 조치나 방법을 강구함.

■ 그와 또 한바탕 舌戰 [ ] 을 벌였다. • • 있는 힘을 다하여 잘 싸움.

■ 시소한 일로 言爭 [ ] 이 벌어졌다네. • • 말다툼, 설전.

■ 임금 인상 鬪爭 [ ] 에 나선 근로자들. • • 말썽을 일으키어 시끄럽고 복잡하게 다툼.

■ 중국과 일본 간의 영토 紛爭 [ ] 지역. • • 어떤 대상을 이기거나 극복하기 위해서 싸우다.

■ 과학이 惡用 [ ] 되면 인류를 위협한다. • • 나쁜 마음, 좋지 않은 뜻.

■ 컴퓨터가 惡性 [ ] 바이러스에 감염. • • 알맞지 않게 쓰거나 나쁜 일에 씀.

■ 惡意 [ ] 를 가지고 한 행동은 아니다. • • 악한 성질.

■ 아버지는 血壓 [ ] 이 좀 높으신 편이야. • • 기계나 자동차 따위의 운동을 멈추게 함.

■ 자동차는 制動 [ ] 장치가 중요하다. • • 심장에서 혈액을 밀어낼 때 혈관에 생기는 압력.

· 위급 · 성급 · 유포 · 하류 · 품절 · 일체 · 박력 · 급박 · 상관 · 관계 · 작전 · 선전 · 고전 · 언쟁 · 투쟁 · 분쟁 · 악용 · 악성 · 악의 · 혈압 · 제동

■ 한자어가 되도록 □ 안에 공통으로 넣을 한자를 보기에서 찾아 □ 안에 쓰고 , 그 한자어의 뜻을 생각하며 음을 적어라.

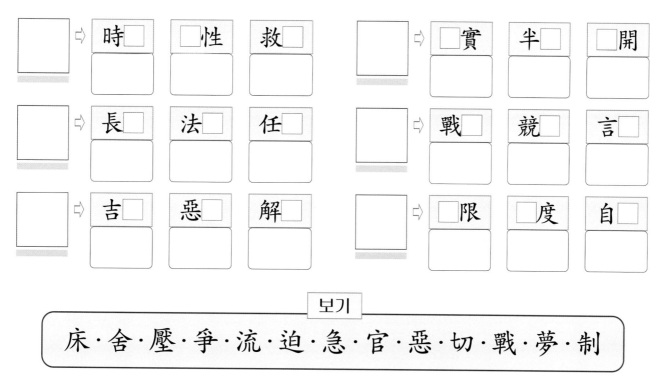

■ 아래의 뜻을 지닌 한자어가 되도록 위의 보기에서 알맞은 한자를 찾아 □ 안에 써 넣어라.

▶ 물이 흐르는 속도.

▷ 이곳 물은 [速] 이 빨라 위험하다.

▶ 기일이나 시기가 가까이 닥쳐옴.

▷ 학기말 시험이 내일로 [頭] 하였다.

▶ 외양간(마소를 기르는 곳).

▷ [牛] 를 작업실로 개조하였다.

▶ 실제의 싸움.

▷ 훈련도 [實] 처럼 해야 한다.

▶ 나무로 만든 침상의 하나, 밖에다 내어 앉거나 드러누워 쉴 수 있도록 만든 것.

▷ [平] 에 드러누워 하늘을 보았다.

▶ 착한 것과 악한 것을 아울러 이르는 말.

▷ [善] 을 잘 구분하여 행동하여라.

▶ 위력이나 위엄으로 세력이나 기세 따위를 억눌러서 통제함.

▷ 강한 힘으로 상대를 [制] 하였다.

· 시급. 급성. 구급 · 절실. 반절. 절개 · 장관. 법관. 임관 · 전쟁. 경쟁. 언쟁 · 길몽. 악몽. 해몽 · 제한. 제도. 자제 / · 유속 · 박두 · 우사 · 실전 · 평상 · 선악 · 제압

169

■ 한자의 음과 훈을 되새기며 필순에 따라 바르게 써 보자.

急 급할 급	心(마음심) / 총 9획
ノ ク ㄅ ㄅ ㄅ 刍 急 急 急	

急 急 急 急

流 흐를 류	氵(삼수변) / 총 10획
丶 丶 氵 汀 泸 泸 泸 泸 流 流	

流 流 流 流

切 끊을 절. 온통 체	刀(칼도) / 총 4획
一 七 切 切	

切 切 切 切

迫 핍박할 박	辶(책받침) / 총 9획
′ ′ 亻 白 白 白 迫 迫 迫	

迫 迫 迫 迫

官 벼슬 관	宀(갓머리) / 총 8획
丶 丶 宀 宀 官 官 官 官	

官 官 官 官

舍 집 사	舌(혀설) / 총 8획
ノ 人 亼 合 合 全 舍 舍	

舍 舍 舍 舍

戰 싸움 전	戈(창과) / 총 16획
丶 口 甲 單 戰 戰 戰	

戰 戰 戰 戰

爭 다툴 쟁	爫(손톱조) / 총 8획
′ ′ ′ ′ ′ 모 모 爭	

爭 爭 爭 爭

惡 악할 악	心(마음심) / 총 12획
一 T T 正 亞 亞 亞 亞 惡 惡 惡	

惡 惡 惡 惡

夢 꿈 몽	夕(저녁석) / 총 14획
一 十 艹 苎 苂 苎 莔 莗 夢 夢 夢	

夢 夢 夢 夢

制 절제할 제	刂(선칼도방) / 총 8획
′ ′ 二 二 牛 告 制 制	

制 制 制 制

壓 누를 압	土(흙토) / 총 17획
一 厂 厂 厂 厈 肩 厣 厭 厭 壓 壓 壓	

壓 壓 壓 壓

床 평상 상	广(엄호) / 총 7획
丶 一 广 广 庁 床 床	

床 床 床 床

伯 맏 백	亻(사람인변) / 총 7획
ノ 亻 亻 亻 伯 伯 伯	

伯 伯 伯 伯

공부할 한자

묶음 3-13

음 ■ 한자를 읽는 소리
아래 한자의 음을 찾아 적고 소리내어 읽어 보자.

– 바탕색과 글자색이 같은 것을 찾아 보자 –

疾　患　效　診
渴　走　眼　特
鏡　症　病　脈

진　안　특　질　환　효
맥　병　주　갈　경　증

훈 ■ 한자의 뜻 새김
한자의 음을 적고 훈과 함께 외어 보자.

眼 눈	鏡 거울	特 특별할	效 본받을
診 진찰할	脈 맥	病 병	患 근심
疾 병	走 달릴	渴 목마를	症 증세

알아보기

■ 한자어와 한자어를 이루는 개별 한자의 뜻을 알아보자.
■ 아래 한자어의 음을 적고 그 뜻을 생각하며 글을 읽어 보자.
■ 공부할 한자의 뜻을 알아보고 필순에 따라 바르게 써 보자.

眼鏡 [　　]

▶ 눈을 보호하거나 시력을 돕기 위해 쓰는 눈에 쓰는 물건.

「 요사이 나는 시력이 眼鏡을 써야 할 만큼 매우 나빠졌다.
그동안 나는 텔레비젼을 너무 가까이서 보았다. 1.5미터 내지
2미터쯤 떨어져서 보아야 한다는데, 바싹
다가 앉아서 텔레비젼을 본 것이다.
또 잔글씨로 쓰인 탐정 小說과
어두운 방 안이나 불빛이 희미한
곳에서 많이 읽었다. 책과의 거리도
30센티미터는 되어야 한다는데,
나는 15센티미터도 안 되는
거리에서 책을 읽었다. 」

• 小說(소설). ＊탐정 : 드러나지 않은 사정을 몰래 살펴 알아냄. 또는 그런 일을 하는 사람.

 眼眼

眼은 '눈'을 뜻하는 옛 글자인 艮(안)에 다시 '눈'을
뜻하는 目 … 目(목)을 결합한 것이다. 나중에 艮 이
艮으로 바뀌었다.　사물을 보는 〈두 눈〉을 의미한다.

[새김] ▪눈 ▪눈동자 ▪보다

丨	冂	冂	目	目	目	眇	眇	眇	眼	眼	眼

眼	眼	眼	眼
眼	眼	眼	眼

 鏡鏡

鏡은 '쇠붙이(청동)'를 뜻하는 金(금)과 '마침내',
'드디어'를 뜻하는 竟(경)을 결합한 것이다.　마침내
물체의 형상이 비쳐 보일 때까지 청동판을 갈아내어 만
든 〈거울〉을 의미한다.

[새김] ▪거울 ▪비추어 보다 ▪보기 위한 기구

八	仁	午	全	金	釒	釠	釒	鏱	鏡	鏡	鏡

鏡	鏡	鏡	鏡
鏡	鏡	鏡	鏡

새기고 익히기

■ 한자의 뜻을 새기고 그 한자로 이루어진 한자어를 익히자.
■ 한자의 뜻을 연결하여 한자어의 뜻을 생각해 보자.
■ 한자어의 뜻을 알고 예문을 통해 그 쓰임을 익히자.

眼 안 _눈
■ 눈
■ 눈동자
■ 보다

鏡 경 _{거울}
■ 거울
■ 비추어보다
■ 보기 위한 기구

― 흐리게 나타난 한자어 위에 겹쳐서 쓰고 음을 적어라 ―

目 목 _눈
■ 눈 ■ 보다
■ 일컫다
■ 조목 ■ 목록

眼目
보는 눈 ▶ 사물을 보고 분별하는 견식.

▷ 나는 어머니가 물건을 고르는 眼目이 뛰어나다고 생각한다.

肉 육 _{고기}
■ 고기
■ 살 ■ 몸
■ 혈연

肉眼
몸의 눈 ▶ 맨눈.

▷ 세균처럼 작은 것은 肉眼으로는 볼 수 없다.

藥 약 _약
■ 약
■ 약초
■ 화약

眼藥
눈 약 ▶ 눈병을 고치는 데 쓰는 약.

▷ 눈이 충혈되어 眼藥을 몇 방울 넣었다.

水 수 _물
■ 물
■ 강물, 냇물
■ 평평하다

水鏡
물 안경 ▶ 물안경.

▷ 수영장에 갈 때에는 수영복은 물론 水鏡도 준비해야 한다.

한 글자 더

診 진 _{진찰할}
■ 진찰하다
■ 맥보다
■ 증상

`丶 亠 二 言 言 言 診 診 診 診`

休 휴 _쉴
■ 쉬다
■ 그치다
■ 중지하다

休診
쉼 진찰함을 ▶ 의료기관이나 의사가 하루 또는 한동안 진료를 하지 아니함.

▷ 담당 의사가 休診이어서 다른 의사에게 진료를 받았다.

回 회 _{돌아올}
■ 돌아오다
■ 돌다
■ 번, 횟수

回診
돌아다니며 진찰함 ▶ 의사가 환자의 병실로 돌아다니며 진찰함.

▷ 내가 입원한 병원에서는 담당 의사가 하루 두 번씩 回診을 한다.

173

알아보기

■ 한자어와 한자어를 이루는 개별 한자의 뜻을 알아보자.
- 아래 한자어의 음을 적고 그 뜻을 생각하며 글을 읽어 보자.
- 공부할 한자의 뜻을 알아보고 필순에 따라 바르게 써 보자.

特效 ▢

▸ 특별한 효험.

「 "용왕마마, 너무 걱정하지 마옵소서. 이 물 속에는 없지만 육지에서는 마마의 병환을 고칠 수 있는 藥을 求할 수가 있사옵니다."
"무엇이라고? 그래, 그 藥이 무엇이란 말이냐?"
"네, 육지에 사는 토끼라는 짐승의 간이 **特效**이옵니다. 토끼의 간을 잡수시면 꼭 나으실 수 있사옵니다."
"토끼의 간이라고?"
"그럼 어서 육지로 가서 토끼를 잡아 오도록 하라."
"누가 토끼를 잡아 오겠느냐?" 」

• 藥(약) • 求(구). ＊용왕: 바다에 살며 비와 물을 맡고 불법(부처가 풀어 밝힌 가르침)을 수호하는 용 가운데의 임금.

特

特은 '소'를 뜻하는 牛(우)와 '벼슬(일을 맡아 다스리는 자리)'을 뜻하는 寺(시)를 결합한 것이다. 형질이 보다 뛰어나 특별한 구실을 하는 〈수소(황소)〉를 의미한다.

새김 ▪ 특별하다 ▪ 뛰어나다 ▪ 수소(황소)

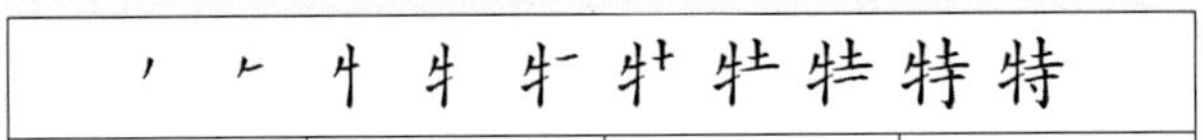

特	特	特	特
特	特	特	特

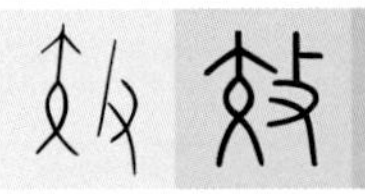

效

는 '교제하다'는 뜻인 ⋯ 交(교)와 '~하게 하다'는 뜻인 ⋯ 攴(복)=攵을 결합한 것이다. 서로 오고가며 배울 점을 〈본받음〉을 의미한다.

새김 ▪ 본받다 ▪ 힘쓰다 ▪ 보람, 효과

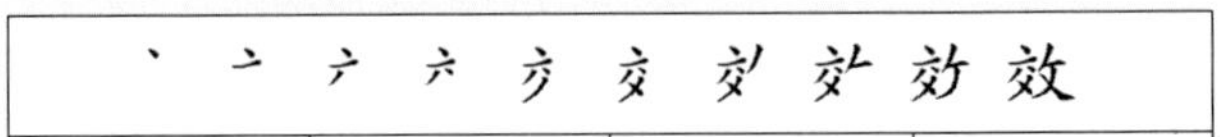

效	效	效	效
效	效	效	效

■ 한자의 뜻을 새기고 그 한자로 이루어진 한자어를 익히자.
　■ 한자의 뜻을 연결하여 한자어의 뜻을 생각해 보자.
　■ 한자어의 뜻을 알고 예문을 통해 그 쓰임을 익히자.

| 特 특별할 특 | ■ 특별하다 ■ 뛰어나다 ■ 수소(황소) | 效 본받을 효 | ■ 본받다 ■ 힘쓰다 ■ 보람, 효과 |

－ 흐리게 나타난 한자어 위에 겹쳐서 쓰고 음을 적어라 －

| 異 다를 이 | ■ 다르다 ■ 달리하다 ■ 기이하다 |
特異 □ ▷ 요즘 그의 행동에서 별다른 特異 사항이 발견되지 않았다.
특별히　　다름 ▶ 보통 것이나 보통 상태에 비하여 두드러지게 다름.

| 採 캘 채 | ■ 캐다 ■ 취하다 ■ 고르다 |
特採 □ ▷ 강도를 뒤쫓아가 잡은 청년이 순경으로 特採되었다.
특별히　골라서 씀 ▶ 특별히 채용함.

| 能 능할 능 | ■ 능하다 ■ ~할 수 있다 ■ 재능 ■ 능력 |
效能 □ ▷ 새로 개발된 약품의 效能이 입증되었다.
효과를 보이는　능력 ▶ 효험을 나타내는 능력.

| 果 실과 과 | ■ 실과, 열매 ■ 일의 결과 ■ 과단성 있다 |
效果 □ ▷ 광고를 하였으나 별 效果를 보지 못했다.
보람이나　일의 결과 ▶ 어떤 목적을 지닌 행위에 의하여 드러나는 보람이나 결과.

한 글자 더

| 脈 맥 맥 | ■ 맥, 맥박 ■ 줄기 ■ 혈맥 |

丿 刀 刀 刀 刖 肵 肵 胪 脈 脈

脈　脈　脈　脈
脈　脈　脈　脈

| 診 진찰할 진 | ■ 진찰하다 ■ 맥보다 ■ 증상 |
診脈 □ ▷ 체한 듯하여 한의원에 갔더니 診脈한 후 침을 놓아 주었다.
진찰함　맥을 짚어 ▶ 손목의 맥박을 짚어 보아 병을 진찰하는 일.

| 鑛 쇳돌 광 | ■ 쇳돌 ■ 광석 |
鑛脈 □ ▷ 광산에서는 鑛脈을 따라서 캐 들어간다.
광석의　　줄기 ▶ 암석의 갈라진 틈에 유용 광물이 많이 묻혀 있는 부분.

알아보기

■ 한자어와 한자어를 이루는 개별 한자의 뜻을 알아보자.
■ 아래 한자어의 음을 적고 그 뜻을 생각하며 글을 읽어 보자.
■ 공부할 한자의 뜻을 알아보고 필순에 따라 바르게 써 보자.

病患 [   ] ▶ '어른의 병'의 경칭. '병'의 높임말.

「 난중일기에는

"새벽 꿈이 몹시 뒤숭숭하여 심회가 극히 좋지 못하다.

病患 으로 누워 계신 어머님을 생각하니, 모르는 결에

눈물이 흐른다."라는 글이 적혀 있다.

이것은 이순신이 얼마나 사람의

아들로서 본디 가지고 있는

마음과 精誠을 다하였던가를

보여 주는 한 例이다. 」

• 精誠(정성) • 例(예).
* 뒤숭숭: 느낌이나 마음이 어수선하고 불안한 모양. * 심회: 마음속에 품고 있는 생각이나 느낌.

은 침상( )에 누운 사람이 땀을 흘리고 있는 모습
( )이다. 나중에 는 오행으로 '열'에 해당하는 丙
(병)으로 바뀌었다.   사람이 열이 나고 땀을 흘리며
〈병을 앓음〉을 의미한다.

[새김] ▪ 병, 질병 ▪ 앓다 ▪ 흠. 결점

` 一 广 广 疒 疒 疒 病 病 病
病	病	病	病
病	病	病	病

患은 '꿰다', '꼬챙이'를 뜻하는 串(천)과 '마음'을
뜻하는 心(심)을 결합한 것이다.   마음을 꿰고 있는
〈어렵고 괴로운 일〉을 의미한다.

[새김] ▪ 근심, 걱정 ▪ 병 ▪ 앓다

` 口 口 口 吊 吊 串 串 患 患 患
患	患	患	患
患	患	患	患

새기고 익히기

■ 한자의 뜻을 새기고 그 한자로 이루어진 한자어를 익히자.
■ 한자의 뜻을 연결하여 한자어의 뜻을 생각해 보자.
■ 한자어의 뜻을 알고 예문을 통해 그 쓰임을 익히자.

病 병	■ 병, 질병 ■ 앓다 ■ 흠, 결점	患 환	■ 근심, 걱정 ■ 앓다 ■ 병

– 흐리게 나타난 한자어 위에 겹쳐서 쓰고 음을 적어라 –

院 집 원	■ 집 ■ 담 ■ 관청	病院	▷ 교통사고로 부상 당한 사람을 급히 病院으로 옮겼다.

병을 치료하는 집 ▶ 병자를 진찰, 치료하는 데에 필요한 설비를 갖추어 놓은 곳.

重 무거울 중	■ 무겁다 ■ 무게 ■ 중하다 ■ 겹치다	重病	▷ 그의 안색을 보면 필시 무슨 重病이라도 앓고 있는 사람 같았다.

중한 병 ▶ 목숨이 위태로울 정도로 몹시 앓는 병.

者 놈 자	■ 놈 ■ 사람 ■ 것 ■ 적다(기재)	患者	▷ 날씨가 갑자기 추워지면서 요즘 감기 患者가 부쩍 늘었다.

병을 앓는 사람 ▶ 병들거나 다쳐서 치료를 받아야 할 사람.

後 뒤 후	■ 뒤 ■ 나중 ■ 늦다 ■ 뒤떨어지다	後患	▷ 비난받을 일을 저지르고 보니 부끄럽고도 後患이 두렵구려.

뒷날 생기는 근심 ▶ 어떤 일로 말미암아 뒷날 생기는 걱정과 근심.

한 글자 더

渴 목마를 갈	■ 목마르다 ■ 갈증 ■ 급하다

⟍ ⟍ 氵 氵 沪 沪 沪 沪 渴 渴 渴 渴

望 바랄 망	■ 바라다 ■ 기다리다 ■ 바라보다	渴望	▷ 오랜 전쟁에 지친 사람들은 자유와 평화를 渴望하였다.

목마르게 바람 ▶ 간절히 바람.

解 풀 해	■ 풀다 ■ 가르다 ■ 이해하다	解渴	▷ 며칠 동안 내린 비가 解渴에 많은 도움이 되었다.

풀어줌 갈증을 ▶ 목마름을 해소함, 비가 내려 가뭄을 겨우 벗어남.

177

알아보기

■ 한자어와 한자어를 이루는 개별 한자의 뜻을 알아보자.
■ 아래 한자어의 음을 적고 그 뜻을 생각하며 글을 읽어 보자.
■ 공부할 한자의 뜻을 알아보고 필순에 따라 바르게 써 보자.

疾走 [　　] ▶ 빨리 달림.

「 그 동안 우리의 철도는 '칙칙폭폭' 소리내며 달리던
증기 기관차에서, 어느덧 '뿌우웅' 하는 디젤 기관차로,
그리고 다시 경쾌하게 **疾走** 하는 電動車로 바뀌었습니다.
지금 우리나라의 철도는 더욱
발전하여, 서울에서 부산까지
두 時間 밖에 걸리지 않는
高速 列車 時代가 되었습니다. 」

• 電動車(전동차) • 時間(시간) • 高速(고속) • 列車(열차) • 時代(시대)
* 경쾌하다: 움직임이나 모습, 기분 따위가 가볍고 상쾌하다.

은 사람(人)이 빠르게 날아온 화살(矢)에 맞은
모습이다. 나중에 人이 '병'을 뜻하는 疒로 바뀌
었다. (화살에 맞아) 몸이 상하여 〈앓는 병〉을 의미한
다.

[새김] ▪ 병, 앓다 ▪ 원망하다 ▪ 빠르다

` 二 广 广 疒 疒 疒 疾 疾		
疾	疾	疾	疾
疾	疾	疾	疾

는 사람이 팔을 저으며 뛰어가는 모습인 夭과 '발'
을 뜻하는 止를 결합한 것이다. 빠르게 〈달려감〉을
의미한다.

[새김] ▪ 달리다 ▪ 달아나다 ▪ 가다

一 十 土 キ 卡 走 走		
走	走	走	走
走	走	走	走

178

새기고 익히기

■ 한자의 뜻을 새기고 그 한자로 이루어진 한자어를 익히자.
- 한자의 뜻을 연결하여 한자어의 뜻을 생각해 보자.
- 한자어의 뜻을 알고 예문을 통해 그 쓰임을 익히자.

| 疾 | 병 질 | ■ 병 ■ 앓다 ■ 원망하다 ■ 빠르다 |

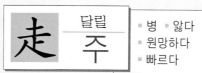
| 走 | 달릴 주 | ■ 병 ■ 앓다 ■ 원망하다 ■ 빠르다 |

– 흐리게 나타난 한자어 위에 겹쳐서 쓰고 음을 적어라 –

病 병	■ 병, 질병 ■ 앓다 ■ 흠, 결점

疾病 ☐   ▷ 疾病은 치료보다 예방이 더 중요하다.
앓는   병 ▶ 몸의 온갖 병.

患 근심 환	■ 근심, 걱정 ■ 앓다 ■ 병

疾患 ☐   ▷ 할아버지는 노인성 疾患으로 오랫동안 고생 하셨다.
앓는   병 ▶ 질병.

路 길 로	■ 길 ■ 거쳐가는 길 ■ 드러나다

走路 ☐   ▷ 100m 경주에서 다른 선수의 走路를 침범하여 방해한 선수가 실격되었다.
달리는   길 ▶ 자동차, 말 또는 사람이 달릴 수 있도록 특별히 만든 길

敗 패할 패	■ 패하다 ■ 지다 ■ 무너지다

敗走 ☐   ▷ 의병들은 남쪽으로 敗走하는 왜군을 추격했다.
져서   달아남 ▶ 싸움에 져서 달아남.

한 글자 더

症 증세 증	■ 증세 ■ 병 증세

☆ 앓는 병을 판단하는 여러 가지 증상.

` 亠 广 广 扩 疒 疒 疒 症 症

渴 목마를 갈	■ 목마르다 ■ 갈증 ■ 급하다

渴症 ☐   ▷ 더운 날씨에 땀흘리며 걸었더니 渴症이 난다.
목마른   증세 ▶ 목이 말라 물을 마시고 싶은 느낌.

狀 형상 상	■ 형상, 모양 ■ 상태 ■ 문서(장)

症狀 ☐   ▷ 그는 산에 갔다온 후 팔에 빨간 반점이 생기는 症狀이 나타났다.
병 증세와   상태 ▶ 병을 앓을 때 나타나는 여러 가지 상태나 모양.

179

어휘력 다지기

■ 공부한 한자로 이루어진 한자어를 익혀 어휘력을 다지자.
■ 글 속 한자어의 음을 적고, 그 뜻과 줄로 잇고, 쓰임을 익히자.

■ 숙제는 眼中[ ]에 없고 놀기 바쁘네. • • 눈에 관계된 질환을 연구하고 치료하는 의학.

■ 눈병이 나서 眼科[ ]에서 치료 받았다. • • 늙어 시력이 나빠짐, 또는 그런 눈.

■ 그는 돈벌이에 血眼[ ]이 되어 있어. • • 눈의 안, 관심이나 의식의 범위 안.

■ 나이들면 대부분 老眼[ ]이 온다네. • • 붉게 충혈된 눈, 기를 쓰고 달려들어 독이 오른 눈.

■ 그 유도 선수는 업어치기가 特技[ ]야. • • 특별히 뛰어남.

■ 우리 민족의 特性[ ]은 은근과 끈기. • • 보람이나 효과가 있음.

■ 그는 음악적 재능이 特出[ ]한 학생. • • 남이 가지지 못한 특별한 기술이나 기능.

■ 有效[ ] 기간을 넘긴 약품은 폐기처분. • • 일정한 사물에만 있는 특수한 성질.

■ 藥效[ ]가 서서히 나타나고 있다. • • 처음으로 진찰함, 또는 그 진찰.

■ 본인 서명이 없으면 無效[ ]입니다. • • 약의 효험.

■ 몸의 이상 증세로 初診[ ]을 받았다. • • 보람이나 효과가 없음.

■ 그 의사는 마을로 往診[ ]을 다녔다. • • 의사가 병원 밖의 환자가 있는 곳으로 가서 진료함.

■ 앞뒤 文脈[ ]을 헤아려 의미를 파악해. • • 맥(脈)이나 목숨이 유지되는 근본.

■ 전통 무술의 命脈[ ]을 이어가려면? • • 글월에 표현된 의미의 앞뒤 연결.

■ 입원한 친구에게 問病[ ]을 가려고 해. • • 아주 위중한 병의 증세.

■ 할머니의 病勢[ ]가 호전되고 있어요. • • 간절히 바라며 구함.

■ 重症[ ] 장애인을 위한 활동 보조원. • • 앓는 사람을 찾아가 위로함.

■ 그들은 평화를 渴求[ ]하고 있었다. • • 병의 상태나 형세.

■ 完走[ ]를 목표로 마라톤 경기에 참가. • • 주로 동력으로 움직이는 자동차나 열차 따위가 달림.

■ 과속 走行[ ]은 사고의 위험이 크다. • • 목표 지점까지 다 달림.

■ 그들은 서로를 疾視[ ]하고 있었지. • • 밉게 봄.

· 안중 · 안과 · 혈안 · 노안 · 특기 · 특성 · 특출 · 유효 · 약효 · 무효 · 초진 · 왕진 · 문맥 · 명맥 · 문병 · 병세 · 중증 · 갈구 · 완주 · 주행 · 질시

■ 한자어가 되도록 □ 안에 공통으로 넣을 한자를 보기에서 찾아 □ 안에 쓰고 , 그 한자어의 뜻을 생각하며 음을 적어라.

| □ ⇨ | 有□ | □力 | □果 |
| □ ⇨ | □目 | □藥 | 肉□ |

| □ ⇨ | □脈 | 休□ | 初□ |
| □ ⇨ | □院 | □名 | 問□ |

| □ ⇨ | 競□ | □行 | 獨□ |
| □ ⇨ | □狀 | □勢 | 重□ |

보기

患 · 走 · 症 · 鏡 · 渴 · 疾 · 診 · 特 · 脈 · 效 · 眼 · 病 · 伯

■ 아래의 뜻을 지닌 한자어가 되도록 위의 보기에서 알맞은 한자를 찾아 □ 안에 써 넣어라.

▶ 시력이 나쁜 눈을 잘 보이게 하기 위하여나 바람, 먼지, 강한 햇빛 따위를 막기 위하여 눈에 쓰는 물건.
▷ 眼 □   없이는 책을 읽기가 어렵네.

▶ 특별하게 다름, 다른 것과 견줄 수 없을 정도로 뛰어남.
▷ 그의 작품은 매우 獨 □ 하다.

▶ 여러 산악이 잇달아 길게 뻗치어 줄기를 이룬 지대.
▷ 남북으로 길게 뻗은 태백 山 □ 줄기.

▶ 노병(늙고 쇠약해지면서 생기는 병).
▷ 그분은 老 □ 으로 거동이 어려워요.

▶ 큰아버지 (둘 이상의 아버지의 형 가운데 맏이가 되는 형을 이르는 말).
▷ 명절 때는 □ 父 님 댁으로 모인다.

▶ '눈병'을 전문적으로 이르는 말.
▷ 眼 □ 로 눈이 붉게 충혈되었다.

▶ 목이 말라 물을 마시고 싶은 느낌.
▷ 짜게 먹어서인지 □ 症 이 난다.

· 유효. 효력. 효과 · 안목. 안약. 육안 · 진맥. 휴진. 초진 · 병원. 병명. 문병 · 경주. 주행. 독주 · 증상. 증세. 중증 / · 안경 · 독특 · 산맥 · 노환 · 백부 · 안질 · 갈증

181

■ 한자의 음과 훈을 되새기며 필순에 따라 바르게 써 보자.

眼 눈 안 　　　　　目(눈목) / 총 11획

丨 丨 刀 刀 月 目 盯 盱 眼 眼 眼			
眼	眼	眼	眼

鏡 거울 경 　　　　　金(쇠금) / 총 19획

人 乍 午 牟 金 釒 鉾 鈩 鎗 鎬 鏡 鏡			
鏡	鏡	鏡	鏡

特 특별할 특 　　　　　牛(소우) / 총 10획

丿 一 牛 牛 牛 牜 特 特 特 特			
特	特	特	特

效 본받을 효 　　　　　攵(등글월문) / 총 10획

丶 一 亠 六 亥 交 効 効 効 效			
效	效	效	效

診 진찰할 진 　　　　　言(말씀언) / 총 12획

丶 一 亠 言 言 言 言 訡 訡 診 診 診			
診	診	診	診

脈 맥 맥 　　　　　月(육달월) / 총 10획

丿 刀 月 月 肚 肵 胏 胝 脈 脈			
脈	脈	脈	脈

病 병 병 　　　　　疒(병질엄) / 총 10획

丶 一 广 广 广 疒 疒 病 病 病			
病	病	病	病

患 근심 환 　　　　　心(마음심) / 총 11획

丶 口 口 口 吕 吕 串 串 患 患 患			
患	患	患	患

疾 병 질 　　　　　疒(병질엄) / 총 10획

丶 一 广 广 广 疒 疒 疒 疾 疾			
疾	疾	疾	疾

走 달릴 주 　　　　　走(달릴주) / 총 7획

一 十 土 キ キ 走 走			
走	走	走	走

渴 목마를 갈 　　　　　氵(삼수변) / 총 12획

丶 丶 氵 氵 沪 沪 沪 浔 渇 渇 渴 渴			
渴	渴	渴	渴

症 증세 증 　　　　　疒(병질엄) / 총 15획

丶 一 广 广 广 疒 疒 疒 疔 症			
症	症	症	症

床 평상 상 　　　　　广(엄호) / 총 7획

丶 一 广 广 庁 床 床			
床	床	床	床

伯 맏 백 　　　　　亻(사람인변) / 총 7획

丿 亻 亻 亻 伍 伯 伯			
伯	伯	伯	伯

공부할 한자

묶음 3-14

음 ■ 한자를 읽는 소리
아래 한자의 음을 찾아 적고 소리내어 읽어 보자.

– 바탕색과 글자색이 같은 것을 찾아 보자 –

蟲		相		引		苦	
醫		痛		齒		答	
對		科		應		導	

응 도 고 의 상 대
치 인 통 충 답 과

훈 ■ 한자의 뜻 새김
한자의 음을 적고 훈과 함께 외어 보자.

蟲	벌레	齒	이	苦	쓸	痛	아플
醫	의원	科	과목	相	서로	對	대할
應	응할	答	대답할	引	끌	導	인도할

알아보기

■ 한자어와 한자어를 이루는 개별 한자의 뜻을 알아보자.
■ 아래 한자어의 음을 적고 그 뜻을 생각하며 글을 읽어 보자.
■ 공부할 한자의 뜻을 알아보고 필순에 따라 바르게 써 보자.

蟲齒 [   ] ▶ 벌레가 먹은 이,

「 "다른 사람에게 고통을 주는 것은 나쁜 일이다. 그러므로
아프게 蟲齒를 뽑는 치과 의사는 나쁜 일을 하고 있는
사람이다" 이 말은 明白히 틀린 말이다. 다른
사람에게 고통을 주는 것이 나쁘다는 것은
特定한 경우에만 해당되는 것이지,
모든 경우에 다 해당되는 것은
아니기 때문이다. 이와 같이 어느
特定 조건 아래에서만 옳은 事實을
마치 모든 경우에도 옳은 것처럼
생각하는 것은 잘못된 것이다. 」

• 明白(명백) • 特定(특정): 특별히 지정함(가리키어 확실하게 정함). • 事實(사실). * 해당: 무엇에 관계되는 바로 그것.

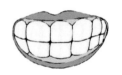

∫ 은 벌레의 모습이다. 𧈦은 그것을 세 개 결합한 것이
다. 〈온갖 벌레〉를 의미한다.

𣦵는 입 속에 나란히 나 있는 이의 모습이다. 나중에
止(지)를 결합하였다. 입 안에 나란히 나 있는 〈이〉를
의미하며, 소나 말의 나이를 이빨로 알 수 있는 데서, 〈나
이〉도 의미한다.

[새김] ■벌레 ■해충 ■벌레 먹다

[새김] ■이(이빨) ■나이 ■나란히 서다

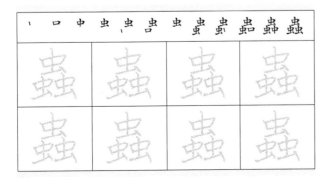

| ⺆ | 口 | 中 | 虫 | ⺂ | 呂 | 虫 | 蚰 | 蚰 | 蟲 | 蟲 | 蟲 |

| ⼁ | ⺊ | ⺊ | 止 | 뵤 | 뵤 | 𣥂 | 𣦵 | 齿 | 齒 | 齒 |

새기고 익히기

■ 한자의 뜻을 새기고 그 한자로 이루어진 한자어를 익히자.
■ 한자의 뜻을 연결하여 한자어의 뜻을 생각해 보자.
■ 한자어의 뜻을 알고 예문을 통해 그 쓰임을 익히자.

| 蟲 벌레 충 | ■ 벌레
■ 해충
■ 벌레 먹다 | 齒 이 치 | ■ 이(이빨)
■ 나이
■ 나란히 서다 |

– 흐리게 나타난 한자어 위에 겹쳐서 쓰고 음을 적어라 –

幼 어릴 유	■ 어리다 ■ 작다

어린 벌레 ▶ 알에서 나온 후 아직 다 자라지 아니한 벌레.

▷ 어미새는 알에서 깬 새끼들에게 곤충의 幼蟲을 잡아다 먹이로 주었다.

成 이룰 성	■ 이루다 ■ 갖추어지다 ■ 성숙하다

성숙한 벌레 ▶ 다 자라서 생식 능력이 있는 곤충.

▷ 곤충들은 成蟲이 된 후에는 얼마 살지 못한다.

乳 젖 유	■ 젖 ■ 젖을 먹이다 ■ 기르다

젖 이 ▶ 젖니.

▷ 내 동생은 아직 乳齒가 몇 개 남아 있다.

義 옳을 의	■ 옳다 ■ 의롭다 ■ 옳바른 도리 ■ 해 넣다

해 넣은 이 ▶ 이가 빠진 자리에 만들어 박은 가짜 이.

▷ 할아버지는 義齒를 여러개 해 넣으셨다.

한 글자 더

醫 의원 의	■ 의원 ■ 병고치다 ■ 의술

☆ 약을 지어서 앓는 사람을 치료함.

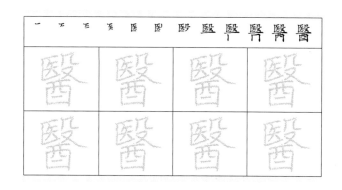

師 스승 사	■ 스승 ■ 전문인 ■ 모범으로 삼다

의술 전문인 ▶ 의술과 약으로 병을 치료·진찰 하는 것을 직업으로 삼는 사람.

▷ 그는 담당 醫師의 지시에 따라 금주하기로 하였다.

韓 한국 한	■ 대한민국의 약칭 ■ 나라이름

한방 의원 ▶ 한의사, 한의술.

▷ 삼촌은 韓醫가 되려고 한의학과에 지원하였다.

185

알아보기

■ 한자어와 한자어를 이루는 개별 한자의 뜻을 알아보자.
■ 아래 한자어의 음을 적고 그 뜻을 생각하며 글을 읽어 보자.
■ 공부할 한자의 뜻을 알아보고 필순에 따라 바르게 써 보자.

苦痛 ☐ ▸ 몸이나 마음이 괴롭고 아픔.

「 學校에서 돌아온 진영이는 속이 메슥거리며 토할
것 같아서 아무것도 하지 못하고 누워 있었다.
'좀 쉬면 괜찮겠지'라고 생각하며
누워 있었으나, 메스꺼움이 더욱
심해졌다. 두 번이나 토했고,
조금 後에는 뒤틀리듯이 배가
아프고 심한 설사까지 하여
여간 苦痛스럽지 않았다. 」

• 學校(학교) • 後(후).   *메스꺼움: 먹은 것이 되넘어 올 것같이 속이 몹시 울렁거리는 느낌.

苦 苦

苦는 '풀'을 뜻하는 艸(초)=艹와 '오래되다'는 뜻인 古(고)를 결합한 것이다.   돌아닌지 오래된 나물(먹을 수 있는 초목의 싹)은 거칠고 〈맛이 씀〉을 의미한다.

새김 ▪ 쓰다 ▪ 괴롭다 ▪ 애쓰다

丶 十 卅 艹 丗 苦 苫 苦 苦			
苦	苦	苦	苦
苦	苦	苦	苦

痛 痛

痛은 '병을 앓다'는 뜻인 疒(녁)과 '솟아오르다'는 뜻인 甬(용)을 결합한 것이다.   앓는 병으로 몸에서 솟아오르는 〈아픔〉을 의미한다.

새김 ▪ 아프다 ▪ 아픔, 고통 ▪ 몹시, 매우

丶 亠 广 广 疒 疒 疗 痈 病 病 痛 痛			
痛	痛	痛	痛
痛	痛	痛	痛

새기고 익히기

■ 한자의 뜻을 새기고 그 한자로 이루어진 한자어를 익히자.
■ 한자의 뜻을 연결하여 한자어의 뜻을 생각해 보자.
■ 한자어의 뜻을 알고 예문을 통해 그 쓰임을 익히자.

| 苦 | 쓸
고 | ■ 쓰다
■ 괴롭다
■ 애쓰다 | | 痛 | 아플
통 | ■ 아프다
■ 아픔, 고통
■ 몹시, 매우 |

– 흐리게 나타난 한자어 위에 겹쳐서 쓰고 음을 적어라 –

| 難 | 어려울
난 | ■ 어렵다
■ 어려운 사정
■ 나무라다 |

괴로움과　어려움　▶ 괴로움과 어려움을 아울러 이르는 말.

▷ 지금의 이 苦難을 이겨낸다면 반드시 기쁨이 찾아올 것이다.

| 勞 | 일할
로 | ■ 일하다
■ 수고하다
■ 노고 |

수고하고　애씀　▶ 힘들여 수고하고 애씀.

▷ 여러분의 勞苦에 감사드리며 어떻게든 보답을 하겠습니다.

| 症 | 증세
증 | ■ 증세
■ 병 증세 |

아픈　증세　▶ 아픈 증세.

▷ 몸을 일으킬 때 가끔 옆구리에서 痛症이 느껴졌다.

| 頭 | 머리
두 | ■ 머리 ■ 맨 앞
■ 우두머리
■ 근처 |

머리가　아픔　▶ 머리가 아픈 증세.

▷ 아침에 頭痛이 심하여 진통제를 먹었다.

한 글자 더

| 科 | 과목
과 | ■ 과목, 과정
■ 품등
■ 매기다 |

☆ 품등과 조목에 따라 매김.

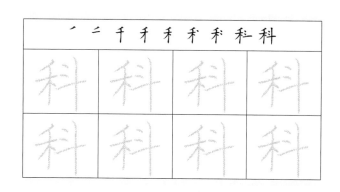

ノ　二　千　禾　禾　禾　禾　科　科

| 齒 | 이
치 | ■ 이(이빨)
■ 나이
■ 나란히 서다 |

이에 관한　과목　▶ 이를 치료하거나 교정하는 의원이나 병원.

▷ 나는 충치가 있어 齒科에서 치료 받았다.

| 教 | 가르칠
교 | ■ 가르치다
■ 가르침
■ 본받다 |

가르치는　과목　▶ 가르쳐야 할 내용을 계통적으로 짜 놓은 일정한 분야.

▷ 나는 과학 教科에 흥미가 있다.

알아보기

■ 한자어와 한자어를 이루는 개별 한자의 뜻을 알아보자.
■ 아래 한자어의 음을 적고 그 뜻을 생각하며 글을 읽어 보자.
■ 공부할 한자의 뜻을 알아보고 필순에 따라 바르게 써 보자.

相對 [　] ▶ 서로 마주 대함, 또는 그런 대상, 서로 겨룸, 또는 그런 대상.

「 '아버님, 누님, 선생님' 같은 말은 '님'자를 끝에 붙여 相對方을
높이는 뜻을 나타낸다. 또, '밥'을 '진지'라고 하는 것처럼 말 自體가
높임을 나타내는 경우도 있다. '나'를 '저'라고 하는 말처럼 자기를
낮춤으로써 相對方을 높이는 말도 있다.
禮法은 時代와 場所, [相對]에
따라 조금씩 달라질 수도 있다.
그러나 아무리 時代가 바뀌어도
어른께 공손히 하는 자세는
항상 지켜져야만 한다. 」

• 相對方(상대방) • 自體(자체) • 禮法(예법) • 時代(시대) • 場所(장소).
* 공손하다: 말이나 행동이 겸손하고 예의 바르다. * 자세: 사물을 대할 때 가지는 마음가짐.

은 '눈'을 뜻하는 目(목)과 '나무', '다닥치다
(서로 마주쳐 닿거나 부딪치다)'는 뜻인 木(목)을 결
합한 것이다.　서로 다닥친 나무를 가리려 〈모양을 자세
히 봄〉을 의미한다.

[새김] ▪ 서로 ▪ 모양 ▪ 자세히 보다

一 十 才 木 相 相 相 相 相			
相	相	相	相
相	相	相	相

는 종, 북, 경 같은 타악기를 매다는 틀(　)과 그것을
가져다 놓는 손(　)을 결합한 것이다.　악기를 연주할
때 이것 두 개를 좌우 양쪽으로 서로 마주보게 놓는 데서
〈마주 대함〉을 의미한다.

[새김] ▪ 대하다 ▪ 서로 마주 대함 ▪ 대답하다

對 對			
對	對	對	對
對	對	對	對

새기고 익히기

■ 한자의 뜻을 새기고 그 한자로 이루어진 한자어를 익히자.
■ 한자의 뜻을 연결하여 한자어의 뜻을 생각해 보자.
■ 한자어의 뜻을 알고 예문을 통해 그 쓰임을 익히자.

相 | 서로 상 | ■ 서로 ■ 모양 ■ 자세히 보다

對 | 대할 대 | ■ 대하다 ■ 서로 마주 대함 ■ 대답하다

– 흐리게 나타난 한자어 위에 겹쳐서 쓰고 음을 적어라 –

通 | 통할 통 | ■ 통하다 ■ 오가다 ■ 전하다

相通
서로　통함 ▶ 마음과 뜻이 통함, 서로 어떠한 일에 공통되는 부분이 있음.

▷ 모든 학문은 진리를 탐구한다는 점에서 相通한다.

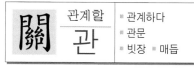

關 | 관계할 관 | ■ 관계하다 ■ 관문 ■ 빗장 ■ 매듭

相關
서로　관계함 ▶ 서로 관련을 가짐, 남의 일에 간섭함.

▷ 그 일은 나와 相關 없는 일이다.
▷ 네가 무슨 짓을 하든 나는 相關 않겠다.

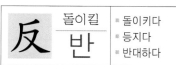

反 | 돌이킬 반 | ■ 돌이키다 ■ 등지다 ■ 반대하다

反對
등져서　대함 ▶ 두 사물이 모양, 방향, 위치 따위에서 등지거나 서로 맞섬.

▷ 그 둘은 서로 反對 방향으로 걸어갔다.

決 | 결단할 결 | ■ 결단하다 ■ 결정하다 ■ 터지다

對決
서로 대하여　결정함 ▶ 양자가 맞서서 우열이나 승패를 가림.

▷ 드디어 두 팀 간의 對決이 벌어졌다.

한 글자 더

引 | 끌 인 | ■ 끌다, 당기다 ■ 이끌다 ■ 넘겨주다

ㄱ ㄱ 引 引			
引	引	引	引
引	引	引	引

☆ 끌어당겨 늘이다.

用 | 쓸 용 | ■ 쓰다 ■ 부리다 ■ 효용 ■ 작용

引用
끌어다　씀 ▶ 남의 말이나 글을 자신의 말이나 글 속에 넣어 씀.

▷ 그는 자기가 지은 책의 제목으로 유명한 시의 한 구절을 引用하였다.

上 | 웃 상 | ■ 위 ■ 올리다 ■ 앞

引上
끌어　올림 ▶ 물건 따위를 끌어 올림, 물건값, 봉급, 요금 따위를 올림.

▷ 금년에 휴대폰 요금이 대폭 引上되었다.

189

알아보기

■ 한자어와 한자어를 이루는 개별 한자의 뜻을 알아보자.
■ 아래 한자어의 음을 적고 그 뜻을 생각하며 글을 읽어 보자.
■ 공부할 한자의 뜻을 알아보고 필순에 따라 바르게 써 보자.

應答 [　　]

▶ 부름이나 물음에 응하여 하는 대답.

「 '딩동딩동' 하고 초인종 울리는 소리가 요란하게 났습니다.
경수는 재빨리 마당으로 뛰어나가며. "누구세요?" 하고
외쳤습니다. 大門 밖에서는 應答 대신 자전거의 경적
소리가 한꺼번에 울려퍼졌습니다. 大門을
열어 보니, 상구를 비롯한 아이들
다섯 명이 자전거를 가지고 와
있었습니다. 경수가 나오자,
아이들은 환영이나 하듯이 또
한 번 자전거 경적을 세차게
울려대는 것이었습니다. 」

• 大門(대문).　*경적: 주의나 경계를 하도록 소리를 울리는 장치. 또는 그 소리. *초인종: 사람을 부르는 신호로 울리는 종.

㕍은 새매(㕍)가 언덕(厂)을 날아오르는 모습이다. 나
중에 '마음'을 뜻하는 心(심)을 결합하였다.　사냥에
나선 새매가 주인의 뜻을 〈따라 움직임〉을 의미한다.

[새김] ▪응하다 ▪대답하다 ▪따라 움직이다

`	宀	广	广	庀	庀	庀	庀	庵	雁	應	應
應	應	應	應								
應	應	應	應								

答은 '대로 만든 피리'를 뜻하는 竹(죽)과 '짝을 이루
다', '답하다'는 뜻인 合(합)을 결합한 것이다.　짝을
이루어 연주하는 두 피리가 서로 주거니 받거니 〈화답함
〉을 의미한다.

[새김] ▪대답하다 ▪답 ▪갚다

ノ	ト	𠂉	竹	竹	竺	竺	㗊	㗊	㗊	答	答
答	答	答	答								
答	答	答	答								

새기고 익히기

■ 한자의 뜻을 새기고 그 한자로 이루어진 한자어를 익히자.
- 한자의 뜻을 연결하여 한자어의 뜻을 생각해 보자.
- 한자어의 뜻을 알고 예문을 통해 그 쓰임을 익히자.

應 응할 응 ▪ 응하다 ▪ 대답하다 ▪ 따라 움직이

答 대답할 답 ▪ 대답하다 ▪ 답 ▪ 갚다

- 흐리게 나타난 한자어 위에 겹쳐서 쓰고 음을 적어라 -

對 대할 대 ▪ 대하다 ▪ 서로 마주 대함 ▪ 대답하다

對應
▷ 급변하는 사태에 따라서 신속한 對應이 필요하다.
대하여 따라 움직임 ▶ 어떤 일이나 사태에 맞추어 태도나 행동을 취함.

呼 부를 호 ▪ 부르다 ▪ 숨을 내쉬다 ▪ 부르짖다

呼應
▷ 새로운 교육 정책은 많은 사람의 呼應을 얻고 있다.
부름에 응답함 ▶ 부름에 응답하다. 부름이나 호소 따위에 대답하거나 응함.

問 물을 문 ▪ 묻다, 물음 ▪ 알아보다 ▪ 방문하다

問答
▷ 선생님은 학부모들의 관심사에 대하여 問答을 주고받았다.
물음과 대답 ▶ 물음과 대답. 또는 서로 묻고 대답함.

禮 예도 례 ▪ 예도, 예 ▪ 의식 ▪ 인사

答禮
▷ 호의를 베풀어 준 사람들에게 答禮하는 것을 잊지 않아야 한다.
갚음 예를 ▶ 말, 동작, 물건 따위로 남에게서 받은 예를 도로 갚음.

한 글자 더

導 인도할 도 ▪ 이끌다 ▪ 인도하다 ▪ 통하다

☆ 앞장서서 인도하다. 가르쳐서 인도하다.

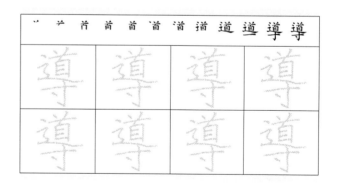

導	導	導	導
導	導	導	導

引 끌 인 ▪ 끌다, 당기다 ▪ 이끌다 ▪ 넘겨주다

引導
▷ 나를 바른 길로 引導해 주신 선생님.
▷ 그는 우리를 작품 전시장으로 引導하였다.
당기어 이끎 ▶ 이끌어 지도함. 길이나 장소를 안내함.

入 들 입 ▪ 들다 ▪ 들어가다 ▪ 들이다

導入
▷ 그 섬과 육지를 잇는 교량 건설에 새로운 공법이 導入되었다.
이끌어 들임 ▶ 기술, 방법, 물자 따위를 끌어 들임.

한자성어

■ 한자 성어의 음을 적고 그에 담긴 의미와 적절한 쓰임을 익혀라.

東 問 西 答

▶ 물음과는 전혀 상관 없는 엉뚱한 대답.

▷ 그는 무엇인가 찔리는 것이 있는지 내가 묻는 말에 東問西答하면서 딴청을 피웠다.

良 藥 苦 口

▶ 좋은 약은 입에 쓰다는 뜻으로, 충언은 귀에 거슬리지만 자신에게 이로움을 이르는 말.

▷ 良藥苦口라지 않느냐. 당장은 내 말이 듣기 싫겠지만 잘 새겨 듣고 나중에 후회하지 않기를 바란다.

走 馬 看 山

▶ 말을 타고 달리며 산천을 구경한다는 뜻으로, 자세히 살피지 아니하고 대충대충 보고 지나감을 이르는 말.

▷ 이번 여행은 일정이 빡빡하여 무엇하나 제대로 구경을 못했네. 그야말로 走馬看山 격이 되었지.

一 脈 相 通

▶ 사고방식, 상태, 성질 따위가 서로 통하거나 비슷해짐.

▷ 서로 가깝게 지내다보니 우리의 생각과 관심이 一脈相通하는 면이 많아졌다.

非 夢 似 夢

▶ 완전히 잠이 들지도 잠에서 깨어나지도 않은 어렴풋한 상태.

▷ 非夢似夢간에 들은 말이라 그가 무어라고 했는지 정확히 기억나지 않는다.

東 奔 西 走

▶ 동쪽으로 뛰고 서쪽으로 뛴다는 뜻으로, 사방으로 이리저리 몹시 바쁘게 돌아다님을 이르는 말.

▷ 그는 해야 할 일이 많아서 언제나 東奔西走하고 있다.

似 닮을 **사**
- 닮다
- 비슷하다
- 흉내내다

丿 亻 亻 们 似 似 似

奔 달릴 **분**
- 달리다
- 급히가다
- 달아나다

一 ナ 大 太 本 杰 奔 奔

·동문서답 ·양약고구 ·주마간산 ·일맥상통 ·비몽사몽 ·동분서주

더 살펴 익히기

■ 한자가 지닌 여러가지 뜻과 한자어를 한 번 더 살펴 익히자.

■ 아래 한자가 지닌 뜻과 그 뜻을 지니는 한자어를 줄로 이어라.

相
- 서로
- 모양, 형상
- 정승(대신)

- 實相(　　) ▶ 실제 모양이나 상태.
- 首相(　　) ▶ 내각의 우두머리.
- 相助(　　) ▶ 서로 도움.

答
- 대답하다
- 답(해답)
- 갚다

- 正答(　　) ▶ 옳은 답.
- 答禮(　　) ▶ 말, 동작, 물건 따위로 남에게서 받은 예를 도로 갚음.
- 應答(　　) ▶ 부름이나 물음에 응하여 답함.

流
- 흐르다
- 번져 퍼지다
- 부류, 갈래

- 一流(　　) ▶ 어떤 방면에서 첫째가는 지위나 부류.
- 流布(　　) ▶ 세상에 널리 퍼지거나 퍼뜨림.
- 流入(　　) ▶ 흘러 들어옴.

■ [苦]와 상대되는 뜻을 지닌 한자에 ○표 하여라. ⇨ [毒 · 痛 · 困 · 樂]

■ [答]과 상대되는 뜻을 지닌 한자에 ○표 하여라. ⇨ [對 · 相 · 問 · 間]

■ 아래의 뜻을 지닌 한자성어가 되도록 ( ) 안에 한자를 써 넣고 완성된 성어의 독음을 적어라.

뜻	한자성어	독음
▶ 필요하지도 않고 급하지도 않음.	不(　　)不急	
▶ 산에서도 싸우고 물에서도 싸웠다는 뜻으로, 세[상의 온갖 고생과 어려움을 다 겪었음을 이르는 말.	山戰水(　　)	
▶ 싸움을 오래 끌지 아니하고 빨리 몰아쳐 이기고 짐을 결정함. 어떤 일을 빨리 진행하여 빨리 끝냄을 비유적으로 이르는 말.	速戰速(　　)	
▶ 같은 자리에 자면서 다른 꿈을 꾼다는 뜻으로 겉으로는 같이 행동하면서도 속으로는 각각 딴 생각을 하고 있음을 이르는 말.	同床(　　)夢	
▶ 푸른 산에 흐르는 맑은 물이라는 뜻으로, 막힘 없이 썩 잘하는 말을 비유적으로 이르는 말.	靑山(　　)水	
▶ 서로 우열을 가리기 힘든 형세.	伯仲之(　　)	

· 실상. 수상. 상조 · 정답. 답례. 응답 · 일류. 유포. 유입 / 要 · 戰 · 決 · 異 · 流 · 勢

어휘력 다지기

■ 파리와 같은 害蟲[ ]이 없으면 좋겠네. • • 이를 닦고 물로 입 안을 가심.

■ 毒蟲[ ]에 쏘인 자리가 퉁퉁 부었어. • • 이가 죽 박혀 있는 열(列)의 생김새.

■ 밥을 먹은 뒤에 바로 養齒[ ]를 해라. • • 인간의 생활에 해를 끼치는 벌레를 통틀어 이르는 말.

■ 나는 齒列[ ] 상태가 고르지 않아. • • 독을 가진 벌레, 모기, 벼룩, 빈대 따위가 있다.

■ 강한 상대를 만나서 苦戰[ ]하였다네. • • 이가 쑤시거나 매우 아픈 증상.

■ 나는 齒痛[ ]으로 밤잠을 설쳤어. • • 몹시 애를 태우며 마음을 씀.

■ 그는 취직 문제로 苦心[ ]하고 있어. • • 전쟁이나 운동 경기 따위에서 몹시 힘들고 어렵게 싸움.

■ 나무 그늘 아래 平床[ ]을 놓아두어라. • • '화가'를 높여 이르는 말.

■ 송 畵伯[ ]의 작품전시회가 열렸다. • • 앉거나 드러누워 쉴 수 있도록 나무로 만든 것.

■ 그분은 심장병에 名醫[ ]로 알려졌다. • • 법률에 관한 학문을 전공하는 단과 대학.

■ 그는 法科[ ] 대학에 입학하려 한다. • • 서로 반대되거나 어긋남.

■ 고민거리로 선생님과 相談[ ]을 했어. • • 병을 잘 고쳐 이름난 의원이나 의사.

■ 그들은 서로 相反[ ]된 주장을 하였다. • • 문제를 해결하거나 궁금증을 풀기 위하여 서로 의논함.

■ 첫 對面[ ]이었기에 조금 어색했다네. • • 급한 대로 우선 처리함. 또는 급한 정황에 대처함.

■ 그들의 의견은 서로 對立[ ]하는 상태. • • 자극에 대응하여 어떤 현상이 일어남. 또는 그런 현상.

■ 應急[ ] 조치를 하고 병원으로 갔다. • • 서로 얼굴을 마주 보고 대함.

■ 아무리 불러도 反應[ ]이 없었어요. • • 의견이나 처지, 속성 따위가 서로 반대되거나 모순됨.

■ 친구에게서 반가운 答狀[ ]이 왔다. • • 질문이나 의문을 풀이함. 또는 그런 것.

■ 시험 문제와 解答[ ]을 맞추어 보았다. • • 물건 따위를 끌어내림. 가격 따위를 낮춤.

■ 휘발유 가격이 조금 引下[ ]되었다. • • 회답하는 편지를 보냄. 또는 그 편지.

■ 그 일을 主導[ ]한 사람은 바로 나야. • • 주동적인 처지가 되어 이끎.

·해충·독충·양치·치열·고전·치통·고심·평상·화백·명의·법과·상담·상반·대면·대립·응급·반응·답장·해답·인하·주도

■ 한자어가 되도록 □ 안에 공통으로 넣을 한자를 보기에서 찾아 □ 안에 쓰고 , 그 한자어의 뜻을 생각하며 음을 적어라.

□	⇨	蟲□	□科	□藥
□	⇨	□症	頭□	苦□
□	⇨	對□	問□	□禮

□	⇨	□對	□異	□助
□	⇨	□學	□師	名□
□	⇨	□用	□上	□力

相 · 痛 · 科 · 似 · 對 · 醫 · 蟲 · 引 · 齒 · 應 · 導 · 答 · 苦

■ 아래의 뜻을 지닌 한자어가 되도록 위의 보기에서 알맞은 한자를 찾아 □ 안에 써 넣어라.

▶ 해충으로 인하여 농작물이 입는 피해.

▷ 지난해는 농작물에 □害 가 심했다.

▶ 학비를 벌어 고생하며 배움.

▷ 그는 □學 으로 대학을 졸업했다.

▶ 학교에서 교육의 목적에 맞게 가르쳐야 할 내용을 계통적으로 짜 놓은 일정한 분야.

▷ 나는 과학 教□ 가 적성에 맞는다.

▶ 서로 비슷함.

▷ 그 둘은 목소리가 매우 類□ 하다.

▶ 서로 견주어 높고 낮음이나 낫고 못함이 없이 비슷함.

▷ 그 두 팀은 □等 한 경기를 펼쳤다.

▶ 요구나 요청 따위에 응하지 않음.

▷ 그의 무리한 요구에 不□ 하였다.

▶ 길이나 장소를 안내함.

▷ 안내원이 행사장으로 引□ 할거야.

· 충치. 치과. 치약 · 상대. 상이. 상조 · 통증. 두통. 고통 · 의학. 의사. 명의 · 대답. 문답. 답례 · 인용. 인상. 인력 / · 충해 · 고학 · 교과 · 유사 · 대등 · 불응 · 인도

195

■ 한자의 음과 훈을 되새기며 필순에 따라 바르게 써 보자.

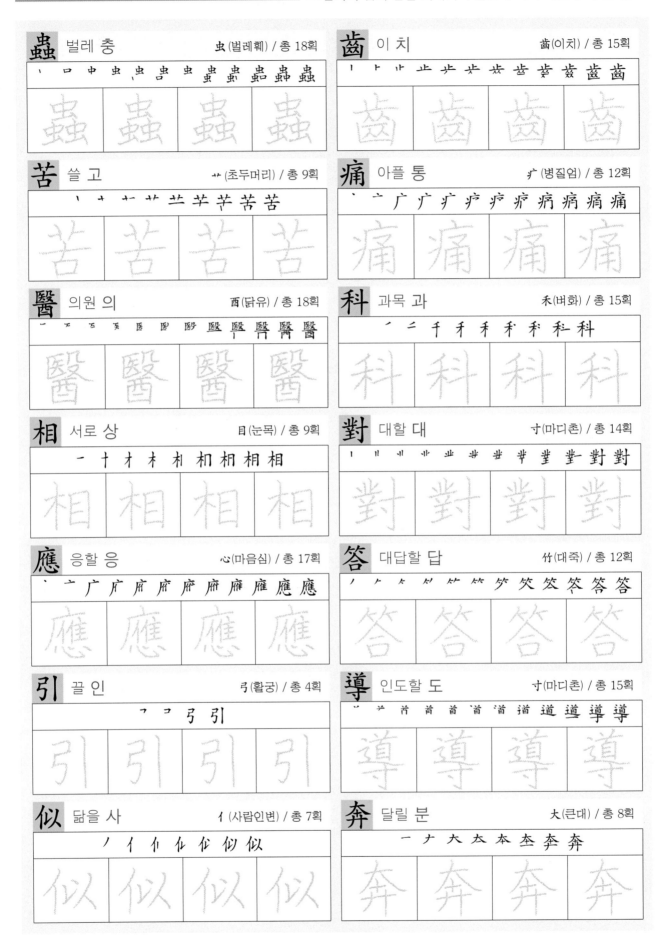

蟲 벌레 충	虫(벌레훼) / 총 18획
齒 이 치	齒(이치) / 총 15획
苦 쓸 고	⺿(초두머리) / 총 9획
痛 아플 통	疒(병질엄) / 총 12획
醫 의원 의	酉(닭유) / 총 18획
科 과목 과	禾(벼화) / 총 15획
相 서로 상	目(눈목) / 총 9획
對 대할 대	寸(마디촌) / 총 14획
應 응할 응	心(마음심) / 총 17획
答 대답할 답	竹(대죽) / 총 12획
引 끌 인	弓(활궁) / 총 4획
導 인도할 도	寸(마디촌) / 총 15획
似 닮을 사	亻(사람인변) / 총 7획
奔 달릴 분	大(큰대) / 총 8획

■ 공부할 한자의 모양을 살펴보며 음과 훈을 알아보자,

묶음 3-15

음 ■ 한자를 읽는 소리
아래 한자의 음을 찾아 적고 소리내어 읽어 보자.

훈 ■ 한자의 뜻 새김
한자의 음을 적고 훈과 함께 외어 보자.

受 받을	賞 상줄	授 줄	與 더불
發 필	展 펼	變 변할	更 고칠
改 고칠	革 가죽	簡 대쪽	便 편할

알아보기

■ 한자어와 한자어를 이루는 개별 한자의 뜻을 알아보자.
■ 아래 한자어의 음을 적고 그 뜻을 생각하며 글을 읽어 보자.
■ 공부할 한자의 뜻을 알아보고 필순에 따라 바르게 써 보자.

受賞 [　　] ▶ 상을 받음.

「 오늘 우리 반 원철이가 善行賞을 受賞하였습니다.
원철이는 品行이 단정할 뿐만 아니라, 運動도 매우 잘 합니다.
　"야! 원철이 최고다." 하면서 모두
손벽을 치며 祝賀해 주었습니다.
賞狀을 받고 자리에 돌아와 서
있는 원철이의 당당한 모습을
보니, 도훈이는 자기도 그렇게
되고 싶었습니다. 」

• 朝會(조회) • 善行賞(선행상) • 品行(품행) • 運動(운동) • 祝賀(축하) • 賞狀(상장)
＊단정하다: 옷차림이나 몸가짐 따위가 얌전하고 바르다. ＊당당하다: 남 앞에 내세울 만큼 모습이나 태도가 떳떳하다.

受는 물건을 받쳐 드는 기구(爪)를 두 손(🖐)이 서로
주고 받는 모습이다.　처음에는 '주다', '받다'를 함께
뜻하였는데, 나중에 〈받다〉는 의미로만 쓰이게 되었다.

[새김] ▪ 받다 ▪ 얻다 ▪ 받아들이다

ノ	⺪	⺪	⺪	⺪	严	学	受
受	受	受	受				
受	受	受	受				

賞은 '높이다'는 뜻인 ⌂⋯尚⋯尚(상)과 '재물'을
뜻하는 貝⋯貝(패)를 결합한 것이다.　좋은 점이나
잘한 일을 높이고 즐기도록 재물을 내려 〈칭찬함〉을 의
미한다.

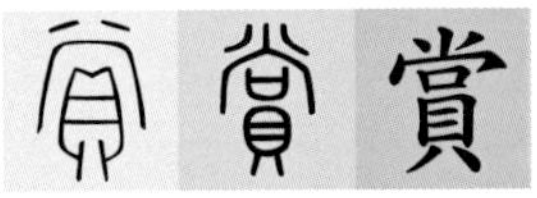

[새김] ▪ 상주다 ▪ 칭찬하다 ▪ 즐기다

�8	⎔	⎔	严	尚	尚	當	常	常	賞	賞	賞
賞	賞	賞	賞								
賞	賞	賞	賞								

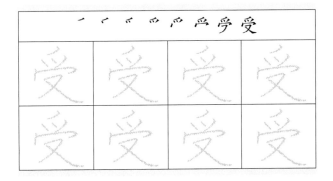

새기고 익히기

■ 한자의 뜻을 새기고 그 한자로 이루어진 한자어를 익히자.
■ 한자의 뜻을 연결하여 한자어의 뜻을 생각해 보자.
■ 한자어의 뜻을 알고 예문을 통해 그 쓰임을 익히자.

| 受 받을 수 | ■ 받다 ■ 얻다 ■ 받아들이다 | 賞 상줄 상 | ■ 상주다 ■ 칭찬하다 ■ 즐기다 |

– 흐리게 나타난 한자어 위에 겹쳐서 쓰고 음을 적어라 –

信 믿을 **신**
■ 믿다
■ 통신
■ 소식

받음 / 통신을 ▶ **통신을 받음. 전신이나 전화, 방송 따위의 신호를 받음.**

▷ 요즘은 산속에서도 전화의 受信 상태가 좋다.

領 거느릴 **령**
■ 거느리다
■ 받다
■ 목 ■ 요소

受領
받다 / 받다 ▶ **돈이나 물품을 받아들임.**

▷ 상품 受領 후 7일 내에는 반품 및 교환이 가능하다.

罰 벌할 **벌**
■ 벌하다
■ 벌주다
■ 벌

賞罰
상을 줌과 / 벌을 줌 ▶ **잘한 것에 상을 주고 못한 것에 벌을 주는 일.**

▷ 우리 선생님은 학생들에게 賞罰을 엄격히 하신다.

狀 형상 **상**
■ 형상, 모양
■ 상태
■ 문서(장)

賞狀
상을 주는 / 문서 ▶ **상을 주는 뜻을 표하여 주는 증서.**

▷ 그의 방에는 여러 경기에서 받은 賞狀과 매달이 진열되어 있었다.

한 글자 더

發 필 **발**
■ 피다 ■ 쏘다
■ 가다 ■ 내다
■ 일으키다

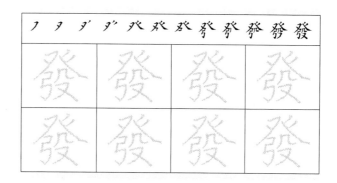

表 겉 **표**
■ 겉, 거죽
■ 나타나다
■ 표 ■ 모범

發表
드러내어 / 나타냄 ▶ **어떤 사실이나 결과 따위를 세상에 널리 드러내어 알림.**

▷ 오늘은 합격자 發表가 있는 날이다.

電 번개 **전**
■ 번개
■ 전기, 전자
■ 전신

發電
일으킴 / 전기를 ▶ **전기를 일으킴.**

▷ 원자력 發電은 많은 위험을 안고 있으며 결코 경제적이지도 않다고 한다.

알아보기

■ 한자어와 한자어를 이루는 개별 한자의 뜻을 알아보자.

■ 아래 한자어의 음을 적고 그 뜻을 생각하며 글을 읽어 보자.

■ 공부할 한자의 뜻을 알아보고 필순에 따라 바르게 써 보자.

授與 [　] ▶ 증서, 상장, 훈장 따위를 줌.

「 노벨상 위원회는 여러 대륙을 넘나들며 개척자적 구호 활동을

펼쳐온 功勞로 '국경 없는 의사회'에 노벨상 平和賞을 授與 하였다.

80여 나라의 의사·간호사등 2000여명의 자원봉사자로 구성된

국경 없는 의사회는 지난 71년 설립된 뒤 지금까지

북한 코소보 동티모르 소말리아

에티오피아 등 분쟁과 기아 등

人類의 災難이 있는 곳이면

어디든 찾아가 의료 구호

활동을 펼쳐오고 있다. 」

• 功勞(공로) • 平和賞(평화상) • 人類(인류) • 災難(재난). * 구호: 재해나 재난 따위로 어려움에 처한 사람을 도와 보호함.
* 분쟁: 말썽을 일으키어 시끄럽고 복잡하게 다툼. * 기아: 먹을 것이 없어 배를 곯는 것.

授는 '주다'와 '받다'는 뜻을 함께 나타내던 受(수)에
'손'을 뜻하는 扌를 결합한 것이다. '받다'와 구별하
여 〈주다〉를 의미한다.

𦥑는 여러 개의 손(𦥑)이 서로 맞잡은(与) 모습이다.
여럿이 〈더불어 함께함〉을 의미한다.

[새김] ▪ 주다 ▪ 전수하다 ▪ 가르치다

一	十	扌	扌	扩	扩	扩	护	护	授	授
授		授		授		授				
授		授		授		授				

[새김] ▪ 더불다 ▪ 주다(베풀다) ▪ 참여하다

⸌	⸜	乍	乍	乍	𦥑	𦥑	𦥑	𦥑	與	與	與
與		與		與		與					
與		與		與		與					

새기고 익히기

■ 한자의 뜻을 새기고 그 한자로 이루어진 한자어를 익히자.
■ 한자의 뜻을 연결하여 한자어의 뜻을 생각해 보자.
■ 한자어의 뜻을 알고 예문을 통해 그 쓰임을 익히자.

授 줄 수	■ 주다 ■ 전수하다 ■ 가르치다	與 더불 여	■ 더불다 ■ 주다(베풀다) ■ 참여하다

– 흐리게 나타난 한자어 위에 겹쳐서 쓰고 음을 적어라 –

業 업 업	■ 업 ■ 일, 직업 ■ 학업

授業 [ ]
가르쳐 줌 학업을 ▶ 교사가 학생에게 지식이나 기능을 가르쳐 줌, 또는 그런 일,

▷ 오늘은 다른 날보다 授業 분위기가 좋았다.

傳 전할 전	■ 전하다 ■ 옮기다 ■ 알리다 ■ 전기

傳授 [ ]
전하여 줌 ▶ 기술이나 지식 따위를 전하여 줌,

▷ 고려청자를 굽는 비법은 아버지로부터 아들에게로만 傳授되었다.

參 참여할 참	■ 참여하다 ■ 살피다 ■ 뵙다 ■ 셋(석 삼)

參與 [ ]
참여함 더불어 ▶ 어떤 일에 끼어들어 관계함,

▷ 가족 등반 행사에 參與한 사람이 천 명을 훨씬 넘었다.

件 물건 건	■ 물건 ■ 사건, 일 ■ 조건

與件 [ ]
주어진 조건 ▶ 주어진 조건,

▷ 경제적 與件만 허락 한다면 공부를 계속할 생각이다.

한 글자 더

展 펼 전	■ 펴다 ■ 벌이다 ■ 더 나아지다

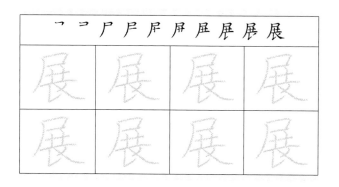

展 열 개	■ 열다 ■ 피다 ■ 트이다 ■ 시작하다

展開 [ ]
펼쳐짐 열리어 ▶ 열리어 나타남, 시작하여 벌임, 내용을 진전시켜 펴 나감,

▷ 눈앞에 넓고 푸른 들판이 展開되었다.
▷ 이야기의 展開가 매우 흥미로웠다.

示 보일 시	■ 보이다 ■ 알리다 ■ 지시

展示 [ ]
벌여놓고 보임 ▶ 여러가지 물품을 한곳에 벌여 놓고 보임,

▷ 인상파 화가들의 작품을 展示하였다.

201

■ 한자어와 한자어를 이루는 개별 한자의 뜻을 알아보자.
■ 아래 한자어의 음을 적고 그 뜻을 생각하며 글을 읽어 보자.
■ 공부할 한자의 뜻을 알아보고 필순에 따라 바르게 써 보자.

變更 [　　] ▸ 바꾸어서 고침,

「 이윽고 재판관은 判決을 내렸습니다.
　"이 베니스에서는 어떠한 權力으로도 定해진 법을
　變更할 수 없다. 그러므로 안토니오는 증서에 써
　있는 대로 샤일록에게 심장에서 가장
　가까운 곳의 살 1파운드를 주어야
　할 것이다. 그러나 그 증서에는
　살 1파운드만 주겠다고 했으므로
　샤일록은 안토니오의 피를 단 한
　방울이라도 흘려서는 안 된다."」

• 判決(판결) • 權力(권력) • 定(정). 　＊증서: 권리나 의무, 사실 따위를 증명하는(증거를 들어서 밝히는) 문서.

變은 '말 이어가다', '뒤얽히다'는 뜻인 䜌(련)과
'~하게 하다'는 뜻인 攴(복)⋯ 攵을 결합한 것이다.
임기응변으로 그때그때 말이 〈달라짐〉을 의미한다.

[새김] ▪ 변하다 ▪ 고치다 ▪ 변통하다

丶	言	絲	絲	絲	絲	絲	絲	絲	變	變
變		變		變		變				
變		變		變		變				

㪅은 오행으로 '굳센 기상'을 뜻하는 ⋯ 丙(병)과
'~하게하다'는 뜻인 ⋯ 攴(복)을 결합한 것이다.
변경을 지키는 군사를 교체할 때가 되어 굳센 기상의
군사로 〈바꿈〉을 의미한다.

[새김] ▪ 고치다 ▪ 바꾸다 ▪ 다시(갱)

一	厂	冂	戸	百	更	更
更	更	更	更
更	更	更	更

새기고 익히기

■ 한자의 뜻을 새기고 그 한자로 이루어진 한자어를 익히자.
■ 한자의 뜻을 연결하여 한자어의 뜻을 생각해 보자.
■ 한자어의 뜻을 알고 예문을 통해 그 쓰임을 익히자.

| 變 | 변할 변 | ■ 변하다
■ 고치다
■ 변통하다 | 更 | 고칠 경 | ■ 고치다
■ 바꾸다
■ 다시(갱) |

– 흐리게 나타난 한자어 위에 겹쳐서 쓰고 음을 적어라 –

| 化 | 될 화 | ■ 되다
■ 바뀌다
■ 달라지다 |

變化 [   ]
변하여 달라짐 ▶ 사물의 성질, 모양, 상태 따위가 바뀌어 달라짐.

▷ 더욱 빨라지는 기후 환경 變化에 지구의 생태계가 위협받고 있다.

| 動 | 움직일 동 | ■ 움직이다
■ 옮기다
■ 일어나다 |

變動 [   ]
변하여 움직임 ▶ 변하여 움직임, 바뀌어 달라짐, 고침.

▷ 여행 계획에 變動 사항이 있으면 바로 알려 주세요.

| 新 | 새 신 | ■ 새, 새로운
■ 새롭게 다시
■ 처음으로 |

更新 [   ]
고쳐서 새롭게 함 ▶ 이미 있던 것을 고쳐 새롭게 함, 종전의 기록을 깨뜨림.

▷ 이번 마라톤 대회에서 기록 更新을 기대해 보겠다.

| 生 | 날 생 | ■ 나다 ■ 살다
■ 삶 ■ 날 것
■ 싱싱하다 |

更生 [   ]
다시 살아남 ▶ 거의 죽을 지경에서 다시 살아남.

▷ 불치의 병에 걸렸지만 그는 기적적인 更生 가능성에 희망을 걸고 있다.

한 글자 더

| 簡 | 대쪽 간 | ■ 대쪽
■ 편지 ■ 문서
■ 간략하다 |

☆ 종이가 없던 옛날에 간단한 글을 적던 대쪽.

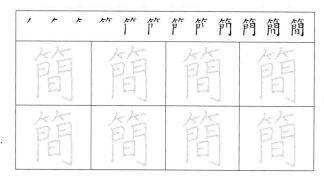

| 單 | 홑 단 | ■ 홑, 단 하나
■ 복잡하지 않다
■ 단자 |

簡單 [   ]
간략하다 복잡하지 않고 ▶ 단순하고 간략하다, 간편하고 단출하다, 단순하고 손쉽다.

▷ 그것은 그리 簡單한 문제가 아니다.

| 素 | 본디 소 | ■ 본디, 바탕
■ 질박하다
■ 희다 ■ 평소 |

簡素 [   ]
간략하고 질박하다 ▶ 간략하고 소박하다.

▷ 그들은 결혼식을 되도록 簡素하게 하기로 하였다.

알아보기

■ 한자어와 한자어를 이루는 개별 한자의 뜻을 알아보자.
■ 아래 한자어의 음을 적고 그 뜻을 생각하며 글을 읽어 보자.
■ 공부할 한자의 뜻을 알아보고 필순에 따라 바르게 써 보자.

改革 [   ] ▶ 새롭게 뜯어 고침.

「 우리 나라는 1897년에 정치, 경제, 사회의 여러 가지 제도를
改革하게 되었으며, 이를 갑오개혁이라 한다. 갑오개혁은
과거 제도를 폐지하고 문벌과 신분을 가리지 않고 能力에 따라
인재를 登用시키도록 하였다. 노비도 없앴으며,
길이와 무게를 재는 도량형을
통일하였다. 갑오개혁은 性急하게
실시되어 그 폐단도 있었지만
우리 나라가 근대 국가로
發展하는 계기가 되었다. 」

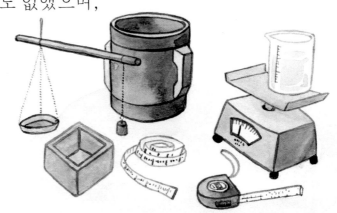

• 能力(능력) • 登用(등용) • 性急(성급) • 發展(발전). * 문벌: 대대로 내려오는 그 집안의 사회적 신분이나 지위.
* 신분: 개인의 사회적인 위치나 계급. * 폐단: 어떤 일이나 행동애서 나타나는 옳지 못한 경향이나 해로운 현상.

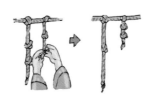

改는 매듭을 지어 사물을 기록한 새끼줄인 己(기)와
'~하게 하다'는 뜻인 攴(복)…攵을 결합한 것이다.
기록할 내용을 바꾸기 위해 매듭이나 모양을 〈다시 고침
〉을 의미한다.

[새김] ▪ 고치다 ▪ 바꾸다 ▪ 다시

ㄱ ㄱ ㄹ ㄹ 끈 改 改			
改	改	改	改
改	改	改	改

革은 짐승의 껍질을 무두질하여 놓은 모습이다. 무두질
은 짐승의 껍질(털가죽)에서 털과 기름을 제거하여 부드
럽게 다루는 일이다. 무두질을 하여 짐승의 껍질(털가
죽)을 〈가죽으로 바꿈〉을 의미한다.

[새김] ▪ 가죽 ▪ 고치다 ▪ 바꾸다

一 十 卄 廿 芇 苩 莒 莒 革			
革	革	革	革
革	革	革	革

새기고 익히기

■ 한자의 뜻을 새기고 그 한자로 이루어진 한자어를 익히자.
■ 한자의 뜻을 연결하여 한자어의 뜻을 생각해 보자.
■ 한자어의 뜻을 알고 예문을 통해 그 쓰임을 익히자.

| 改 고칠
개 | ■ 고치다
■ 바꾸다
■ 다시 | 革 가죽
혁 | ■ 가죽
■ 고치다
■ 바꾸다 |

– 흐리게 나타난 한자어 위에 겹쳐서 쓰고 음을 적어라 –

| 良 어질
량 | ■ 어질다
■ 좋다
■ 착하다 | 改 良
고침 좋게 | ▷ 딸기의 품종을 改良하여 수확량을 크게 늘렸다.
▶ 나쁜 점을 보완하여 더 좋게 고침. |

| 善 착할
선 | ■ 착하다
■ 좋다
■ 훌륭하다 | 改 善
고쳐서 좋게 함 | ▷ 근무 여건이 改善되어서 일하기가 한층 편해졌다.
▶ 잘못된 것이나 부족한 것 따위를 고쳐 더 좋게 만듦. |

| 命 목숨
명 | ■ 목숨
■ 명 · 운명
■ 표적 | 革 命
바뀌다 명(천명)이 | ▷ 4.19革命은 우리나라 민주주의 발전에 큰 변화를 가져왔다.
▶ 사회 제도, 경제 제도, 조직 따위를 근본적으로 고치는 일. |

| 新 새
신 | ■ 새, 새로운
■ 새롭게 다시
■ 처음으로 | 革 新
바꾸어 새롭게 함 | ▷ 도처에서 기술적 진보와 革新이 일어나고 있다.
▶ 묵은 풍속, 관습, 조직, 방법 따위를 완전히 바꾸어 새롭게 함. |

한 글자 더

| 便 편할
편 | ■ 편하다
■ 소식 ■ 편
■ 대소변(변) |

| ノ イ イ イ 佢 佢 佢 便 便 |
| 便 便 便 便 |
| 便 便 便 便 |

☆ 편 – 전하여 보내는 데 이용하는 계제.
☆ 쪽 – 몇 패로 나뉘었을 때의 그 하나하나.

| 利 이로울
리 | ■ 이롭다 ■ 이익
■ 편리하다
■ 날카롭다 | 便 利
편하고 이로움 | ▷ 도시 생활은 시골 생활보다 便利한 점이 많다.
▶ 편하고 이로우며 이용하기 쉬움. |

| 器 그릇
기 | ■ 그릇
■ 기구, 도구
■ 기관 | 便 器
대소변 기구 | ▷ 욕실에 세면기와 便器가 있다.
▶ 오줌이나 똥을 누도록 만든 기구. |

205

어휘력 다지기

■ 공부한 한자로 이루어진 한자어를 익혀 어휘력을 다지자.
■ 글 속 한자어의 음을 적고, 그 뜻과 줄로 잇고, 쓰임을 익히자.

■ 대금을 치르고 물건을 引受 하였다.   • 물건이나 권리를 건네받음.

■ 그는 말실수로 많은 受難 을 겪었어.   • 상으로 주는 물품.

■ 그의 실력이면 入賞 은 무난하다네.   • 견디기 힘든 일을 당함.

■ 씨름 대회의 賞品 은 황소였다.   • 상을 탈 수 있는 등수 안에 듦.

■ 모유 授乳 를 하는 산모들이 많아요.   • 더할 수 없을 만큼 많거나 큼.

■ 莫大 한 제작비가 든 초대형 영화.   • 젖먹이에게 젖을 먹임.

■ 신무기로 무장한 莫强 한 전투력.   • 돈이나 물품 따위를 줌. 또는 그 돈이나 물품.

■ 힘든 일일수록 給與 가 많아야 한다.   • 더할 수 없이 셈.

■ 내 일에 더 이상 關與 하지 말아라.   • 입 밖으로 말을 냄.

■ 가축 전염병이 發生 하여 확산 중.   • 어떤 일에 관계하여 참여함.

■ 오늘 일은 절대 發說 하면 안된다.   • 어떤 일이나 사물이 생겨남.

■ 신체의 發育 이 왕성한 청소년 시기.   • 넓고 먼 곳을 멀리 바라봄. 앞날을 헤아려 내다봄.

■ 물가가 앞으로 더 오를 展望 이란다.   • 일이 되어 가는 상태나 경로 또는 결과.

■ 일이 계획대로 잘 進展 되고 있니?   • 생물체가 자라남.

■ 사업이 잘되어 形便 이 좀 나아졌어.   • 일이 진행되어 발전함.

■ 그곳으로 가는 車便 이 많지 않아.   • 간단명료함(간단하고 분명함).

■ 복잡한 문제를 簡明 하게 설명했어.   • 차가 사람이나 물건을 싣고 오고 가는 편.

■ 기술의 발달로 생활에 많은 變革 이.   • 급격하게 바꾸어 아주 달라지게 함.

■ 그가 變心 한 이유를 잘 모르겠어.   • 이름을 고침. 또는 그 이름.

■ 한글 맞춤법이 일부분 改定 되었다.   • 이미 정하였던 것을 고쳐 다시 정함.

■ 요즘에는 改名 이 별로 어렵지 않아.   • 마음이 변함.

·인수 · 수난 · 입상 · 상품 · 수유 · 막대 · 막강 · 급여 · 관여 · 빌생 · 발설 · 발육 · 전망 · 진전 · 형편 · 차편 · 간명 · 변혁 · 변심 · 개정 · 개명

■ 한자어가 되도록 □ 안에 공통으로 넣을 한자를 보기에서 찾아 □ 안에 쓰고 , 그 한자어의 뜻을 생각하며 음을 적어라.

| [ ] | ⇨ | 受□ | □品 | 入□ |

| [ ] | ⇨ | 改□ | □新 | □命 |

| [ ] | ⇨ | 授□ | 參□ | 給□ |

| [ ] | ⇨ | □開 | □示 | 進□ |

| [ ] | ⇨ | 變□ | □新 | □生 |

| [ ] | ⇨ | □便 | □單 | □素 |

보기

發·與·便·革·展·受·奔·授·改·更·賞·簡·變

■ 아래의 뜻을 지닌 한자어가 되도록 위의 보기에서 알맞은 한자를 찾아 □ 안에 써 넣어라.

▶ 기술이나 지식 따위를 전하여 받음.

▷ 한지 공예 기법을 傳[ ] 중이라네.

▶ 교사가 학생에게 지식이나 기능을 가르쳐 줌, 또는 그런 일.

▷ 오늘 [ ]業 은 이것으로 마치겠다.

▶ 더 낫고 좋은 상태나 더 높은 단계로 나아감.

▷ 나날이 [ ]展 하는 인공 지능의 능력.

▶ 몹시 바쁘게 뛰어다님.

▷ 모두들 [ ]走 하게 움직이고 있었다.

▶ 예상치 못한 사태나 괴이한 변고.

▷ 기상 異[ ] 으로 예상치 못한 폭설이.

▶ 작품이나 원고 따위를 고쳐 다시 지음, 또는 그렇게 한 작품.

▷ 원작 만화를 [ ]作 해서 만든 영화야.

▶ 편하고 걱정 없이 좋음.

▷ 나는 침대에 [ ]安 하게 누워 있었다.

· 수상. 상품.입상 · 개혁. 혁신. 혁명 · 수여. 참여. 급여 · 전개. 전시. 진전 · 변경. 경신. 갱생 · 간편. 간단. 간소 / · 전수 · 수업 · 발전 · 분주 · 이변 · 개작 · 편안

■ 한자의 음과 훈을 되새기며 필순에 따라 바르게 써 보자.

受 받을 수	又(또우) / 총 8획
授 줄 수	扌(재방변) / 총 11획
發 필 발	癶(필발머리) / 총 12획
變 변할 변	言(말씀언) / 총 23획
改 고칠 개	攵(등글월문) / 총 7획
簡 대쪽 간	竹(대죽) / 총 18획
似 닮을 사	亻(사람인변) / 총 획

賞 상줄 상	貝(조개패) / 총 15획
與 더불 여	臼(절구구) / 총 14획
展 펼 전	尸(주검시) / 총 10획
更 고칠 경. 다시 갱	日(가로왈) / 총 7획
革 가죽 혁	革(가죽혁) / 총 9획
便 편할 편	亻(사람인변) / 총 9획
奔 달릴 분	大(큰대) / 총 8획

묶음 3-16

음 ■ 한자를 읽는 소리
아래 한자의 음을 찾아 적고 소리내어 읽어 보자.

– 바탕색과 글자색이 같은 것을 찾아 보자 –

管		飛		密		牙	
秘		龍		虎		宮	
保		象		倉		庫	

호 룡 고 비 상 밀
비 창 관 보 궁 아

훈 ■ 한자의 뜻 새김
한자의 음을 적고 훈과 함께 외어 보자.

飛 날	虎 범	龍 용	宮 집
秘 숨길	密 빽빽할	象 코끼리	牙 어금니
保 지킬	管 대롱	倉 곳집	庫 곳집

알아보기

■ 한자어와 한자어를 이루는 개별 한자의 뜻을 알아보자.
▬ 아래 한자어의 음을 적고 그 뜻을 생각하며 글을 읽어 보자.
▬ 공부할 한자의 뜻을 알아보고 필순에 따라 바르게 써 보자.

飛虎 [　　] ▶ 나는 듯이 빠르게 달리는 범, 동작이 매우 날래고 용맹스러움의 비유.

「 적에게 쫓기는 토끼의 速度는 정말 빠릅니다. 달리는 말들도 바람처럼 빠릅니다. 그러나 이들 모두 치타의 빠르기와는 비교도 안됩니다. 동물 중에서 가장 빠른 치타는 時速 약 104킬로미터로 달립니다. 따라서 高速 道路에서 달리는 自動車들만큼 빠른 것입니다. 맹수의 왕인 호랑이는 치타 만큼 빠르지는 않습니다. 그러나 민첩하고 용맹스러워 매우 용맹스럽고 날랜 動作을 '飛虎 같다'고 합니다. 」

• 速度(속도) • 時速(시속) • 高速 道路(고속 도로) • 自動車(자동차) • 動作(동작)
* 민첩하다: 재빠르고 날쌔다. * 용맹: 용감하고 사나움. * 날래다: 사람이나 동물의 움직임이 나는듯이 빠르다.

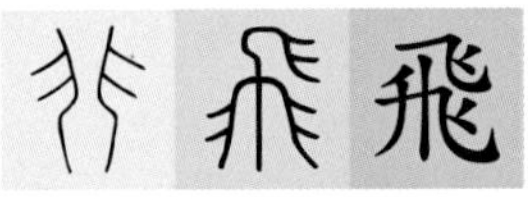

㣺㣺는 활짝 편 새의 양 날개의 모습이다.   새가 양 날개를 활짝 펴서 〈빠르게 낢〉을 의미한다.

㿠는 큰 입을 벌리고 있는 호랑이의 모습이다.   용맹스러운 〈호랑이〉를 의미한다.

[새김] ▪ 날다 ▪ 높다 ▪ 빠르다

㣇 㣺 㣺 㣺 㣺 飛 飛 飛 飛
飛　飛　飛　飛
飛　飛　飛　飛

[새김] ▪ 범 ▪ 호랑이 ▪ 용맹스럽다

ˊ � ㄅ 广 广 店 虎 虎 虎
虎　虎　虎　虎
虎　虎　虎　虎

새기고 익히기

■ 한자의 뜻을 새기고 그 한자로 이루어진 한자어를 익히자.
■ 한자의 뜻을 연결하여 한자어의 뜻을 생각해 보자.
■ 한자어의 뜻을 알고 예문을 통해 그 쓰임을 익히자.

飛 날 비	■ 날다 ■ 높다 ■ 빠르다	虎 범 호	■ 범, 호랑이 ■ 용맹스럽다

– 흐리게 나타난 한자어 위에 겹쳐서 쓰고 음을 적어라 –

行 다닐 행	■ 다니다 ■ 가다 ■ 행하다

飛行 [ ]
날아   다님 ▶ 공중으로 날아가거나 날아다님.

▷ 나도 기회가 되면 열기구를 타고 飛行을 해보고 싶다.

散 흩을 산	■ 흩다 ■ 흩어지다 ■ 한가롭다

飛散 [ ]
날아서   흩어짐 ▶ 날아서 흩어짐.

▷ 세찬 바람으로 단풍진 나뭇잎이 일시에 떨어지며 飛散하는 광경은 장관이었다.

骨 뼈 골	■ 뼈 ■ 골격 ■ 기골

虎骨 [ ]
호랑이의   뼈 ▶ 호랑이의 뼈.

▷ 虎骨은 뼈마디가 쑤시며 몹시 아픈 증상에 약재로도 쓴다고 한다.

皮 가죽 피	■ 가죽 ■ 껍질 ■ 거죽

虎皮 [ ]
호랑이의   털가죽 ▶ 호랑이의 털가죽.

▷ 虎皮는 쉽게 구할 수 없는 것으로 귀하게 여긴다.

한 글자 더

秘 숨길 비	■ 숨기다 ■ 신비하다 ■ 알리지 않다

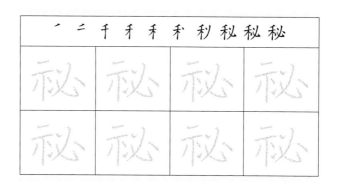

` 二 千 千 禾 禾 利 秒 秘 秘

☆ 신묘하여 헤아리기 어렵다.
  심오하여 알기가 어렵다.

神 귀신 신	■ 귀신, 신령 ■ 정신 ■ 신묘하다

神秘 [ ]
신묘함   신비하고 ▶ 사람의 지혜나 상식으로는 헤아릴 수 없이 신기하고 묘함.

▷ 자연의 세계는 알면 알수록 참으로 神秘하다.

境 지경 경	■ 지경, 경계 ■ 곳, 장소 ■ 처지

秘境 [ ]
신비스런   곳 ▶ 신비스런 경지, 경치가 빼어나게 아름다운 곳.

▷ 해안가의 기묘한 바위 절벽이 푸른 파도와 어우러져 秘境을 연출하였다.

211

알아보기

■ 한자어와 한자어를 이루는 개별 한자의 뜻을 알아보자.
■ 아래 한자어의 음을 적고 그 뜻을 생각하며 글을 읽어 보자.
■ 공부할 한자의 뜻을 알아보고 필순에 따라 바르게 써 보자.

龍宮 ☐

▶ 전설에서, 바다 속에 있다고 하는 용왕의 궁전.

「 "여보시오, 토끼 양반! 안녕하셨는지요?"

"당신은 누구시오?"

"저는 東쪽 바다에 살고 있는 별주부 자라입니다. 이렇게
有名한 토 先生을 만나 뵙게 되어 무척 기쁩니다."

"아니, 바닷속 龍宮까지 내 이름이 알려졌소?"

"아무렴요. 영리하고 잘생긴 토 先生을
모두 보고 싶어 야단들이지요."

"하기야, 육지에서도 나를 몰라보는
이가 없소이다마는, 龍宮까지
所聞이 났다 하니 조금은 놀랐소" 」

• 東(동) • 有名(유명) • 所聞(소문). ＊영리하다: 눈치가 빠르고 똑똑하다.

𡥆은 전설에 나오는 상상의 동물인 용의 모습이다. 중국
사람들이 숭상하는 상상의 동물인 〈용〉을 의미한다.
용은 예로부터 뛰어난 인물을 비유하며, 〈임금〉을 상징
한다.

새김 ▪용 ▪임금 ▪뛰어난 인물

二 亠 立 产 产 育 育 背 背 龍 龍 龍
龍 龍 龍 龍
龍 龍 龍 龍

𡧃은 '집'을 뜻하는 ∩⋯宀과 여러 채의 건물이 죽
이어져 있는 모습인 𠖥⋯呂를 결합한 것이다.
여러채의 건물로 이루어진 왕과 왕의 가족이 사는 집인
〈궁궐〉을 의미한다.

새김 ▪집 ▪궁궐 ▪임금의 아내

﹅ ﹅ 宀 宀 宇 宮 宮 宮 宮
宮 宮 宮 宮
宮 宮 宮 宮

새기고 익히기

■ 한자의 뜻을 새기고 그 한자로 이루어진 한자어를 익히자.

■ 한자의 뜻을 연결하여 한자어의 뜻을 생각해 보자.
■ 한자어의 뜻을 알고 예문을 통해 그 쓰임을 익히자.

龍 룡	용	■ 용 ■ 임금 ■ 뛰어난 인물		宮 궁	집	■ 집 ■ 궁궐 ■ 임금의 아내

– 흐리게 나타난 한자어 위에 겹쳐서 쓰고 음을 적어라 –

▷ 龍王님은 심청이를 연꽃에 실어서 물 위로 올려 보냈지요.

용 　 왕 ▶ 비와 물을 맡고 불법을 수호하는 용 가운데의 임금.

▷ 고구려 고분 벽화에는 천장에 黃龍을 그린 것이 있다.

누런빛의 용 ▶ 누런빛의 용.

▷ 화창한 봄날이면 가족과 古宮을 찾는 이들이 많다.

옛 　 궁궐 ▶ 옛 궁궐.

▷ 그 황제는 後宮을 수백 명이나 거느리고 있었다고 한다.

뒤에 얻는 임금의 아내 ▶ 제왕의 첩.

한 글자 더

密
 밀 ｜ 빽빽할 ｜ ■ 빽빽하다
 ■ 빈틈없다
 ■ 몰래 ■ 가깝다

☆ 누설하지 아니하다.
　숨겨놓은 일

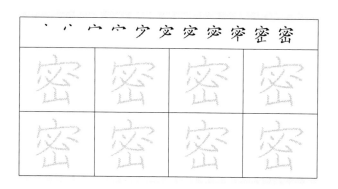

▷ 이건 절대 秘密이니까 아무한테도 말하지 마라.

숨기어 모르게 함 ▶ 숨기어 남에게 드러내거나 알리지 말아야 할 일.

▷ 인구 密集 지역은 교통 혼잡이나 환경 오염과 같은 많은 문제가 발생한다.

빽빽하게 모임 ▶ 빈틈없이 빽빽하게 모임.

알아보기

■ 한자어와 한자어를 이루는 개별 한자의 뜻을 알아보자.
■ 아래 한자어의 음을 적고 그 뜻을 생각하며 글을 읽어 보자.
■ 공부할 한자의 뜻을 알아보고 필순에 따라 바르게 써 보자.

象牙 [　　] ▶ 코끼리의 어금니.

「 인도나 아프리카 사람들은 코끼리는 따로 墓地가 있고, 죽음이
가까워지면 홀로 그곳으로 가서 죽음을 맞이한다고 생각했습니다.
그곳은 사람이 쉽게 접근할 수 없는 깊숙한 수풀이나 골짜기 속에
있고, 거기에는 몇천 년 前인 옛날부터 쌓인 象牙가 여기 저기
흩어져 있으므로, 코끼리 墓地를
發見한 사람은 큰 벼락부자가
된다고 했습니다. 그래서 멀리
아프리카의 깊숙한 곳까지
코끼리 墓地를 찾으러 간
사람도 있었다고 합니다. 」

• 墓地(묘지) • 前(전) • 發見(발견).　＊접근하다: 가까이 다가가다.　＊벼락부자: 갑자기 된 부자.

𧰼은 한 마리 코끼리의 모습이다. 〈코끼리〉를 의미
하며, 옛날에 코끼리 꼴로 만든 술그릇을 '象'이라 하였
는 데, 이에서 〈모양을 본뜸〉을 의미한다.

𠄔는 위아래 어금니가 맞물린 모양이다. 〈어금니(이
빨)〉를 의미한다.

[새김] ■코끼리 ■꼴, 형상 ■본뜨다 ■징후

´ ⺈ ⺈ 台 台 台 台 多 象 象 象 象			
象	象	象	象
象	象	象	象

[새김] ■어금니 ■이빨

一 二 牙 牙			
牙	牙	牙	牙
牙	牙	牙	牙

214

새기고 익히기

■ 한자의 뜻을 새기고 그 한자로 이루어진 한자어를 익히자.
■ 한자의 뜻을 연결하여 한자어의 뜻을 생각해 보자.
■ 한자어의 뜻을 알고 예문을 통해 그 쓰임을 익히자.

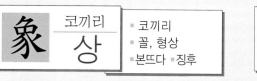
象 코끼리 상 ■ 코끼리 ■ 꼴, 형상 ■ 본뜨다 ■ 징후

牙 어금니 아 ■ 어금니 ■ 이빨

― 흐리게 나타난 한자어 위에 겹쳐서 쓰고 음을 적어라 ―

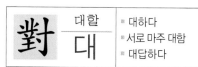
對 대할 대 ■ 대하다 ■ 서로 마주 대함 ■ 대답하다

對象 [ ] 대함 본으로 삼아 ▶ 어떤 일의 상대 또는 목표나 목적이 되는 것.
▷ 새로 오신 총각 선생님이 여학생들에게 관심의 對象이 되었다.

氣 기운 기 ■ 기운 ■ 공기 ■ 기체 ■ 기후

氣象 [ ] 기후의 형상 ▶ 대기 중에서 일어나는 물리적인 현상을 통틀어 이르는 말.
▷ 고산 지역은 하루에도 여러번 날씨가 바뀔 정도로 氣象의 변화가 심하다.

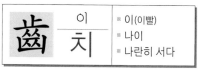
齒 이 치 ■ 이(이빨) ■ 나이 ■ 나란히 서다

齒牙 [ ] 이빨 이빨 ▶ '이'를 점잖게 이르는 말.
▷ 할아버지는 齒牙가 좋지 않으셔서 딱딱한 것을 잘 잡수시지 못한다.

毒 독 독 ■ 독 ■ 독하다 ■ 해치다

毒牙 [ ] 독 이빨 ▶ 독니.
▷ 독사의 毒牙에서 나오는 독은 사람에게 치명적이다.

한 글자 더

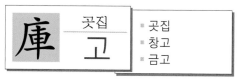
庫 곳집 고 ■ 곳집 ■ 창고 ■ 금고

☆ 여러가지 물건을 넣어두는 곳.

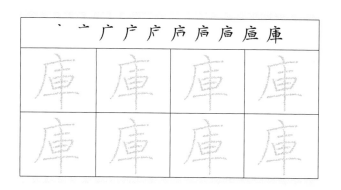
丶 宀 广 广 庐 庐 庐 庐 庫 庫

金 쇠 금 ■ 쇠, 쇠붙이 ■ 금 ■ 돈 ■ 귀하다

金庫 [ ] 돈을 보관하는 곳집 ▶ 돈, 귀중한 서류나 물건 따위를 간수하고 보관하는 데 쓰는 궤.
▷ 도둑이 들어 金庫에 있던 돈과 패물을 몽땅 털어갔다.

車 수레 차 ■ 수레 ■ 수레바퀴 ■ 차

車庫 [ ] 수레를 두는 곳집 ▶ 자동차, 기차 전차 따위의 차량을 넣어 두는 곳.
▷ 車庫 앞 주차 금지.

215

알아보기

■ 한자어와 한자어를 이루는 개별 한자의 뜻을 알아보자.
■ 아래 한자어의 음을 적고 그 뜻을 생각하며 글을 읽어 보자.
■ 공부할 한자의 뜻을 알아보고 필순에 따라 바르게 써 보자.

保管 [　　] ▶ 물품 등을 맡아 두는 일.

「 體育 時間이어서 서둘러 나가려고 일어서는데,
누군가 뒤에서 내 옷을 잡아당기는 것 같았습니다. 나는
"누구야?"
하면서 뒤를 돌아보았으나, 아무도 없었습니다.
자세히 보니, 의자에서 솟은 못에
내 옷자락이 걸려 있었습니다.
나는 敎室 뒤쪽에 있는 연장 保管
상자에서 장도리를 꺼내와서 솟은
못을 박았습니다.
"탕, 탕, 탕." 」

• 體育(체육) • 時間(시간) • 敎室(교실).　*연장: 어떠한 일을 하는 데에 사용하는 도구.

🌱는 사람이 어린아이를 감싸 안고 있는 모습이다.
기르는 아이를 돌보며 〈지킴〉을 의미한다.

[새김] ▪지키다 ▪보전하다 ▪지니다

ノ	イ	イ	伫	仔	伻	伴	保	保
保	保	保	保
保	保	保	保

管은 '대나무'를 뜻하는 竹(죽)과 '직분', '일을 맡다'
는 뜻인 官(관)을 결합한 것이다.　대나무의 가늘고
길며 속이 빈 특성에 마땅한 구실인 〈대롱이나 관〉을 의
미한다.

[새김] ▪대롱, 관 ▪맡다 ▪맡아 다스리다

ノ	⺮	⺮	符	笹	筲	竺	管	管	管	管
管	管	管	管
管	管	管	管

 **새기고 익히기**

■ 한자의 뜻을 새기고 그 한자로 이루어진 한자어를 익히자.
■ 한자의 뜻을 연결하여 한자어의 뜻을 생각해 보자.
■ 한자어의 뜻을 알고 예문을 통해 그 쓰임을 익히자.

保 지킬 보	■ 지키다 ■ 보전하다 ■ 지니다

管 대롱 관	■ 대롱, 관 ■ 맡다 ■ 맡아 다스리다

– 흐리게 나타난 한자어 위에 겹쳐서 쓰고 음을 적어라 –

存 있을 존	■ 있다 ■ 존재하다 ■ 살아있다

保存 [　　]
보존하여　존재함　▶　잘 보호하고 간수하여 남김.
▷ 사고 현장을 조사가 끝날 때까지 그대로 保存하였다.

溫 따뜻할 온	■ 따뜻하다 ■ 온화하다 ■ 온도

保溫 [　　]
보전함　온도를　▶　주위의 온도에 관계없이 일정한 온도를 유지함.
▷ 뜨거운 물을 保溫 물병에 담아 가거라.

血 피 혈	■ 피 ■ 근친 ■ 빨간색

血管 [　　]
피가 흐르는　관　▶　혈액이 흐르는 관.
▷ 血管을 찾아 주시기로 피를 뽑았다.

理 다스릴 리	■ 다스리다 ■ 이치 ■ 결

管理 [　　]
맡아　다스림　▶　어떤 일의 사무를 맡아 처리함.
▷ 현관 열쇠를 잃어버리지 않도록 管理를 잘 하도록 해라.

한 글자 더

倉 곳집 창	■ 곳집 ■ 창고 ■ 급하다

☆ 만일의 경우를 대비하여 곡식을 비축하여 두는 곳집.

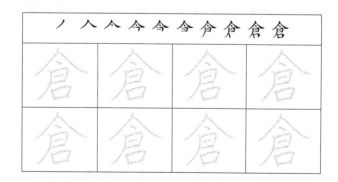

ノ　人　亼　亽　亼　슬　슈　倉　倉　倉

庫 곳집 고	■ 곳집 ■ 창고 ■ 금고

倉庫 [　　]
곳집　곳집　▶　물건이나 자재를 저장하거나 보관하는 건물.
▷ 당장 필요치 않은 물건은 모두 倉庫에 넣어 두어라.

卒 마칠 졸	■ 마치다 ■ 병졸 ■ 갑자기

倉卒 [　　]
급하고　갑작스러움　▶　미처 어찌할 사이 없이 매우 급작스러움.
▷ 너무나 倉卒한지라 주위를 살필 겨를도 없었다.

한자성어

■ 한자 성어에 담긴 함축된 의미를 파악하고 그 쓰임을 익히자.

■ 한자 성어의 음을 적고 그에 담긴 의미와 적절한 쓰임을 익혀라.

同	苦	同	樂

▶ 괴로움도 즐거움도 함께함.

▷ 졸업을 하면 그동안 同苦同樂하던 친구들과 헤어진다고 생각하니 마음이 서글프다.

美	風	良	俗

▶ 아름답고 좋은 풍속이나 기풍.

▷ 노약자나 어린이에게 자리를 양보하는 것은 우리의 오랜 美風良俗이다.

天	災	地	變

▶ 지진, 홍수, 태풍 따위의 자연 현상으로 인한 재앙.

▷ 天災地變은 사람의 힘으로는 막을 수 없지만 미리미리 대비한다면 그로 인한 피해는 많이 줄일 수 있다.

默	默	不	答

▶ 잠자코 아무 대답도 하지 않음.

▷ 그는 할 말을 잃었는지 입을 꾹 다문채 默默不答이었다.

朝	令	暮	改

▶ 아침에 명령을 내렸다가 저녁에 다시 고친다는 뜻으로, 법령을 자주 고쳐서 갈피를 잡기가 어려움을 이르는 말.

▷ 대학 입시 제도가 朝令暮改로 바뀌어 대학 진학을 앞둔 학생과 학부모들이 갈피를 잡기 어렵다.

自	暴	自	棄

▶ 절망에 빠져 자신을 스스로 포기하고 돌보지 아니함.

▷ 될 대로 되라지 하는 自暴自棄의 심정으로 그는 모든 일손을 놓아 버렸다.

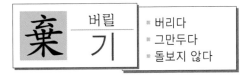

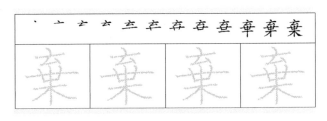

· 동고동락 · 미풍양속 · 천재지변 · 묵묵부답 · 조령모개 · 자포자기

218

더 살펴 익히기

■ 아래 한자가 지닌 뜻과 그 뜻을 지니는 한자어를 줄로 이어라.

■ 편하다(편) ── ·東便( ) ▶ 동쪽 편.
便 ── 쪽(편) ── ·便利( ) ▶ 편하고 이로우며 이용하기 쉬움.
── 똥오줌(변) ── ·小便( ) ▶ '오줌'을 점잖게 이르는 말.

■ 일어나다 ── ·發行( ) ▶ 출판물이나 인쇄물을 찍어서 세상에 펴냄.
發 ── 내다, 나다 ── ·發車( ) ▶ 자동차, 기차 전동차 따위가 떠남.
── 떠나다 ── ·發火( ) ▶ 불이 일어나거나 타기 시작함.

■ 빽빽하다 ── ·密談( ) ▶ 남몰래 이야기 함. 또는 그렇게 하는 이야기.
密 ── 몰래, 숨기다 ── ·密集( ) ▶ 빈틈없이 빽빽하게 모임.

■ [受]와 상대되는 뜻을 지닌 한자에 모두 ○표 하여라. ⇨ [賞 · 給 · 領 · 授]

■ [倉]과 비슷한 뜻을 지닌 한자에 ○표 하여라. ⇨ [含 · 保 · 舍 · 庫]

■ [變]과 비슷한 뜻을 지닌 한자에 모두 ○표 하여라. ⇨ [改 · 易 · 異 · 更]

■ 아래의 뜻을 지닌 한자성어가 되도록 ( ) 안에 한자를 써 넣고 완성된 성어의 독을을 적어라.

뜻	성어	독음
▶ 완전히 잠이 들지도 잠에서 깨어나지도 않은 어렴풋한 상태.	⇨ ( )夢似夢	
▶ 사고방식, 상태, 성질 따위가 서로 통하거나 비슷해짐.	⇨ 一脈( )通	
▶ 좋은 약은 입에 쓰다는 뜻으로, 충언은 귀에 거슬리지만 자신에게 이로움을 이르는 말.	⇨ 良藥( )口	
▶ 물음과는 전혀 상관 없는 엉뚱한 대답.	⇨ 東( )西答	
▶ 말을 타고 달리며 산천을 구경한다는 뜻으로, 자세히 살피지 아니하고 대충대충 보고 지나감을 이르는 말.	⇨ ( )馬看山	
▶ 동쪽으로 뛰고 서쪽으로 뛴다는 뜻으로, 사방으로 이리저리 몹시 바쁘게 돌아다님을 이르는 말.	⇨ 東奔( )走	

·동편. 편리. 소변 · 발행. 발차. 발화 · 밀담. 밀집 / 非 · 相 · 苦 · 問 · 走 · 西

어휘력 다지기

■ 공부한 한자로 이루어진 한자어를 익혀 어휘력을 다지자.
■ 글 속 한자어의 음을 적고, 그 뜻과 줄로 잇고, 쓰임을 익히자.

■ 독수리가 날개를 펴고 飛上[　] 하였다. ● ● 어떠한 일의 영향이 직접 관계가 없는 다른 데까지 번짐.

■ 그 일이 다른 문제로 飛火[　] 되었다. ● ● 높이 날아오름.

■ 그의 몸에는 黑龍[　] 문신이 있었다. ● ● 임금이 거처하는 궁전.

■ 이번 휴일에 가족과 古宮[　]에 가려고. ● ● 검은 빛깔의 용.

■ 경복궁은 조선의 王宮[　]이었어요. ● ● 옛 궁궐.

■ 고려청자의 제작 秘法[　]을 알아냈다. ● ● 비밀로 하여 말하지 않음.

■ 그는 默秘[　]권을 행사하기로 하였다. ● ● 아주 정교하고 치밀하여 빈틈이 없고 자세함.

■ 몇몇에게만 秘傳[　]되어 온 무술이야. ● ● 공개하지 않고 비밀리에 하는 방법.

■ 큰 병원에서 精密[　] 진단을 받아보자. ● ● 비밀히 전하여 내려옴. 또는 그런 방법.

■ 국가 機密[　]이 담긴 비밀문서 유출. ● ● 큰 나무들이 빽빽하게 들어선 깊은 숲.

■ 아마존 密林[　] 속 원시 부족의 모습. ● ● 외부에 드러내서는 안 될 중요한 비밀.

■ 그들은 密談[　]을 나누고 있었어. ● ● 인구나 건물 따위가 한 곳에 지나치게 집중되어 있음.

■ 수도권은 인구 過密[　] 현상이 심하다. ● ● 어떤 물건의 형상을 본뜸.

■ 한자는 대표적인 象形[　] 문자란다. ● ● 남몰래 이야기 함. 또는 그렇게 하는 이야기.

■ 봄이 되자 황사 現象[　]이 심해졌어요. ● ● 가지고 있거나 간직하고 있음.

■ 저 선수가 세계 신기록 保有[　]자란다. ● ● 인간이 지각할 수 있는, 사물의 모양과 상태.

■ 아동 保育[　] 시설을 더욱 늘려야 해. ● ● 창고 따위에 쌓여 있음.

■ 깨끗한 환경을 그대로 保全[　]하려면? ● ● 어린아이들을 돌보아 기름.

■ 상품 판매가 잘되어 在庫[　]가 없단다. ● ● 온전하게 보호하여 유지함.

■ 出庫[　]에서 배송까지 이틀 걸린다. ● ● 어떤 일을 책임지고 맡아 관리함.

■ 이번 행사는 시민 단체 主管[　]이었다. ● ● 창고에서 물품을 꺼냄, 생산자가 생산품을 시장에 냄.

· 비상 · 비화 · 흑룡 · 고궁 · 왕궁 · 비법 · 묵비 · 비전 · 정밀 · 기밀 · 밀림 · 밀담 · 과밀 · 상형 · 현상 · 보유 · 보육 · 보전 · 재고 · 출고 · 주관

220

■ 한자어가 되도록 □ 안에 공통으로 넣을 한자를 보기에서 찾아 □ 안에 쓰고 , 그 한자어의 뜻을 생각하며 음을 적어라.

□ ⇨	□宮	□王	青□

□ ⇨	□行	□火	□散

□ ⇨	□法	神□	□密

□ ⇨	象□	齒□	毒□

□ ⇨	保□	□理	血□

□ ⇨	金□	出□	在□

보기

飛 · 龍 · 象 · 保 · 秘 · 管 · 密 · 虎 · 倉 · 暮 · 庫 · 宮 · 牙

■ 아래의 뜻을 지닌 한자어가 되도록 위의 보기에서 알맞은 한자를 찾아 □ 안에 써 넣어라.

▶ 나는 듯이 빠르게 달리는 범.

▷ 그는 飛□ 같이 재빠르게 낚아챘다.

▶ 조선 시대에, 궁녀들이 쓰던 한글 서체. 선이 맑고 곧으며 단정하고 아담한 점이 특징이다.

▷ □體 로 쓴 서예 작품을 출품했다.

▶ 남몰래 약속함. 또는 그런 약속.

▷ 그 두사람 사이에는 □約 이 있었어.

▶ 인간이 지각할 수 있는, 사물의 모양과 상태.

▷ 이상 고온 現□ 이 오래 지속되었다.

▶ 세밑(한 해가 끝날 무렵).

▷ 사람들로 붐비는 歲□ 의 거리 풍경.

▶ 안녕을 유지함.

▷ 비밀이 새지 않도록 □安 에 힘써라.

▶ 곡식을 넣어두는 창고. 곡식이 많이 생산되는 지방을 비유적으로 이르는 말.

▷ 우리나라 최대 穀□ 인 호남평야.

· 용궁. 용왕. 청룡 · 비행. 비화. 비산 · 비법. 신비. 비밀 · 상아. 치아. 독아 · 보관. 관리. 혈관 · 금고. 출고. 재고 / · 비호 · 궁체 · 밀약 · 현상 · 세모 · 보안 · 곡창

■ 한자의 음과 훈을 되새기며 필순에 따라 바르게 써 보자.

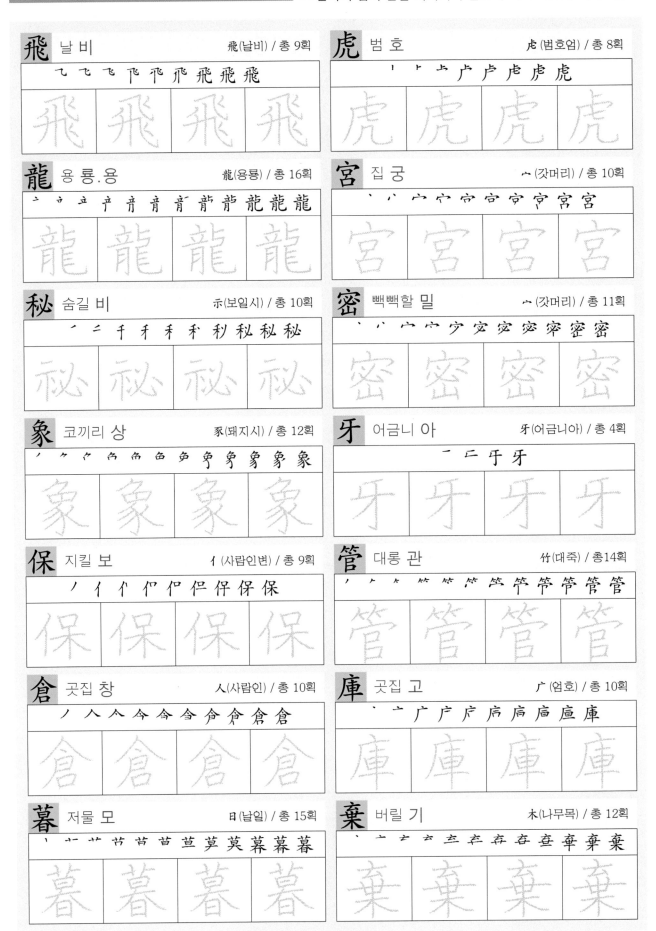

飛	날 비	飛(날비) / 총 9획

乙 飞 飞 飞 飛 飛 飛 飛 飛

虎	범 호	虍(범호엄) / 총 8획

丨 卜 上 广 庐 虍 虎 虎

龍	용 룡.용	龍(용룡) / 총 16획

亠 亠 产 产 青 青 青 青 龍 龍 龍

宮	집 궁	宀(갓머리) / 총 10획

丶 丶 宀 宀 宀 宮 宮 宮 宮 宮

秘	숨길 비	示(보일시) / 총 10획

丿 亠 千 禾 禾 禾 利 秘 秘 秘

密	빽빽할 밀	宀(갓머리) / 총 11획

丶 丶 宀 宀 宀 宓 宓 宓 宓 密 密

象	코끼리 상	豕(돼지시) / 총 12획

丿 丿 夕 夕 免 免 免 象 象 象 象 象

牙	어금니 아	牙(어금니아) / 총 4획

一 二 牙 牙

保	지킬 보	亻(사람인변) / 총 9획

丿 亻 亻 亻 俨 俨 伲 保 保

管	대롱 관	竹(대죽) / 총14획

丿 丿 丿 竹 竺 竺 竺 管 管 管 管 管

倉	곳집 창	人(사람인) / 총 10획

丿 人 人 人 今 今 슬 슬 倉 倉

庫	곳집 고	广(엄호) / 총 10획

丶 一 广 广 广 庐 盾 盾 庫 庫

暮	저물 모	日(날일) / 총 15획

丶 艹 艹 苦 苦 苫 苗 草 草 莫 幕 幕

棄	버릴 기	木(나무목) / 총 12획

丶 亠 亠 云 云 亝 夼 夼 查 查 棄 棄

학습한자 찾아보기

旗<기>	4-06	7급	帶<대>	4-07	4급Ⅱ	冷<랭,냉>4-09	5급	**ㅁ**		
期<기>	1-15	5급	待<대>	5-16	6급	略<략,약>5-02	4급	馬<마>	1-05	5급
棄<기>	3-16	3급	臺<대>	5-14	3급Ⅱ	兩<량,냥>4-01	4급Ⅱ	魔<마>	4-05	2급
機<기>	3-03	4급	貸<대>	4-12	3급Ⅱ	良<량,양>1-11	5급Ⅱ	幕<막>	5-16	3급Ⅱ
氣<기>	2-12	7급Ⅱ	隊<대>	1-14	4급Ⅱ	量<량,양>4-14	5급	漠<막>	5-16	3급Ⅱ
汽<기>	추-2	4급	德<덕>	3-01	5급Ⅱ	慮<려>	4-04	4급	莫<막>	2-12	3급Ⅱ
紀<기>	3-08	4급	倒<도>	5-02	3급Ⅱ	旅<려>	추-5	5급Ⅱ	晩<만>	5-16	3급Ⅱ
記<기>	3-08	7급Ⅱ	刀<도>	1-07	3급Ⅱ	麗<려>	5-06	4급Ⅱ	滿<만>	5-15	4급Ⅱ
起<기>	5-07	4급Ⅱ	到<도>	4-05	5급Ⅱ	力<력>	1-03	7급Ⅱ	萬<만>	1-10	8급
緊<긴>	4-10	3급Ⅱ	圖<도>	5-14	6급Ⅱ	歷<력,역>3-04	5급Ⅱ	末<말>	2-12	5급
吉<길>	2-02	5급	導<도>	3-14	4급Ⅱ	練<련,연>5-15	5급Ⅱ	亡<망>	2-02	5급
ㄴ			島<도>	추-1	5급	列<렬,열>1-14	4급Ⅱ	妄<망>	5-12	3급Ⅱ
暖<난>	4-07	4급Ⅱ	度<도>	3-05	6급	劣<렬,열>4-04	3급	忘<망>	5-08	3급
難<난>	3-03	4급Ⅱ	徒<도>	3-04	4급	烈<렬,열>5-01	4급	望<망>	3-11	5급Ⅱ
南<남>	1-10	8급	盜<도>	5-02	4급	裂<렬>	1-14	3급Ⅱ	網<망>	4-13	2급
男<남>	1-05	7급Ⅱ	逃<도>	추-1	4급	令<령,영>1-12	5급	妹<매>	추-5	4급
納<납>	4-10	4급	道<도>	1-09	7급Ⅱ	領<령,영>2-08	5급	每<매>	1-11	7급Ⅱ
內<내>	1-10	7급Ⅱ	都<도>	추-7	5급	例<례,예>1-14	6급	買<매>	4-12	5급
耐<내>	5-05	3급Ⅱ	毒<독>	2-16	4급Ⅱ	勞<로,노>2-13	5급Ⅱ	賣<매>	4-12	5급
女<녀,여>1-02	8급	獨<독>	2-13	5급Ⅱ	怒<로,노>5-12	4급Ⅱ	脈<맥>	3-13	4급Ⅱ
年<년,연>1-11	8급	督(독)	추-8	4급Ⅱ	老<로,노>1-06	7급	盲<맹>	2-02	3급Ⅱ
念<념>	2-14	5급Ⅱ	讀<독>	4-12	6급Ⅱ	路<로,노>1-15	6급	免<면>	5-03	3급Ⅱ
努<노>	추-7	4급Ⅱ	突<돌>	5-12	3급Ⅱ	露<로,노>4-11	3급Ⅱ	勉<면>	5-13	4급
農<농>	2-11	7급Ⅱ	冬<동>	2-14	7급	綠<록,녹>3-08	6급	綿<면>	4-14	3급Ⅱ
能<능>	2-01	5급Ⅱ	凍<동>	4-09	3급Ⅱ	錄<록,녹>3-08	4급Ⅱ	面<면>	3-05	7급
ㄷ			動<동>	2-06	7급Ⅱ	論<론,논>4-15	4급Ⅱ	滅<멸>	5-13	3급
多<다>	2-11	6급	同<동>	1-04	7급	雷<뢰,뇌>4-14	3급Ⅱ	名<명>	1-09	7급Ⅱ
丹<단>	1-04	3급Ⅱ	東<동>	1-10	8급	了<료>	5-15	3급	命<명>	1-12	7급
單<단>	3-02	4급Ⅱ	童<동>	4-05	6급Ⅱ	料<료,요>2-07	5급	明<명>	1-03	6급Ⅱ
團<단>	3-02	5급Ⅱ	銅<동>	4-14	4급Ⅱ	龍<룡,용>3-16	4급	銘<명>	4-10	3급Ⅱ
壇<단>	1-15	5급	斗<두>	2-04	4급Ⅱ	累<루>	추-2	3급Ⅱ	鳴<명>	추-6	4급
斷<단>	5-11	4급Ⅱ	頭<두>	3-05	6급	流<류,유>3-12	5급Ⅱ	暮<모>	3-16	3급
段<단>	추-4	4급	得<득>	5-16	4급Ⅱ	留<류,유>4-06	4급Ⅱ	模<모>	4-11	4급
短<단>	5-11	6급Ⅱ	燈<등>	3-05	4급Ⅱ	類<류,유>2-10	5급Ⅱ	母<모>	1-06	8급
端<단>	5-14	4급Ⅱ	登<등>	1-14	7급	六<륙,육>1	8급	毛<모>	1-08	4급Ⅱ
達<달>	3-05	4급Ⅱ	等<등>	2-08	6급Ⅱ	陸<륙,육>5-16	5급	謀<모>	5-02	3급Ⅱ
擔<담>	추-2	4급Ⅱ	**ㄹ**			輪<륜>	추-3	4급	木<목>	1-03	8급
談<담>	3-11	5급	羅<라,나>4-13	4급Ⅱ	律<률,율>3-01	4급Ⅱ	牧<목>	추-6	4급Ⅱ
畓<답>	1-05	3급	樂<락,악>2-07	6급Ⅱ	利<리,이>1-07	6급Ⅱ	目<목>	1-10	6급
答<답>	3-14	7급Ⅱ	落<락,나>5-04	5급	理<리,이>2-03	6급Ⅱ	沒<몰>	5-06	3급Ⅱ
堂<당>	3-07	6급Ⅱ	亂<란,난>5-14	4급	裏<리,이>2-12	3급Ⅱ	夢<몽>	3-12	3급Ⅱ
當<당>	4-01	5급Ⅱ	卵<란>	추-4	4급	里<리,이>1-10	7급	墓<묘>	2-15	4급
代<대>	1-12	6급Ⅱ	覽<람>	5-09	4급	離<리,이>5-16	4급	妙<묘>	4-10	4급
大<대>	1-01	8급	朗<랑>	추-8	5급Ⅱ	林<림,임>3-08	7급	務<무>	4-10	4급Ⅱ
對<대>	3-14	6급Ⅱ	來<래,내>2-03	7급	臨<림,임>5-10	3급Ⅱ	武<무>	5-01	4급Ⅱ
						立<립,입>2-13	7급Ⅱ			

無<무>	3-04	5급	凡<범>	1-15	3급Ⅱ	備<비>	5-12	4급Ⅱ	尚<상>	3-07	3급Ⅱ

無<무>　3-04　5급　　凡<범>　1-15　3급Ⅱ　　備<비>　5-12　4급Ⅱ　　尚<상>　3-07　3급Ⅱ
舞<무>　5-14　4급　　犯<범>　3-01　4급　　悲<비>　5-10　4급Ⅱ　　常<상>　3-07　4급Ⅱ
墨<묵>　3-10　3급Ⅱ　範<범>　추-4　4급　　比<비>　5-11　5급　　床<상>　3-12　4급Ⅱ
默<묵>　2-16　3급Ⅱ　法<법>　3-01　5급Ⅱ　碑<비>　추-7　4급　　想<상>　4-03　4급Ⅱ
問<문>　2-16　7급　　壁<벽>　4-08　4급Ⅱ　秘<비>　3-16　4급　　狀<상>　3-09　4급Ⅱ
文<문>　2-02　7급　　變<변>　3-15　5급Ⅱ　肥<비>　3-10　3급Ⅱ　相<상>　3-14　5급Ⅱ
聞<문>　2-02　6급Ⅱ　辯<변>　5-07　4급　　費<비>　추-5　5급　　象<상>　3-16　4급
門<문>　1-03　8급　　邊<변>　5-06　4급Ⅱ　非<비>　1-15　4급Ⅱ　賞<상>　3-15　5급
物<물>　1-14　7급Ⅱ　別<별>　4-08　6급　　飛<비>　3-16　4급Ⅱ　霜<상>　4-08　3급Ⅱ
味<미>　4-06　4급Ⅱ　丙<병>　1-04　3급Ⅱ　鼻<비>　1-14　5급　　索<색>　추-7　3급Ⅱ
尾<미>　2-12　3급Ⅱ　兵<병>　1-12　5급Ⅱ　貧<빈>　3-03　4급Ⅱ　色<색>　1-08　7급
微<미>　4-06　3급Ⅱ　病<병>　3-13　6급　　氷<빙>　4-09　5급　　生<생>　1-02　8급
未<미>　2-03　4급Ⅱ　保<보>　3-16　4급Ⅱ　　　　　　　　　　序<서>　4-02　5급
美<미>　3-01　6급　　報<보>　5-05　4급Ⅱ　【ㅅ】　　　　書<서>　3-07　6급Ⅱ
民<민>　1-11　8급　　寶<보>　4-16　4급Ⅱ　事<사>　1-09　7급Ⅱ　西<서>　1-10　8급
密<밀>　3-16　4급Ⅱ　普<보>　2-08　4급　　似<사>　3-14　3급　　夕<석>　1-09　7급

【ㅂ】　　　　　　步<보>　2-01　4급Ⅱ　使<사>　3-04　6급　　席<석>　3-07　6급
博<박>　4-16　4급Ⅱ　補<보>　2-08　3급Ⅱ　史<사>　3-04　5급　　石<석>　1-03　6급
拍<박>　추-5　4급　　伏<복>　2-06　4급　　四<사>　1　　8급　　先<선>　1-02　8급
朴<박>　추-8　6급　　復<복>　3-05　4급Ⅱ　士<사>　1-12　5급　　善<선>　1-11　5급
迫<박>　3-12　3급Ⅱ　服<복>　5-03　6급　　寫<사>　4-07　5급　　宣<선>　2-05　4급
半<반>　1-09　6급Ⅱ　福<복>　2-04　5급Ⅱ　寺<사>　2-01　4급Ⅱ　線<선>　4-11　6급Ⅱ
反<반>　2-12　6급Ⅱ　腹<복>　5-11　3급Ⅱ　射<사>　4-16　4급　　船<선>　4-01　5급
叛<반>　5-03　3급　　複<복>　5-12　4급　　師<사>　2-05　4급Ⅱ　選<선>　5-07　5급
班<반>　추-1　6급Ⅱ　本<본>　1-10　6급　　思<사>　4-04　5급　　鮮<선>　3-08　5급Ⅱ
發<발>　3-15　6급Ⅱ　奉<봉>　추-3　5급Ⅱ　查<사>　4-12　5급　　舌<설>　2-08　4급
髮<발>　3-04　4급　　不<불,부>1-06　7급Ⅱ　死<사>　2-02　6급　　設<설>　4-07　4급Ⅱ
妨<방>　추-5　4급　　付<부>　4-01　3급Ⅱ　沙<사>　5-16　3급Ⅱ　說<설>　2-14　5급Ⅱ
房<방>　4-07　4급Ⅱ　副<부>　추-3　4급Ⅱ　社<사>　2-09　6급Ⅱ　雪<설>　4-07　6급Ⅱ
放<방>　5-02　6급Ⅱ　否<부>　2-09　4급　　私<사>　1-08　4급　　城<성>　4-08　4급Ⅱ
方<방>　1-04　7급Ⅱ　夫<부>　2-12　7급　　絲<사>　추-3　4급　　性<성>　2-01　5급Ⅱ
訪<방>　추-7　4급Ⅱ　婦<부>　2-12　4급Ⅱ　舍<사>　3-12　4급Ⅱ　成<성>　1-12　6급Ⅱ
防<방>　2-10　4급Ⅱ　富<부>　2-07　4급Ⅱ　蛇<사>　4-02　3급Ⅱ　星<성>　1-03　4급Ⅱ
倍<배>　추-1　4급　　府<부>　추-1　4급Ⅱ　謝<사>　5-08　4급Ⅱ　盛<성>　2-13　4급Ⅱ
拜<배>　3-07　4급Ⅱ　浮<부>　5-14　3급Ⅱ　辭<사>　추-4　4급　　省<성>　2-15　6급Ⅱ
排<배>　3-02　3급Ⅱ　父<부>　1-06　8급　　山<산>　1-01　8급　　聖<성>　3-04　4급Ⅱ
背<배>　5-03　4급Ⅱ　負<부>　5-11　4급　　散<산>　3-08　4급　　聲<성>　5-02　4급Ⅱ
配<배>　3-05　4급Ⅱ　部<부>　5-11　6급Ⅱ　産<산>　3-06　5급Ⅱ　誠<성>　2-13　4급Ⅱ
伯<백>　3-12　3급Ⅱ　附<부>　4-14　3급Ⅱ　算<산>　4-15　7급　　世<세>　3-08　7급Ⅱ
白<백>　1-02　8급　　北<북,배>1-10　8급　　殺<살,쇄>4-16　4급Ⅱ　勢<세>　3-11　4급Ⅱ
百<백>　1　　7급　　分<분>　1-09　6급Ⅱ　三<삼>　1　　8급　　歲<세>　3-07　5급Ⅱ
番<번>　4-02　6급　　奔<분>　3-14　3급　　上<상>　1-01　7급Ⅱ　洗<세>　추-8　5급Ⅱ
繁<번>　4-03　3급Ⅱ　奮<분>　5-09　3급Ⅱ　傷<상>　5-11　4급　　稅<세>　4-10　4급Ⅱ
伐<벌>　5-02　4급Ⅱ　憤<분>　5-12　4급　　像<상>　4-03　3급Ⅱ　細<세>　5-13　4급Ⅱ
罰<벌>　3-01　4급Ⅱ　粉<분>　3-04　4급　　償<상>　4-12　3급Ⅱ　小<소>　1-01　8급
　　　　　　　　佛<불>　추-3　4급Ⅱ　商<상>　3-06　5급Ⅱ　少<소>　1-06　7급

漢<한>	2-09	7급Ⅱ		混<혼>	5-14	4급
閑<한>	3-09	4급		紅<홍>	5-04	4급
限<한>	3-04	4급Ⅱ		化<화>	1-15	5급
韓<한>	2-15	8급		和<화>	3-01	6급Ⅱ
割<할>	5-14	3급Ⅱ		火<화>	1-03	8급
含<함>	3-10	3급Ⅱ		畵<화>	3-10	6급
合<합>	1-04	6급		禍<화>	5-11	3급Ⅱ
抗<항>	5-01	4급		花<화>	1-15	7급
航<항>	1-15	4급Ⅱ		華<화>	4-02	4급
害<해>	2-10	5급Ⅱ		話<화>	4-05	7급Ⅱ
海<해>	1-11	7급Ⅱ		貨<화>	4-14	4급Ⅱ
解<해>	2-16	4급Ⅱ		擴<확>	3-08	3급
核<핵>	추-1	4급		確<확>	4-02	4급Ⅱ
幸<행>	2-04	6급Ⅱ		患<환>	3-13	5급
行<행>	1-06	6급		換<환>	2-12	3급Ⅱ
向<향>	1-04	6급		歡<환>	5-10	4급
鄕<향>	4-07	4급Ⅱ		還<환>	4-12	3급Ⅱ
香<향>	3-10	4급Ⅱ		活<활>	1-11	7급
虛<허>	4-02	4급Ⅱ		況<황>	3-09	4급
許<허>	4-08	5급		黃<황>	1-13	6급
憲<헌>	추-1	4급		回<회>	1-11	4급Ⅱ
險<험>	5-15	4급		會<회>	2-09	6급Ⅱ
驗<험>	5-15	4급Ⅱ		灰<회>	추-2	3급
革<혁>	3-15	4급		劃<획>	3-10	3급Ⅱ
現<현>	1-16	6급Ⅱ		孝<효>	1-09	7급Ⅱ
賢<현>	4-13	4급Ⅱ		效<효>	3-13	5급Ⅱ
顯<현>	추-8	4급		候<후>	추-2	4급
血<혈>	1-08	4급Ⅱ		厚<후>	5-08	4급
協<협>	2-06	4급Ⅱ		後<후>	2-03	7급Ⅱ
兄<형>	1-06	8급		訓<훈>	5-15	6급
刑<형>	3-01	4급		揮<휘>	추-5	4급
型<형>	5-10	2급		休<휴>	1-13	7급
形<형>	2-06	6급Ⅱ		凶<흉>	2-02	5급Ⅱ
惠<혜>	5-08	4급Ⅱ		黑<흑>	2-16	5급
慧<혜>	4-04	3급Ⅱ		吸<흡>	2-12	4급Ⅱ
呼<호>	2-12	4급Ⅱ		興<흥>	5-09	4급Ⅱ
好<호>	2-06	4급Ⅱ		喜<희>	5-10	4급
戶<호>	1-03	4급Ⅱ		希<희>	3-11	4급Ⅱ
湖<호>	2-08	5급				
虎<호>	3-16	3급Ⅱ				
號<호>	4-02	6급				
護<호>	4-10	4급Ⅱ				
豪<호>	4-02	3급Ⅱ				
或<혹>	추-4	4급				
酷<혹>	4-09	2급				
婚<혼>	2-04	4급				

초등 때 키운

한자 어휘력! 나를 키운다 시리즈

이 책으로는 많이 쓰이는 한자와
그 한자들로 이루어진 한자어를 익혀 어휘력을 키우며
나아가 다른 한자어의 뜻도 유추할 수 있게 합니다.

초등 때 키운 한자 어휘력! 나를 키운다 1
이재준 | 20,000원 | 224쪽

초등 때 키운 한자 어휘력! 나를 키운다 2
이재준 | 20,000원 | 228쪽

초등 때 키운 한자 어휘력! 나를 키운다 4
이재준 | 20,000원 | 230쪽

초등 때 키운 한자 어휘력! 나를 키운다 5
이재준 | 22,000원 | 260쪽

어휘력은 사고력의 출발인 동시에 문해력 학습 능력의 기초입니다.